부수명칭(部首名稱)

	1 획		大	큰 대		木	나무 목
一	한 일		女	계집 녀		欠	하품 흠
丨	뚫을 곤		子	아들 자		止	그칠 지
丶	점 주(점)		宀	집 면 (갓머리)		歹(歺)	뼈앙상할 알 (죽을사변)
丿	삐칠 별(삐침)		寸	마디 촌		殳	칠 수 (갖은등글월문)
乙(乚)	새 을		小	작을 소		毋	말 무
亅	갈고리 궐		尢(尣)	절름발이 왕		比	견줄 비
	2 획		尸	주검 시		毛	터럭 모
二	두 이		屮(艸)	싹날 철		氏	각시 씨
亠	머리 두(돼지해머리)		山	메 산		气	기운 기
人(亻)	사람 인(인변)		巛(川)	개미허리(내 천)		水(氵)	물 수(삼수변)
儿	어진사람 인		工	장인 공		火(灬)	불 화
入	들 입		己	몸 기		爪(爫)	손톱 조
八	여덟 팔		巾	수건 건		父	아비 부
冂	멀 경(멀경몸)		干	방패 간		爻	점괘 효
冖	덮을 멱(민갓머리)		幺	작을 요		爿	조각널 장(장수장변)
冫	얼음 빙(이수변)		广	집 엄(엄호)		片	조각 편
几	안석 궤(책상궤)		廴	길게걸을 인(민책받침)		牙	어금니 아
凵	입벌릴 감 (위터진입구)		廾	손맞잡을 공(밑스물입)		牛(牜)	소 우
刀(刂)	칼 도		弋	주살 익		犬(犭)	개 견
力	힘 력		弓	활 궁			5 획
勹	쌀 포		彐(彑)	돼지머리 계(터진가로왈)		玄	검을 현
匕	비수 비		彡	터럭 삼(삐친석삼)		玉(王)	구슬 옥
匚	상자 방(터진입구)		彳	조금걸을 척(중인변)		瓜	오이 과
匸	감출 혜(터진에운담)			4 획		瓦	기와 와
十	열 십		心(忄·㣺)	마음 심(심방변)		甘	달 감
卜	점 복		戈	창 과		生	날 생
卩(㔾)	병부 절		戶	지게 호		用	쓸 용
厂	굴바위 엄(민엄호)		手(扌)	손 수 (재방변)		田	밭 전
厶	사사로울 사(마늘모)		支	지탱할 지		疋	필 필
又	또 우		攴(攵)	칠 복 (등글월문)		疒	병들 녁(병질엄)
	3 획		文	글월 문		癶	걸을 발(필발머리)
口	입 구		斗	말 두		白	흰 백
囗	에울 위(큰입구)		斤	도끼 근(날근)		皮	가죽 피
土	흙 토		方	모 방		皿	그릇 명
士	선비 사		无(旡)	없을 무(이미기방)		目(罒)	눈 목
夂	뒤져올 치		日	날 일		矛	창 모
夊	천천히걸을 쇠		曰	가로 왈		矢	화살 시
夕	저녁 석		月	달 월		石	돌 석

示(礻)	보일 시		谷	골 곡		10 획	
肉	짐승발자국 유		豆	콩 두		馬	말 마
禾	벼 화		豕	돼지 시		骨	뼈 골
穴	구멍 혈		豸	발없는벌레 치(갖은돼지시변)		高	높을 고
立	설 립		貝	조개 패		髟	머리털늘어질 표(터럭발)
6 획			赤	붉을 적		鬥	싸울 투
竹	대 죽		走	달아날 주		鬯	술 창
米	쌀 미		足(⻊)	발 족		鬲	솥 력
糸	실 사		身	몸 신		鬼	귀신 귀
缶	장군 부		車	수레 거		11 획	
网(冂·罒)	그물 망		辛	매울 신		魚	물고기 어
羊	양 양		辰	별 진		鳥	새 조
羽	깃 우		辵(辶)	쉬엄쉬엄갈 착(책받침)		鹵	소금밭 로
老(耂)	늙을 로		邑(⻏)	고을 읍(우부방)		鹿	사슴 록
而	말이을 이		酉	닭 유		麥	보리 맥
耒	쟁기 뢰		釆	분별할 변		麻	삼 마
耳	귀 이		里	마을 리		12 획	
聿	붓 율		8 획			黃	누를 황
肉(月)	고기 육(육달월변)		金	쇠 금		黍	기장 서
臣	신하 신		長(镸)	길 장		黑	검을 흑
自	스스로 자		門	문 문		黹	바느질할 치
至	이를 지		阜(⻖)	언덕 부(좌부방)		13 획	
臼	절구 구(확구)		隶	미칠 이		黽	맹꽁이 맹
舌	혀 설		隹	새 추		鼎	솥 정
舛(䑓)	어그러질 천		雨	비 우		鼓	북 고
舟	배 주		靑	푸를 청		鼠	쥐 서
艮	그칠 간		非	아닐 비		14 획	
色	빛 색		9 획			鼻	코 비
艸(艹)	풀 초(초두)		面	낯 면		齊	가지런할 제
虍	범의문채 호(범호)		革	가죽 혁		15 획	
虫	벌레 충(훼)		韋	다룸가죽 위		齒	이 치
血	피 혈		韭	부추 구		16 획	
行	다닐 행		音	소리 음		龍	용 룡
衣(衤)	옷 의		頁	머리 혈		龜	거북 귀(구)
襾	덮을 아		風	바람 풍		17 획	
7 획			飛	날 비		龠	피리 약변
見	볼 견		食(飠)	밥 식(변)		*는	*忄심방(변) *扌재방(변)
角	뿔 각		首	머리 수		부수의	*氵삼수(변) *犭개사슴록(변)
言	말씀 언		香	향기 향		변형글자	*⻏(邑) 우부(방) *⻖(阜) 좌부(변)

3단계 한석봉 천자문 쓰기교본

국립중앙도서관 출판시도서목록(CIP)

3단계 한석봉 천자문 쓰기교본
감수: 최청화, 유향미─ 서울 : 창, 2015 p. ; cm
ISBN 978-89-7453-221-5 13710 : ₩13000

천자문[千字文]

711.47-KDC6
495.71-DDC23   CIP2015007619

3단계 한석봉 천자문 쓰기교본

2025년 2월 20일 11쇄 인쇄
2025년 2월 25일 11쇄 발행

감수자 | 최청화/유향미
펴낸이 | 이규인
펴낸곳 | 도서출판 **창**
등록번호 | 제15-454호
등록일자 | 2004년 3월 25일

주소 | 서울특별시 마포구 용강동 117-4 월명빌딩 1층
전화 | (02) 322-2686, 2687 / **팩시밀리** | (02) 326-3218
홈페이지 | http://www.changbook.co.kr
e-mail | changbook1@hanmail.net

ISBN 978-89-7453-221-5 13710

정가 13,000원
*잘못 만들어진 책은 〈도서출판 **창**〉에서 바꾸어 드립니다.

*이 책의 저작권은 〈도서출판 **창**〉에 있습니다.
 저작권법에 의해 보호를 받는 저작물이므로 무단 전재와 복제를 금합니다.

3단계 한석봉 천자문 쓰기교본

최청화 · 유향미 감수

창
Chang Books

F·o·r·e·w·o·r·d

여러분은 지금 국제화 시대에 살고 있습니다. 한자는 중국 등 한자문화권 국가와의 비즈니스 관계에 따라 영어와 마찬가지로 여러분과 떼려야 뗄 수 없는 불가분의 관계입니다. 지구상에 글자를 소리글자과 뜻글자로 크게 분류한다면 소리글자가 영어라면 뜻글자는 한자입니다. 이러한 시대 상황을 고려하여 편집·제작된 '3단계 한석봉 천자문 쓰기교본'은 교육부에서 발표한 21세기 한자·한문 교육의 내실을 기하고자 간행되었습니다.

천자문은 중국 양(梁)나라의 주흥사(周興嗣)가 지은 사언고시(四言古詩)로 된 책으로 천지현황(天地玄黃)으로부터 시작하여 언재호야(焉哉乎也)로 끝나며, 수많은 한자 중에서 가장 기본적인 글자 1천자를 가지고 1구 4자로 250구, 125절의 대문장(大文章)으로 모두 1,000자(字)로 구성되었습니다.

이 책이 언제 우리나라에 전래되었는지는 명확치 않으나 일본의 《고사기(古事記)》에 따르면 3세기에 백제의 왕인(王仁) 박사가 《천자문(千字文)》과 《논어(論語)》를 일본에 전해 주었다고 하니, 적어도 삼국시대부터 한반도에서 읽히기 시작됐다고 볼 수 있습니다.

우리나라에서는 예로부터 아동을 위한 문자학습용 입문서로서 이 책에 '天 하늘 천'과 같이 새김과 음을 달아 읽게 하였으며 가장 널리 읽힌 책은 명필 한석봉(韓石峯)의 글씨로 1583년에 간행된 《석봉천자문》으로 국어사 연구에 귀중한 자료가 됩니다. 또한 천자문은 아동에게 단순히 글자를 깨우쳐 주는 의미 이외에도 옛 사람들의 지혜와 사상, 우주를 이해할 수 있는 깊은 철학이 담긴 문장이며, 그리고 이 책을 통해 현대의 감각으로 한문에 대한 인식과 흥미를 높이고 한자습득을 바르게 이끌고자 애썼습니다. 그러면 《천자문》은 어떻게 구성되어 있을까? 내용면에서 살펴보면, "천지현황"이라는 우주론이 자연을 거쳐, 덕행과 인의를 지나, 중세를 관통한 왕업과 질서를 설명하고, 지리와 농업은 물론 식사와 제사를 포괄한 상식을 파악한 뒤 스스로를 경계하고 "언재호야"라는 중세 보편어의 허사로 마무리됩니다. 곧 동양인문의 입문서로서 더할 나위 없는 중세 윤리와 철학을 종합한 문서라 할 수 있습니다.

본책 3단계 한석봉 천자문 쓰기교본은 조선 시대의 명필 한석봉이 남긴 천자문을 복사한 것으로 오늘날 많이 사용하고 있는 한자와는 다른 글자들을 포함하고 있어, 현재 사용되는 한자를 수록하였습니다. 이는 원본(原本)을 독자 여러분에게 밝혀드리고자 한 것입니다. 그리고 이것을 1구 4자로 250구를 3단계로 구분하여 지루하지 않고 쉽게 배울 수 있도록 각 한자마다 음과 뜻, 필순을 명기하였으며, 4개국어의 뜻을 밝혀주고 해당어휘의 예를 제시하였습니다.

F·o·r·e·w·o·r·d

이 책의 구성을 살펴보면,
Part Ⅰ 3단계 한석봉 천자문쓰기교본 1단계(제1~80구)
Part Ⅱ 3단계 한석봉 천자문쓰기교본 2단계(제81~168구)
Part Ⅲ 3단계 3단계 한석봉 천자문쓰기교본 3단계(제169~250구)

부록으로 동음이의어, 획순의 일반적인 원칙, 부수(部首) 일람표, 두음법칙(頭音法則) 한자, 약자(略字)·속자(俗字), 고사성어(故事成語) 등을 한자 학습에 꼭 필요한 알찬 내용만을 엄선하여 실었습니다. 따라서 한자 능력시험의 1급~8급을 포함해서 왕초보자를 위해 필순을 넣어 쉽게 쓸 수 있도록 하였을 뿐만 아니라 쓰기 연습을 넣어 한 번에 완벽하게 끝낼 수 있도록 하였으며, 또한 10년 이상 각종 시험자료에서 입증된 핵심한자만을 골라 구성하였습니다. 급수 표기는 (社)대한민국한자교육연구회(대한검정회)와 (社)한국어문회가 배정한 공동으로 사용되는 급수를 앞에 수록하였으며, 중국어 간체자뿐만 아니라 일본어 약자 및 파생어 등도 함께 수록하여 한자 익히기에 도움을 주었습니다. 우리글은 상당 부분을 한자에서 유래된 말이 많이 차지하고 있어 비록 복잡하지만 공부해보면 정말 신비하고 재미있는 철학이 담겨 있다는 것을 알게 될 것입니다.

참고로 이 책을 학습하는 데 필요한 사용기호를 살펴보면,
기본 뜻 외에 영어, 중국어, 일본어 등을 표기하고 교육용 1000 기본한자는 반대자와 상대자, 약자와 속자 등을 제시하고 영 → 영어 중 → 중국어 일 → 일본어 유 → 유의어 반 → 반의어를 표시하였습니다.
* 예문은 두음법칙에 따라 표기했음. 中 – 중학교, 高 – 고등학교 표기.

〈본문설명〉

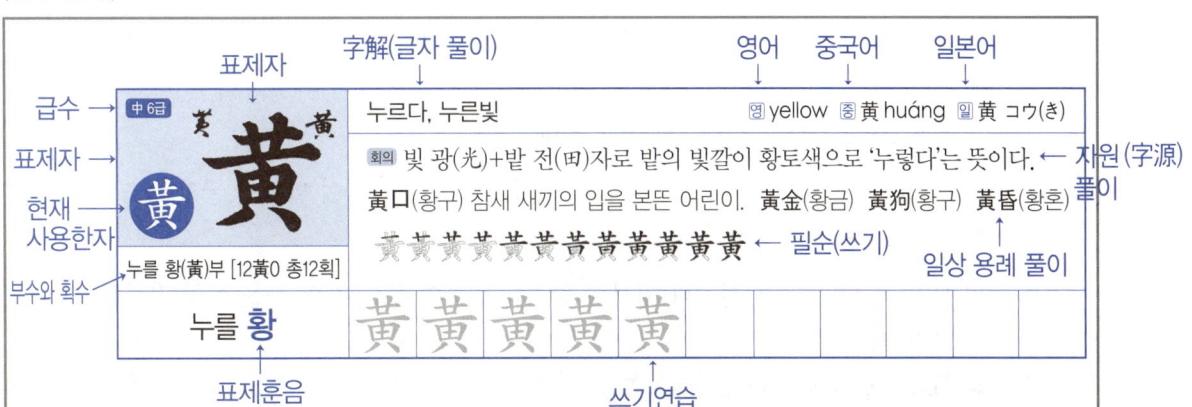

한자(漢字)에 대하여

1. 한자(漢字)의 필요성
지구상에서 한자가 통용되는 인구는 줄잡아 14억을 넘고 있다. 최근 글로벌 시대를 맞이하여 한자를 사용하고 있는 한국·중국·일본을 중심으로 한 동아시아의 경제와 문화가 급격히 부상하면서 한자 학습의 중요성이 더욱 강조되고 있다.

2. 한자(漢字)의 생성 원리
한글은 말소리를 나타내는 소리글자 즉, 표음문자(表音文字)이지만, 한자는 그림이나 사물의 형상을 본떠서 시각적으로 의미를 전달하는 뜻글자로 표의문자(表意文字)이다. 대부분의 사람들은 한자를 공부하는 데 우선 어렵다고 느껴지겠지만 한자의 기본 원칙인 육서(六書)를 익혀두고, 기본 부수 풀이를 익힌다면 한자를 이해하는 데 많은 도움이 될 것이다.

(가) 한자(漢字)의 세 가지 요소
모든 한자는 고유한 모양 '형(形)'과 소리 '음(音)'과 뜻 '의(義)'의 세 가지 요소로 이루어져 있으며, 일반적으로 뜻을 먼저 읽고 나중에 음을 읽는다.

모양	天	地	日	月	山	川
소리	천	지	일	월	산	천
뜻	하늘	땅	해·날	달	메	내

(나) 한자(漢字)를 만든 원리
❶ 상형문자(象形文字) : 구체적인 사물의 모양을 본떠 만든 것.
  (예 : ◎ → 日 , ⛰ → 山 , 〽 → 川)
  日 : 해의 모양을 본뜬 글자로 '해'를 뜻한다.
❷ 지사문자(指事文字) : 그 추상적인 뜻을 점이나 선으로 표시하여 발전한 글자.
  (예 : 上, 下, 一, 二, 三)
❸ 회의 문자(會意文字) : 상형이나 지사의 원리에 의하여 두 글자의 뜻을 합쳐 결합하여 새로운 뜻을 나타내는 글자.
  (예 : 日 + 月 → 明 , 田 + 力 → 男)

❹ 형성문자(形聲文字) : 상형이나 지사문자들을 서로 결합하여 뜻 부분과 음 부분 나타내도록 만든 글자.
(예 : 工 + 力 → 功)

❺ 전주문자(轉注文字) : 이미 만들어진 글자를 최대한으로 다른 뜻으로 유추하여 늘여서 쓰는 것.
(예 : 樂 → 풍류 악, 즐거울 락, 좋아할 요 惡 → 악할 악, 미워할 오)

❻ 가차문자(假借文字) : 이미 있는 글자의 뜻에 관계 없이 음이나 형태를 빌어다 쓰는 글자.
(예 : 自 → 처음에는 코(鼻 : 코 비)라는 글자였으나 그음을 빌려서 '자기'라는 뜻으로 사용.

(다) 부수(部首)의 위치와 명칭

❶ 머리(冠) · 두(頭)
부수가 글자의 위에 있는 것.
대표부수: 亠, 宀, 竹, 艸(艹)

- 宀 갓머리(집면) : 官(벼슬 관)
- 艹(艸) 초두머리(풀초) : 花(꽃 화), 苦(쓸 고)

❷ 변(邊)
부수가 글자의 왼쪽에 있는 것.
대표부수: 人(亻), 彳, 心(忄), 手(扌), 木, 水(氵), 石

- 亻(人) 사람인변 : 仁(어질 인), 代(대신 대)
- 禾 벼화변 : 科(과목 과), 秋(가을 추)

❸ 발 · 다리(脚)
부수가 글자의 아래에 있는 것.
대표부수: 儿, 火(灬), 皿

- 儿 어진사람인 : 兄(형 형), 光(빛 광)
- 灬(火) 연화발(불화) : 烈(매울 열), 無(없을 무)

❹ 방(傍)
부수가 글자의 오른쪽에 있는 것.
대표부수: 刀(刂), 攴(攵), 欠, 見, 邑(阝)

- 刂(刀) 선칼도방 : 刻(새길 각), 刑(형벌 형)
- 阝(邑) 우부방 : 郡(고을 군), 邦(나라 방)

❺ 엄(广)
부수가 글자의 위에서 왼쪽으로 덮여 있는 것.
대표부수: 厂, 广, 疒, 虍

广 엄호(집엄) : 序(차례 서), 度(법도 도)
尸(주검시) : 居(살 거), 局(판 국)

❻ 받침
부수가 왼쪽에서 밑으로 있는 것.
대표부수: 廴, 走, 辵(辶)

廴 민책받침(길게걸을인) : 廷(조정 정), 建(세울 건)
辶(辵) 책받침(쉬엄쉬엄갈착) : 近(가까울 근), 追(따를 추)

❼ 몸
부수가 글자를 에워싸고 있는 것.
대표부수: 凵, 口, 門

凵 위튼입구몸(입벌릴감) : 凶(흉할 흉), 出(날 출)

匸 감출혜 : 匹(짝 필), 區(구분할 구)
匚 튼입구몸(상자방) : 匠(장인 장), 匣(갑 갑)

門 문문 : 開(열 개), 間(사이 간)

口 큰입구몸(에운담) :
四(넉 사), 困(곤할 곤), 國(나라 국)

❽ 제부수
부수가 그대로 한 글자를 구성한다.

木(나무목) : 本(근본 본), 末(끝 말)
車(수레거) : 軍(군사 군), 較(비교할 교)
馬(말마) : 驛(역마 역), 騎(말탈 기)

한자 쓰기의 기본 원칙

1. 위에서 아래로 쓴다.

위를 먼저 쓰고 아래는 나중에

工(장인 공) → 一 丁 工,　 三(석 삼) → 一 二 三

2. 왼쪽에서 오른쪽으로 쓴다.

왼쪽을 먼저, 오른쪽을 나중에

川(내 천) → 丿 刂 川,　　 江(강 강) → 丶 冫 氵 氵 江 江

3. 가로획과 세로획이 겹칠 때에는 가로획을 먼저 쓴다.

木(나무 목) → 一 十 オ 木
吉(길할 길) → 一 十 士 吉 吉 吉

4. 삐침과 파임이 만날 때에는 삐침을 먼저 쓴다.

人(사람 인) → 丿 人
文(글월 문) → 丶 一 ナ 文

5. 좌우가 대칭될 때에는 가운데를 먼저 쓴다.

小(작을 소) → 亅 小 小
水(물 수) → 亅 氺 氺 水

6. 둘러싼 모양으로 된 자는 바깥쪽을 먼저 쓴다.

同(같을 동) → 丨 冂 冂 同 同 同
固(굳을 고) → 冂 門 門 周 固 固

7. 글자 전체를 꿰뚫는 획은 나중에 쓴다.

中(가운데 중) → 丨 口 口 中
事(일 사) → 一 二 口 口 亖 亖 事

8. 글자를 가로지르는 획은 나중에 긋는다.

女(계집 여) → ㄑ ㄑ 女
丹(붉을 단) → ノ 刀 冂 丹

9. 오른쪽 위에 점이 있는 글자는 그 점을 나중에 찍는다.

犬(개 견) → 一 ナ 大 犬
伐(칠 벌) → ノ イ 仁 代 伐 伐

10. 세로획을 먼저 쓴다.

세로획을 먼저 쓰는 경우 由(말미암을 유) → ㅣ 冂 冂 由 由
둘러싸여 있지 않을 경우 王(임금 왕) → 一 丁 千 王

11. 가로획과 왼쪽 삐침일 경우, 가로획을 먼저 쓴다.

 가로획을 먼저 쓸 경우 左(왼 좌) → 一 ナ ナ 左 左
 삐침을 먼저 쓰는 경우 右(오른 우) → ノ ナ ナ 右 右

12. 책받침(辶·廴)은 나중에 쓴다.

遠(멀 원) → ⺈ ⼟ 吉 幸 袁 遠
建(세울 건) → ㄱ ㅋ 聿 㣺 建 建

※ 받침이 있을 때 먼저 쓰는 글자 : 起(일어날 기) 題(제목 제)

영자팔법(永字八法)

영자팔법(永字八法)은 붓글씨를 쓸 때 한자의 글씨 쓰는 법을 가르치는 방법의 하나로 자주 나오는 여덟 가지 획의 종류를 '永(길 영)'자 한자 속에 쓰는 방법이다. 一(측:側)은 윗점, 二(늑:勒)는 가로획, 三(노:努)은 가운데 내리 획, 四(적:趯)는 아래 구부림, 五(책:策)는 짧은 가로획, 六(약:掠)은 오른쪽에서 삐침, 七(탁:啄)은 짧은 오른쪽 삐침, 八(책:磔)은 왼쪽에서 삐침을 설명한 것이다.

* '①~⑤'은 획순이며, '一~八'은 획의 종류 설명이다.

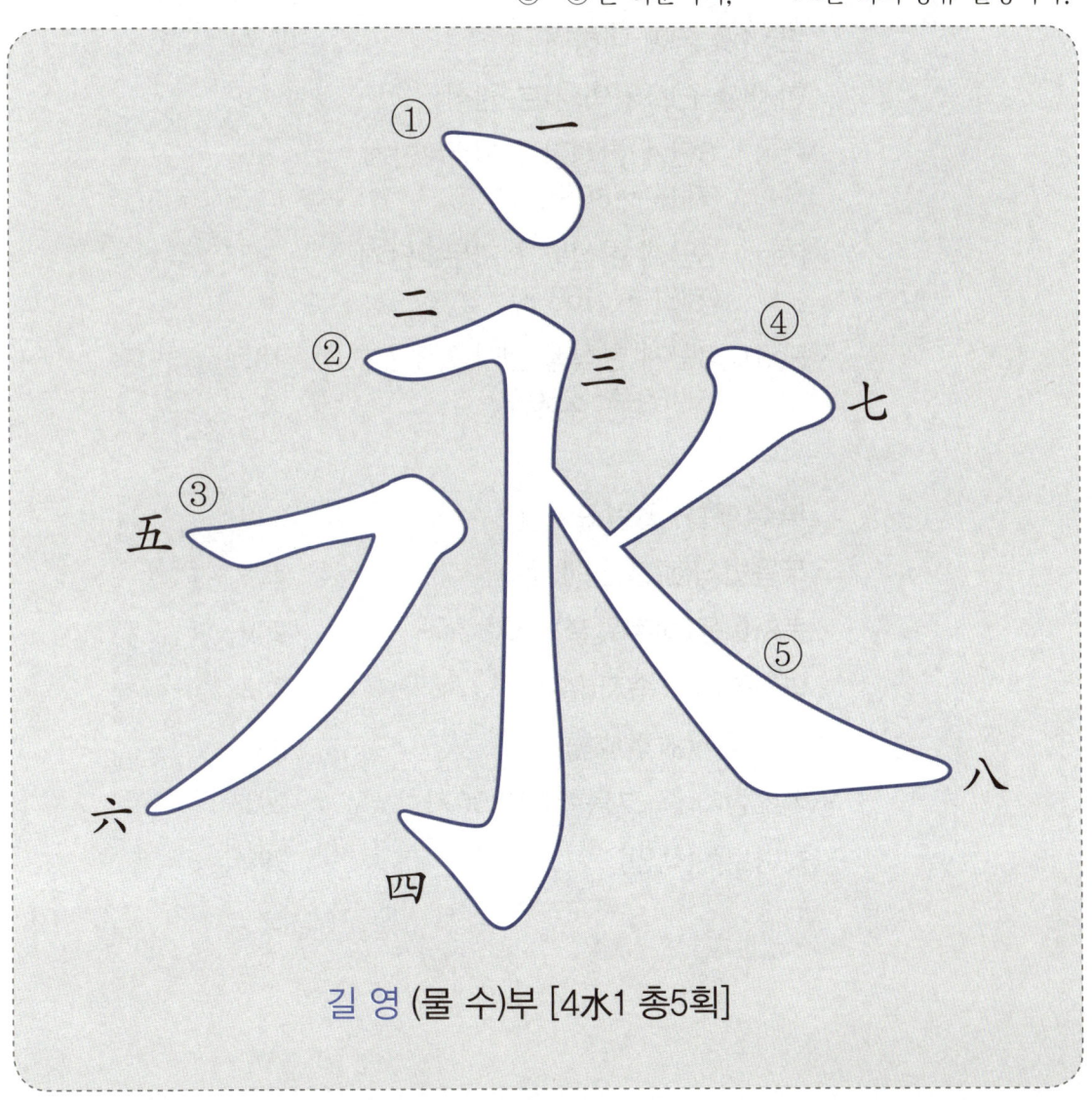

길 영 (물 수)부 [4水1 총5획]

c·o·n·t·e·n·t·s

차례

- 머리말 4
- 한자(漢子)에 대하여 6
- 한자(漢子)쓰기의 기본 원칙 9
- Part Ⅰ 3단계 한석봉 천자문 1단계 (제1구~80구) 13
- Part Ⅱ 3단계 한석봉 천자문 2단계 (제81구~168구) 95
- Part Ⅲ 3단계 한석봉 천자문 3단계 (제169구~250구) 185

〈부록〉

- 부수(部首) 일람표 270
- 두음법칙(頭音法則) 한자 278
- 동자이음(同字異音) 한자 279
- 약자(略字)·속자(俗字) 282
- 고사성어(故事成語) 283
- 기초한자(중·고등학교)1800자 291
- 찾아보기(색인) 299

3단계 한석봉 천자문 쓰기교본

Part I 1단계

- 제 1~10구 : 천문(天文)
- 제11~18구 : 자연(自然)
- 제19~36구 : 왕업(王業)
- 제37~60구 : 수신(修身)
- 제61~68구 : 충효(忠孝)
- 제69~80구 : 덕행(德行)

1 天地玄黃 천지현황

하늘은 위에 있어 그 빛이 검고 땅은 아래 있어서 그 빛이 누르다.

中7급 天

하늘, 하느님 반 地(땅 지)   영 heaven 중 天 tiān 일 テン(そう)

회의 클 대(大)+한 일(一)자로 사람의 머리 위에 하늘이 있어 끝없이 넓은 '하늘'을 뜻한다.
天界(천계) 하늘. 天氣(천기) 天國(천국) 天使(천사)

큰 대(大)부 [3大1 총4획]

天天天天

하늘 **천**   天 天 天 天 天

中7급 地

땅, 곳 반 天(하늘 천)   영 earth, land 중 地 dì 일 チ(つち)

회의·상형 흙 토(土)+어조사 야(也)자로 큰뱀이 꿈틀거리듯 땅의 굴곡된 형상에서 '땅'의 뜻이다.
地殼(지각) 지구의 껍데기 층. 地面(지면) 地球(지구) 地點(지점)

흙 토(土)부 [3土3 총6획]

地地地地地地

땅 **지**   地 地 地 地 地

高3Ⅱ급 玄

검다, 검은 빛   영 black 중 玄 xuán 일 ゲン

회의 검은 실을 한 타래씩 묶은 모양으로 '검은 것'을 뜻한다.
玄琴(현금) 거문고. 玄妙(현묘) 玄關(현관) 玄米(현미)

검을 현(玄)부 [5玄0 총5획]

玄玄玄玄玄

검을 **현**   玄 玄 玄 玄 玄

中6급 黃

누르다, 누른 빛   영 yellow 중 黃 huáng 일 コウ(き)

회의 빛 광(光)+밭 전(田)자로 밭의 빛깔이 황토색으로 '누렇다'는 뜻이다.
黃口(황구) 참새 새끼의 입을 본뜬 어린이. 黃金(황금) 黃狗(황구) 黃昏(황혼)

누를 황(黃)부 [12黃0 총12획]

누를 **황**   黃 黃 黃 黃 黃

2 宇宙洪荒 우주홍황

하늘과 땅 사이는 넓고 커서 끝이 없다. 즉 세상의 넓음을 말한다.

中3Ⅱ급

집, 지붕

영 house 중 宇 yǔ 일 ウ(いえ)

형성 움집 면(宀)+넓은 모양 우(于)자로 가옥의 덮인 부분, 즉 '지붕'을 뜻한다.
宇宙(우주) 온 세계를 둘러싸고 있는 공간.
宇宙論(우주론) 宇宙船(우주선) 器宇(기우)

갓머리(宀)부 [3宀3 총6획]

宇宇宇宇宇宇

집 **우**

宇 宇 宇 宇 宇

中3Ⅱ급

집, 주거

영 house 중 宙 zhòu 일 チュウ

형성 움집 면(宀)+말미암을 유(由)자로 건축물의 모양, 즉 '집, 주거'의 뜻이다.
宇宙食(우주식) 우주를 여행할 때 먹는 특별한 음식.
宇宙游泳(우주유영) 宇宙船(우주선)

갓머리(宀)부 [3宀5 총8획]

宙宙宙宙宙宙宙宙

집 **주**

宙 宙 宙 宙 宙

高3Ⅱ급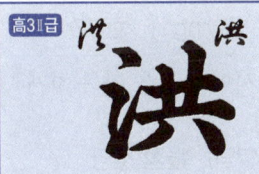

넓다, 크다

영 broad 중 洪 hóng 일 コウ(おおみず)

형성 물 수(氵)+한가지 공(共)자로 넓고 '큰 물'을 뜻한다.
洪福(홍복) 큰 복 洪水(홍수) 洪魚(홍어) 洪範(홍범)

물 수(삼수변) 水(氵)부 [3水6 총9획]

洪洪洪洪洪洪洪洪洪

넓을 **홍**

洪 洪 洪 洪 洪

高3급

거칠다, 망치다

영 rough 중 荒 huāng 일 コウ(あれる)

형성 풀 초(艹)+없을 황(巟)자로 황량한 풀 이외에는 아무것도 없어 거친 것을 뜻한다.
荒年(황년) 흉년. 荒廢(황폐) 荒凉(황량) 荒野(황야)

풀 초(초두) 艸(艹)부 [4艸6 총10획]

荒荒荒荒荒荒荒荒荒荒

거칠 **황**

荒 荒 荒 荒 荒

1단계(제1~80구) | 15

3 日月盈昃 일월영측

해는 서쪽으로 기울고 달도 차면 점차 이지러진다. 즉 우주의 진리를 말한다.

日

中8급 | 날, 해 반 月(달 월) | 영 day, sun 중 日 rì 일 ジツ・ニチ(ひ)

상형 해의 모양을 본뜬 글자이다.

日久(일구) 시간이 몹시 경과가 됨. 日沒(일몰) 日記(일기) 日語(일어)

日 日 日 日

날 일(日)부 [4日0 총4획]

날 일

月

中8급 | 달, 달빛 반 日(해 일) | 영 moon 중 月 yuè 일 ゲツ(つき)

상형 일그러진 초승달의 모양을 본뜬 글자이다.

月刊(월간) 매월 한 차례 간행함. 月光(월광) 月間(월간) 月給(월급)

月 月 月 月

달 월(月)부 [4月0 총4획]

달 월

盈

2급 | 차다, 충만하다, 넘치다 | 영 fill up 중 盈 yíng 일 エイ(みちる)

회의 그릇 명(皿), 이에 내(乃 : 펴진 활), 또 우(又 : 손). 접시에 음식을 가득 차게 올린 것을 뜻한다.

盈月(영월) 음력 보름날에 뜨는 둥근 달. 盈滿(영만) 盈德(영덕) 豐盈(풍영)

그릇 명(皿)부 [5皿4 총9획]

찰 영

昃

특급 | 기울다, 오후 | 영 decline 중 昃 zè 일 ショク(かたむく)

형성 날 일(日-해)부+ 측(仄)이 합하여 이루어져 '기울다' 뜻이다.

日月盈昃(일월영측) 해는 서쪽으로 기울고 달도 차면 점차 이지러짐.

날 일(日)부 [4日4 총8획]

기울 측

4 辰宿列張 진숙열장
별자리가 해 달과 같이 하늘에 넓게 벌려져 있음을 말한다.

中3Ⅱ급 辰	별, 별 이름　　　　　　　　　　　　영 star　중 辰 chén　일 シン(ほしのな)
	상형 조개가 껍데기에서 발을 내밀고 있는 모양으로 가차하여 '십이지 용'을 뜻한다.
	辰星(진성) 수성을 달리 부르는 말.　辰宿(진수)　日辰(일진)　壬辰倭亂(임진왜란)
별 진(辰)부 [7辰0 총7획]	辰辰辰辰辰辰辰
별 진	辰 辰 辰 辰 辰

中5급 宿	자다, 묵다　유 星(별 성)　　　　　영 sleep　중 宿 xiǔ　일 シュク(やどる)
	형성 집 면(宀)+백사람 백(佰)자로 여러 사람이 머물러서 '자다'의 뜻이다.
	宿老(숙노) 경험이 풍부한 노인.　宿命(숙명)　宿泊(숙박)　宿曜(수요)
갓머리(宀)부 [3宀8 총11획]	宿宿宿宿宿宿宿宿宿宿宿
잘 숙	宿 宿 宿 宿 宿

中4Ⅱ급 列	벌이다, 늘어놓음　유 羅(벌릴 라)　영 display　중 列 liè　일 レツ(つらねる)
	형성 앙상한 뼈 알(歹)+칼 도(刂)자로 고기를 발라낸 뼈를 차례로 '벌리다'를 뜻한다.
	列國(열국) 여러 나라.　列島(열도)　列擧(열거)　列車(열차)
칼 도(刀/刂)부 [2刀4 총6획]	列列列列列列
벌릴 열	列 列 列 列 列

高4급 張	베풀다, 당기다　　　　　　　　　영 give, extend　중 张 zhāng　일 チョウ(はる)
	형성 활 궁(弓)+길 장(長)자로 활시위를 길게 잡아당겨 '벌린다'의 뜻이다.
	張力(장력) 당기거나 당기어지는 힘.　張本(장본)　張大(장대)
활 궁(弓)부 [3弓8 총11획]	張張張張張張張張張張張
베풀 장	張 張 張 張 張

5 寒來暑往 한래 서왕

추위가 오면 더위가 가고 더위가 오면 추위가 간다. 즉 계절의 바뀜을 말한다.

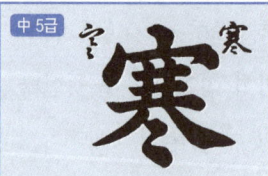

차다, 곤궁하다　반暖(따뜻할 난)　　영cold　중寒 hán　일カン(さむい)

회의 틈 하(纩)+얼음 빙(冫)자로 얼음이 얼면 움집에서 생활하므로 '춥다'의 뜻이다.

寒露(한로) 찬이슬.　寒微(한미)　寒氣(한기)　寒波(한파)

갓머리(宀)부 [3宀9 총12획]

찰 한

오다, 오게 하다　유去(갈 거), 往(갈 왕)　　영come　중来 lái　일来 ライ(きたる)

상형 보리 이삭이 매달려 처져 있는 모양을 본뜬 글자로 하늘이 내리신 것이므로 '오다'를 뜻한다.

來訪(내방) 찾아옴.　來世(내세)　來賓(내빈)　來日(내일)

사람 인(人)부 [2人6 총8획]

올 래

덥다, 무더운 여름　　영hot　중暑 shǔ　일ショ(あつい)

형성 날 일(日)+놈 자(者)자로 햇볕이 타오르는 불처럼 내리쬐어 '더운 것'을 뜻한다.

暑氣(서기) 더운 기운.　暑月(서월)　暴暑(폭서)　避暑地(피서지)

날 일(日)부 [4日9 총13획]

더울 서

가다, 옛적　반來(올 래)　　영go　중往 wǎng　일オウ(ゆく)

형성 자축거릴 척(彳)+날 생(主-生)자로 모든 생물이 세상에 나왔다가 '가다'의 뜻이다.

往年(왕년) 지나간 해.　往事(왕사)　往來(왕래)　往診(왕진)

두인변(彳)부 [3彳5 총8획]

갈 왕

6 秋收冬藏 추수동장

가을에 곡식을 거두고 겨울이 오면 그것을 감춰 들인다.

가을, 결실 반 春(봄 춘) 영 autumn 중 秋 qiū 일 シュウ(あき)

형성 벼 화(禾)+불 화(火)자로 곡식을 햇볕에 말려거두는 계절은 '가을'인 것이다.

秋季(추계) 가을철. 秋扇(추선) 秋穀(추곡) 秋霜(추상)

벼 화(禾)부 [5禾4 총9획]

가을 **추**

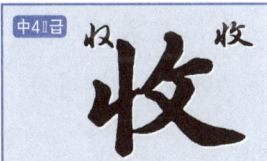

거두다, 받아들이다 영 gather 중 收 shōu 일 収 シュウ(おさめる)

형성 얽힐 구(丩)+칠 복(攵)자로 이삭의 낟알을 쳐서 수확한다.

收監(수감) 옥에 가둠. 收支(수지) 收去(수거) 收金(수금)

칠 복(등글월문)攴(攵)부 [4攵2 총6획]

거둘 **수**

겨울, 동절기 영 winter 중 冬 dōng 일 トウ(ふゆ)

회의 뒤져올 치(夂)+얼음 빙(冫)자로 발밑에 얼음이 어는 '겨울'을 뜻한다.

冬季(동계) 겨울철. 冬眠(동면) 冬至(동지)

이수변(冫)부 [2冫3 총5획]

겨울 **동**

감추다, 곳집 영 conceal 중 藏 zàng 일 ソウ(くら)

형성 풀 초(艹)+감출 장(臧)으로 감추어 저장하는 것으로 '감추다, 곳집'을 뜻한다.

藏書(장서) 책을 간직해 둠. 藏府(장부) 藏置(장치) 藏書(장서)

풀 초(초두) 艸(艹)부 [4艹14 총18획]

감출 **장**

7 閏餘成歲 윤여성세

일년 이십사절기 나머지 시각을 모아 윤달로 하여 해를 이루었다.

高3급

문 문(門)부 [8門4 총12획]

윤달, 윤년　　　영 leap month　중 闰 rùn　일 ジュン(うるう)

회의 문 문(門)+임금 왕(王)자로 왕이 문 밖 출입을 하지 않은 '윤달'을 뜻한다.
閏年(윤년) 윤달이 드는 해.　閏位(윤위)　閏月(윤월)　閏朔(윤삭)

閏 閏 閏 閏 閏 閏 閏 閏 閏 閏 閏 閏

윤달 **윤**　　閏 閏 閏 閏 閏

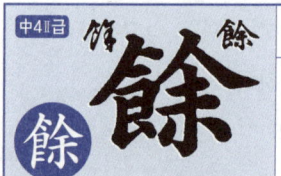

中4Ⅱ급

밥 식(食)부 [9食7 총16획]

남다, 넉넉함　유 殘(남을 잔)　　영 remain　중 余 yú　일 余 ヨ(あまる)

형성 밥 식(食)+남을 여(余)자로 음식이 먹고 남을 정도로 풍족한 것으로 '남다'를 뜻한다.
餘念(여념) 나머지 생각.　餘力(여력)　餘談(여담)　餘恨(여한)

餘 餘 餘 餘 餘 餘 餘 餘 餘 餘 餘

남을 **여**　　餘 餘 餘 餘 餘

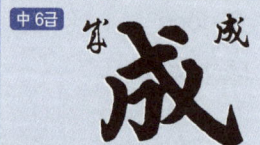

中6급

창 과(戈)부 [4戈2 총6획]

이루다, 이루어지다　반 敗(패할 패)　　영 accomplish　중 成 chéng　일 セイ(なる)

회의·형성 무성할 무(戊)+장정 정(丁)자로 혈기왕성한 장정이 되면 무엇이든 '이루다'의 뜻이다.
成家(성가) 가정을 이룸.　成功(성공)　成句(성구)　成長(성장)

成 成 成 成 成 成

이룰 **성**　　成 成 成 成 成

中5급

그칠 지(止)부 [4止9 총13획]

해, 새해　유 年(해 년)　　영 age, year　중 岁 suì　일 サイ(とし)

형성 걸음 보(步)+개 술(戌)자로 걸음을 멈추고 곡식을 거둬들이니 '해'가 바뀐다.
歲暮(세모) 세밑.　歲時(세시)　歲拜(세배)　歲月(세월)

歲 歲 歲 歲 歲 歲 歲 歲 歲 歲 歲 歲 歲

해 **세**　　歲 歲 歲 歲 歲

※ 율려-6률(六律)과 6려(六呂)를 말하며 음악 또는 가락을 뜻한다.

8 律呂調陽 율려조양

율려가 천지간의 양기를 고르게 하니, 즉 율은 양이요, 려는 음이다.

中4Ⅱ급		법, 법칙 ㉨法(법 법), 規(법 규) 영law 중律lǜ 일りつ·りち
		형성 조금 걸을 척(彳)+붓 율(聿)자로 인간행위의 기준을 적은 것으로 '법칙'의 뜻이다.
		律客(율객) 음률에 밝은 사람. 律師(율사) 律法(율법) 律動(율동)
두인변(彳)부 [3彳6 총9획]		律律律律律律律律律
법칙 률		律 律 律 律 律

中5급		음률. 풍류. 등뼈 영tune 중吕lǚ 일リ·ㅋ(ロ)
		상형 사람의 등뼈가 이어져서 모인 모양을 본떠, '등뼈'의 뜻을 나타낸다.
		呂宋煙(여송연) 필리핀의 루손도에서 나는 엽궐련. 향기가 좋고 독함.
		呂覽(여람) 呂尙(여상) 呂翁枕(여옹침)
입 구(口)부 [3口4 총7획]		呂呂呂呂呂呂呂
음률 려		呂 呂 呂 呂 呂

中5급		고르다, 맞추다 영harmonize 중调diào 일チョウ(ととのう)
		형성 말씀 언(言)+두루 주(周)자로 쌍방의 말을 두루 듣고 잘 어울리게 '고르다'.
		調査(조사) 실정을 알기 위하여 자세히 살펴봄. 調節(조절) 調和(조화) 調整(조정)
말씀 언(言)부 [7言8 총15획]		調調調調調調調調調調調
고를 조		調 調 調 調 調

中6급		볕, 해 ㉣陰(그늘 음) 영sunshine 중阳yáng 일ヨウ(ひ)
		형성 언덕 부(阝)+볕 양(昜)자로 언덕은 가리는 곳이 없으니 '볕'이 잘 든다.
		陽光(양광) 태양의 빛. 陽朔(양삭) 陽刻(양각) 陽氣(양기)
언덕 부(좌부방) 阜(阝)부 [3阝9 총12획]		陽陽陽陽陽陽陽陽陽陽陽
볕 양		陽 陽 陽 陽 陽

※ 율려−6률(六律)과 6려(六呂)를 말하며 음악 또는 가락을 뜻한다.

9 雲騰致雨 운등치우

수증기가 올라가서 구름이 되고 냉기를 만나 비가 된다. 즉 자연의 기상을 말한다.

雲 구름 운
- 中 5급
- 비 우(雨)부 [8雨4 총12획]
- 구름, 습기
- 영 cloud 중 云 yún 일 ウン(くも)
- 상형 비 우(雨)+이를 운(云)자로 뭉게구름이 일어나는 모양을 본뜬 글자이다.
- 雲開(운개) 구름이 사라짐. 雲山(운산) 雲霧(운무) 雲峰(운봉)

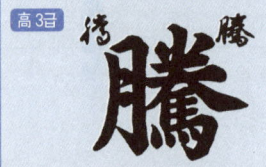

騰 오를 등
- 高 3급
- 말 마(馬)부 [10馬10 총20획]
- 오르다, 뛰어오르다
- 영 ascend 중 腾 téng 일 トウ
- 형성 말 마(馬)+나 짐(朕)자로 말이 뛰어오르는 것으로, 즉 '오르다'를 뜻한다.
- 騰貴(등귀) 물건값이 오름. 昂騰(앙등) 騰落(등락) 騰空(등공)

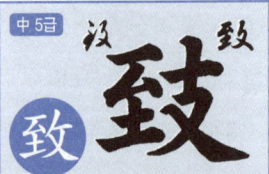

致 이를 치
- 中 5급
- 이를 지(至)부 [6至4 총10획]
- 이르다, 부르다
- 영 arrive, reach 중 致 zhì 일 チ(いたす)
- 회의 이를 지(至)+뒤져올 치(夂)자로 발로 천천히 걸어서 목적지에 '이르다'의 뜻이다.
- 致命(치명) 목숨을 버림. 致富(치부) 致死(치사) 致賀(치하)

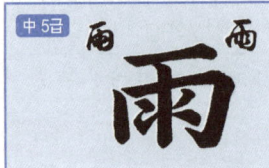

雨 비 우
- 中 5급
- 비 우(雨)부 [8雨0 총8획]
- 비, 비가 오다
- 영 rain 중 雨 yǔ 일 ウ(あめ)
- 상형 하늘[一]을 덮은 구름[冂] 사이로 물방울이 떨어짐을 본뜬 글자로 '비'를 뜻한다.
- 雨期(우기) 비가 많이 내리는 시기. 雨天(우천) 雨量(우량) 雨傘(우산)

10 露結爲霜 노결위상

이슬이 맺어 서리가 되니 밤기운이 풀잎에 물방울처럼 이슬을 이룬다.

露

中3Ⅱ급	이슬, 은혜	영 dew 중 露 lù 일 ロ(つゆ)

형성 비 우(雨)+길 로(路)자로 길가의 풀잎에 맺혀 있는 물방울, 즉 '이슬을' 뜻한다.
露骨(노골) 속마음을 드러냄. 露積(노적) 露宿(노숙) 寒露(한로)

비 우(雨)부 [8雨12 총20획]

이슬 로

露露露露露露露露露露露露露
露 露 露 露 露

結

中5급	맺다, 묶다	영 join·tie 중 结 jié 일 ケツ(むすぶ)

형성 실 사(糸)+길할 길(吉)자로 끊어진 실을 튼튼하고 좋게 '맺다'의 뜻이다.
結果(결과) 열매를 맺음. 結局(결국) 結實(결실) 結末(결말)

실 사(糸)부 [6糸6 총12획]

맺을 결

結結結結結結結結結結結結
結 結 結 結 結

爲

中4Ⅱ급	하다, 행하다	영 for 중 为 wèi 일 爲 イ(なす·ため)

회의 손톱 조(爪)+코끼리 상(象)자로 손으로 코끼리를 부려 공사를 '하다'는 뜻이다.
爲國(위국) 나라를 위함. 爲己(위기) 爲民(위민) 爲始(위시)

손톱 조爪(爫)부 [4爫8 총12획]

할 위

爲爲爲爲爲爲爲爲爲爲爲爲
爲 爲 爲 爲 爲

霜

中3Ⅱ급	서리, 해	영 frost 중 偿 shuāng 일 ソウ(しも)

형성 비 우(雨)+서로 상(相)자로 만물을 시들게 하는 비, 즉 '서리'를 뜻한다.
霜菊(상국) 서리가 내릴 때 피는 국화. 霜降(상강) 霜雪(상설) 秋霜(추상)

비 우(雨)부 [8雨9 총17획]

서리 상

霜霜霜霜霜霜霜霜霜霜霜霜
霜 霜 霜 霜 霜

1단계(제1~80구) | 23

11 金生麗水 금생여수

금은 여수에서 나니 여수는 중국의 지명이다.

| 中8급 | 쇠, 금, 금나라 | 영gold 중金 jīn 일キン(かな) |

형성 이제 금(今)+흙 토(土)를 합치고 양쪽에 두 점을 찍어 흙 속에서 빛을 발하는 '금'을 뜻한다.
金冠(금관) 금으로 만든 관. 金髮(금발) 金庫(금고) 金泉(김천)

쇠 금(金)부 [8金0 총8획]

金金金金金金金金

쇠 금 — 金 金 金 金 金

나다, 낳다 유産(낳을 산) 반死(죽을 사) 영born 중生 shēng 일セイ(なま)

상형 초목의 새싹이 땅위로 솟아나오는 모양을 본뜬 자로 '살다'의 뜻이다.
生家(생가) 자기가 난 집. 生計(생계) 生氣(생기) 生命(생명)

날 생(生)부 [5生0 총5획]

生生生生生

낳을 생 — 生 生 生 生 生

곱다, 빛나다 유美(아름다울 미) 영beautiful 중丽 lì 일レイ(うるわしい)

회의 사슴들이 나란히 걸어가는 모양이 '아름답다'의 뜻이다.
麗句(여구) 아름다운 글귀. 麗代(여대) 華麗(화려) 高麗(고려)

사슴 록(鹿)부 [11鹿8 총19획]

麗麗麗麗麗麗麗麗麗麗麗

고울 려 — 麗 麗 麗 麗 麗

물, 강 반火(불 화) 영water 중水 shuǐ 일スイ(みず)

상형 물이 끊임없이 흐르고 있는 모양을 본뜬 글자이다.
水難(수난) 물로 말미암은 재난. 水魔(수마) 水路(수로) 水面(수면)

물 수(삼수변) 水(氵)부 [4水0 총4획]

水水水水

물 수 — 水 水 水 水 水

12 玉出崑岡 옥출곤강

옥은 곤강에서 나니 곤강은 역시 중국의 산 이름이다.

玉

中4Ⅱ급

구슬, 아름다운 돌 반石(돌 석) 영gem, jewel 중玉 yù 일ギョク(たま)

상형 [三+丨]는 구슬 세 개를 끈으로 꿴 모양을 본뜬 글자이다.

玉門(옥문) 옥으로 장식한 문. 玉色(옥색) 玉體(옥체) 玉篇(옥편)

玉玉玉玉玉

구슬 옥(玉/王)부 [5玉0 총5획]

구슬 **옥**

玉 玉 玉 玉 玉

出

中7급

나다, 태어나다 반缺(이지러질 결) 영come out 중出 chū 일シュツ(でる)

지사 초목이 움터에서 자라나므로 '나다'의 뜻이다.

出家(출가) 집을 나감. 出力(출력) 出擊(출격) 出庫(출고)

出出出出出

위튼입구몸(凵)부 [2凵3 총5획]

날 **출**

出 出 出 出 出

崑

1급

산 이름, 오랑캐, 시의 한 체인 서곤의 약칭 영name of a mountain 중kūn 일コン

형성 뫼 산(山)+ 곤(昆)자로 '산'을 뜻한다.

崑曲(곤곡) 16세기 말부터 성행한 중국 고전극 양식의 하나.

崑崙(곤륜) 崑崙山(곤륜산) 崑山腔(곤산강)

崑崑崑崑崑崑崑崑崑崑崑

뫼 산(山)부 [3山7 총11획]

뫼 **곤**

崑 崑 崑 崑 崑

岡

준1(2)급

언덕.산등성이 산봉우리 영hill 중冈 gāng 일コウ(おか)

형성 뫼 산(山)+그물 망(网)자로 아치 모양의 산, 구릉의 뜻을 나타낸다.

岡陵(강릉) 언덕이나 작은 산. 岡巒(강만) 岡阜(강부) 구강(丘岡)

岡岡岡岡岡岡岡岡

뫼 산(山)부 [3山5 총8획]

뫼 **강**

岡 岡 岡 岡 岡

13 劍號巨闕 검호거궐

거궐은 칼이름이고 구야자가 지은 보검이다. 즉 조나라의 국보다.

高3Ⅱ급
劍
칼 도(刀/刂)부 [2刀13 총15획]

칼, 검 영 sword 중 剑 jiàn 일 ケン(つるぎ)

형성 여러 첨(僉)+칼 도(刂)자로 고르게 단련된 '양날의 칼'을 뜻한다.
劍客(검객) 칼을 쓰는 사람. 劍道(검도) 劍舞(검무)

劍劍劍劍劍劍劍劍劍劍劍

| 칼 검 | 劍 | 劍 | 劍 | 劍 | 劍 | | | | | |

中6급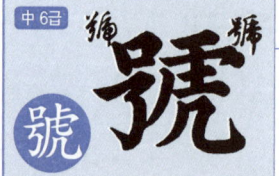
號
범호엄(虍)부 [6虍7 총13획]

부르짖다, 울부짖다, 이름 영 shout 중 号 hào 일 号 コウ(さけぶ)

형성 이름 호(号)+범 호(虎)자로 범의 울음소리같이 우렁차게 '부르짖는다'의 뜻이다.
號角(호각) 호루라기. 號哭(호곡) 號令(호령) 號數(호수)

號號號號號號號號號號號號號

| 부를 호 | 號 | 號 | 號 | 號 | 號 | | | | | |

장인 공(工)부 [3工2 총5획]

크다, 거대하다 ㊤ 大(큰 대) 영 great 중 巨 jù 일 キョ(おおきい)

상형 대목들이 쓰는 자[工]를 손에 들고 있는 모양을 본뜬 글자이다.
巨富(거부) 큰 부자. 巨星(거성) 巨軀(거구) 巨金(거금)

巨 巨 巨 巨 巨

| 클 거 | 巨 | 巨 | 巨 | 巨 | 巨 | | | | | |

문 문(門)부 [8門10 총18획]

대궐, 대궐 문, 빠지다 영 palace 중 阙 quē 일 ケツ(かける)

형성 문 문(門)+숨찰 권(欮) 자로 중앙에 큰 입이 열려 있는 성문의 뜻을 나타낸다.
闕席(궐석) 어떤 자리에 나가야 할 사람이 나가지 않음.
闕員(궐원) 宮闕(궁궐) 補闕(보궐)

闕闕闕闕闕闕闕闕闕闕

| 대궐 궐 | 闕 | 闕 | 闕 | 闕 | 闕 | | | | | |

14 珠稱夜光 주칭야광

구슬의 빛이 밤의 낮 같은 고로 야광이라 칭하였다.

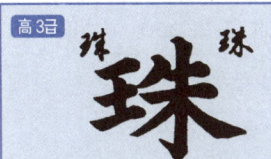

[高3급] 구슬, 진주나 보석 따위 영 pearl 중 珠 zhū 일 シュ(たま)

형성 구슬 옥(玉)+붉을 주(朱)자로 '구슬'을 뜻한다.

珠算(주산) 주판으로 하는 계산. 珠玉(주옥) 念珠(염주) 蚌珠(방주)

珠珠珠珠珠珠珠珠珠珠

구슬 옥(玉/王)부 [5玉5 총10획]

구슬 주   珠 珠 珠 珠 珠

[高4급] 일컫다, 칭찬 유 頌(칭송할 송) 영 call 중 称 chēng 일 称 ショウ(となえる)

형성 벼[禾]를 손[爫]으로 쌓고 얼마만큼이라고 '칭하다'의 뜻이다.

稱量(칭량) 저울로 닮. 稱名(칭명) 稱頌(칭송) 稱讚(칭찬)

稱稱稱稱稱稱稱稱稱稱稱稱稱稱

벼 화(禾)부 [5禾9 총14획]

일컬을 칭   稱 稱 稱 稱 稱

[中6급] 밤, 새벽 반 晝(낮 주) 영 night 중 夜 yè 일 ヤ(よる)

형성 또 역(亦)+저녁 석(夕)자로 해지면 밤이 오고 모든 생물이 '밤'에는 잠을 잔다.

夜間(야간) 밤. 夜勤(야근) 夜景(야경) 夜光(야광)

夜夜夜夜夜夜夜夜

저녁 석(夕)부 [3夕5 총8획]

밤 야   夜 夜 夜 夜 夜

[中6급] 빛, 재능·명성이 빛나다 영 light 중 光 guāng 일 コウ(ひかり)

회의 불 화(火)+어진 사람 인(儿)자로 사람이 횃불을 들고 있으므로 '빛'을 뜻한다.

光景(광경) 경치. 光揚(광양) 光度(광도) 光復(광복)

光光光光光光

어진사람 인(儿)부 [2儿4 총6획]

빛 광   光 光 光 光 光

15 果珍李柰 과진이내

과실 중에 오얏(자두)과 능금나무의 그 진미가 으뜸임을 말한다.

果 과실 과
- 中6급
- 나무 목(木)부 [4木4 총8획]
- 과실, 나무의 열매 ㊀實(열매 실)   영fruit 중果 guǒ 일カ(はて)
- 상형 나무 목(木)의 위에 열매[田]가 달려 있으므로 '과실'을 뜻한다.
- 果敢(과감) 결단성이 있고 용감함. 果報(과보) 果樹(과수) 果然(과연)

珍 보배 진
- 高4급
- 구슬 옥(玉/王)부 [4王5 총9획]
- 보배, 진귀하다 ㊀寶(보배 보)   영treasure 중珍 zhēn 일チン(めずらしい)
- 회의 구슬 옥(玉)+머리숱많을 진(㐱)자로 털에 덮인 사람처럼 보배는 '진귀하다'의 뜻이다.
- 珍本(진본) 진기한 책. 珍奇(진기) 珍品(진품) 珍味(진미)

李 오얏 리

- 中6급
- 나무 목(木)부 [4木3 총7획]
- 오얏, 오얏나무, 성   영plum 중李 lǐ 일リ(すもも)
- 형성 나무 목(木)+아들 자(子)자로 나무에 열매가 많이 맺히는 나무로 '자두(오얏)'를 뜻한다.
- 李花(이화) 오얏꽃. 李成桂(이성계) 李朝(이조) 李白(이백)

柰 능금나무, 어찌 내
- 1급
- 나무 목(木)부 [4木5 총9획]
- 능금나무, 상록 관목, 어찌, 어떻게   영why 중柰 nài 일ナ(いかに)
- 형성 나무 목(木)+시(示)자로 '능금'을 뜻한다.
- 柰麻(내마) 신라 17관등의 열한 째 위계.
- 柰乙(내을) 신라의 시조 박혁거세(朴赫居世)가 탄강한 곳.

16 菜重芥薑 채중개강
나물은 겨자와 생강이 중하다.

中3ⅠI급 菜
풀 초(초두) 艹(++)부 [4艹8 총12획]
나물 채

나물, 푸성귀   영 vegetables 중 菜 cài 일 サイ(な)

형성 풀 초(艹)+캘 채(采)자로 채취하여 먹는 풀, 즉 '나물'을 뜻한다.
菜根(채근) 채소의 뿌리. 菜單(채단) 菜蔬(채소) 菜食(채식)

中 7급 重
마을 리(里)부 [7里2 총9획]
무거울 중

무겁다, 크다 반 輕(가벼울 경)   영 heavy 중 重 zhòng 일 ジュウ(かさなる)

형성 클 임(壬)+동녘 동(東)자로 사람이 등에 '무거운' 짐을 지고 서있다는 뜻이다.
重量(중량) 무게. 重刊(중간) 重大(중대) 重力(중력)

1급 芥
초두머리(++)부 [4++4 총8획]
겨자 개

겨자, 갓, 티끌, 흙덩이   영 mustard 중 jie 일 カイ(からしな)

형성 초두머리(艹=艸)+ 개(介)자로 '겨자'를 뜻한다.
芥子油(개자유) 겨자씨나 갓씨로 짠 기름.
芥塵(개진) 사소한 것을 비유적으로 이르는 말. 芥子(개자)

1급 薑
초두머리(++)부 [4++13 총17획]
생강 강

생강, 성씨 강   영 ginger 중 薑 jiāng 일 キョウ(しょうが)

형성 초두머리(艹=艸)+ 강(畺)이 합하여 '생강'을 뜻한다.
薑板(강판) 무, 생강, 사과, 배 따위를 갈아서 즙을 내거나 채를 만들기 위한 기구.
薑汁(강즙) 薑桂(강계) 薑山(강산)

17 海鹹河淡 해함하담

바닷물은 짜고 밀물은 맛도 없고 맑다.

海 바다 해

[中7급] 물 수(삼수변) 水(氵)부 [3氵7 총10획]

바다, 바닷물 유 河(강 하) 영 sea 중 海 hǎi 일 カイ(うみ)

형성 물 수(氵)+매양 매(每)자로 물이 마르지 않고 매양 가득차 있는 '바다'를 뜻한다.
海陸(해륙) 바다와 육지. 海洋(해양) 海軍(해군) 海諒(해량)

海海海海海海海海海海

鹹 짤 함

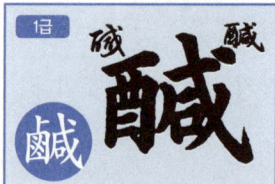

[1급] 짠땅 로(鹵)부 [11鹵9 총20획]

짜다, 쓰다, 소금기 영 salty 중 鹹 xián 일 カン(しおけ)

형성 짠땅로(鹵)+ 함(咸)자로 '소금, 짜다,의 뜻이다.
鹹湖(함호) 물에 염분이 많이 들어 있는 호수.
鹹度(함도) 鹹菜(함채) 鹹水魚(함수어)

鹹鹹鹹鹹鹹鹹鹹鹹鹹鹹鹹鹹

河 물 하

[中5급] 물 수(삼수변) 水(氵)부 [3氵5 총8획]

물, 황하(黃河) 유 川(내 천) 영 river 중 河 hé 일 カ(かわ)

물 수(氵)+옳을 가(可)자로 굽이쳐 흐르는 '큰물'을 뜻한다.
河畔(하반) 물가. 河床(하상) 河口(하구) 河馬(하마)

河河河河河河河河

淡 묽을 담

[高3Ⅱ급] 물 수(삼수변) 水(氵)부 [4水7 총11획]

묽다, 연하다 영 light 중 淡 dàn 일 タン(あわい)

형성 물 수(氵)+불꽃 염(炎)자로 세차게 타오르는 아지랑이를 뜻하였으나 '묽다, 맑다'를 뜻한다.
淡淡(담담) 욕심이 없고 깨끗함. 淡白(담백) 淡水(담수) 淡紅(담홍)

淡淡淡淡淡淡淡淡淡淡淡淡

18 鱗潛羽翔 인잠우상

비늘 있는 고기는 물속에 잠기고 날개 있는 새는 공중에 난다.

4Ⅱ급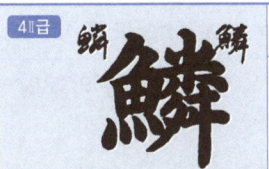

비늘, 물고기, 어류, 비늘이 있는 동물 　　　영 scale　중 鱗 lín　일 リン(うろこ)

형성 물고기어(魚)+린(粦)자로 '비늘'의 뜻이다.
片鱗(편린) 원래 한 조각의 비늘이라는 뜻으로, 사물의 극히 작은 한 부분을 이르는 말.
龍鱗(용린)　逆鱗(역린)　苞鱗(포린)

鱗鱗鱗鱗鱗鱗鱗鱗鱗鱗鱗

물고기어(魚)부 [11魚12 총23획]

비늘 린　鱗 鱗 鱗 鱗 鱗

3Ⅱ급

잠기다, 감추다　　　영 sink　중 潛 qián　일 潛 セン(ひそむ)

형성 물 수(氵)+일찍이 참(朁)자로 물속에 '들어가다, 잠기다'의 뜻이다.
潛伏(잠복) 드러나지 않게 숨어 있음.　潛水(잠수)　潛影(잠영)　潛入(잠입)

潛潛潛潛潛潛潛潛潛潛潛

물 수(삼수변) 水(氵)부 [4水11 총15획]

잠길 잠　潛 潛 潛 潛 潛

高3급 羽

깃, 날개　　　영 wing　중 羽 yǔ　일 ウ(はね·は)

상형 새의 깃, 또는 양쪽 날개를 본뜬 글자다.
羽傑(우걸) 새 중에 가장 뛰어난 새.　羽毛(우모)　羽扇(우선)　羽翼(우익)

羽 羽 羽 羽 羽 羽

깃 우(羽)부 [6羽0 총6획]

깃 우　羽 羽 羽 羽 羽

1급

돌아 날다, 날다, 달리다　　　영 flight, soar　중 翔 xiáng　일 ショウ(かける)

형성 깃 우(羽)+양(羊)자로 '날다'의 뜻이다.
飛翔(비상) 공중을 날아다님.　翔空(상공)　翔貴(상귀)　翔鸞旗(상란기)

翔翔翔翔翔翔翔翔翔翔翔翔

깃 우(羽)부 [6羽6 총12획]

높이 날 상　翔 翔 翔 翔 翔

19 龍師火帝 용사화제

복희씨는 용으로써 벼슬을 기록하고 신농씨는 불로써 기록하였다.

龍

高4급	용, 임금	영 dragon 중 龙 lóng 일 竜 リュウ

상형 기다란 육신[月]이 서서[효] 공중으로 올라가는 모양을 합친 자로 '용'의 모양이다.

龍尾(용미) 용의 꼬리. 龍鬚(용수) 龍王(용왕) 龍宮(용궁)

용 룡(龍)부 [16龍0 총16획]

용 **룡**

龍龍龍龍龍龍龍龍龍龍龍
龍 龍 龍 龍 龍

師

中4Ⅱ급	스승, 선생 반 弟(제자 제)	영 teacher 중 师 shī 일 シ(せんせい)

회의 언덕 위에서 군사 훈련을 시킨다 해서 지도하는 '스승'을 뜻한다.

師母(사모) 스승의 부인. 師事(사사) 師道(사도) 師範(사범)

수건 건(巾)부 [3巾7 총10획]

스승 **사**

師師師師師師師師師師
師 師 師 師 師

火

中8급	불, 타다 반 水(물 수)	영 fire 중 火 huǒ 일 カ(ひ)

상형 불이 활활 타오르는 모양을 본뜬 글자이다.

火口(화구) 화산의 분화구. 火氣(화기) 火急(화급) 火災(화재)

불 화(火/灬)부 [4火0 총4획]

불 **화**

火火火火
火 火 火 火 火

帝

中4급	임금, 천자 유 王(임금 왕)	영 emperor 중 帝 dì 일 テイ(みかど)

상형 하늘에 제사지낼 때 제삿상을 본뜬 글자로 하늘의 신이 그의 아들 '임금'이다.

帝室(제실) 임금의 거처. 帝王(제왕) 天帝(천제) 帝國(제국)

수건 건(巾)부 [3巾6 총9획]

임금 **제**

帝帝帝帝帝帝帝帝帝
帝 帝 帝 帝 帝

※ 용의 모습으로 8괘를 가르친 스승인 복희씨, 불을 다스린 황제인 신농씨를 말한다.

20 鳥官人皇 조관인황
소호는 새이름으로 벼슬을 기록하고, 황제는 인문을 갖추어 인황이라 하였다.

中4II급

새, 별 이름 영 bird 중 鸟 niǎo 일 ショウ(かね)

상형 꽁지가 긴 새의 모양을 본뜬 글자이다.
鳥瞰圖(조감도) 높은 곳에서 내려다보듯 그린 그림.
鳥媒(조매) 鳥獸(조수) 吉鳥(길조)

鳥鳥鳥鳥鳥鳥鳥鳥鳥鳥鳥

새 조(鳥)부 [11鳥0 총11획]

새 조

鳥 鳥 鳥 鳥 鳥

中4II급

벼슬, 벼슬아치 반 民(백성 민) 영 official rank 중 官 guān 일 カン(つかさ)

회의 집 면(宀)+언덕 부(阜)의 줄임자로 많은 사람들이 모인 집이므로 '벼슬'을 뜻한다.
官公署(관공서) 관청과 공청. 官給(관급) 官家(관가) 官吏(관리)

官官官官官官官官

갓머리(宀)부 [3宀5 총8획]

벼슬 관

官 官 官 官 官

中8급

사람, 타인, 백성 영 person 중 人 rén 일 ジン·ニン(ひと)

상형 사람이 허리를 약간 굽혀 팔을 뻗치고 서있는 옆모습을 본뜬 글자이다.
人格(인격) 사람으로서의 품격. 人望(인망) 人氣(인기) 人道(인도)

人人

사람 인(人)부 [2人0 총2획]

사람 인

人 人 人 人 人

中3II급

임금, 크다, 성하다 영 emperor 중 皇 kuáng 일 コウ(きみ)

형성 흰 백(白)+임금 왕(王)자로 햇볕에 빛나는 큰 도끼의 모양에서 '임금'을 뜻한다.
皇考(황고) 돌아간 아버지의 존칭. 皇恩(황은) 皇妃(황비) 皇室(황실)

皇皇皇皇皇皇皇皇皇

흰 백(白)부 [5白4 총9획]

임금 황

皇 皇 皇 皇 皇

21 始制文字 시제문자

복희의 신하 창힐이라는 사람이 새의 발자취를 보고 글자를 처음 만들었다.

中6급 처음 시 — 계집 녀(女)부 [3女5 총8획]

처음, 비로소, 비롯하다 (유)初(처음 초) (영)begin (중)始 shǐ (일)シ(はじめ)

(회의) 계집 녀(女)+기를 이(台)자로 여자의 뱃속에서 자라는 아이는 생명의 '처음'을 뜻한다.

始終(시종) 시작과 끝. 始發(시발) 始動(시동) 始作(시작)

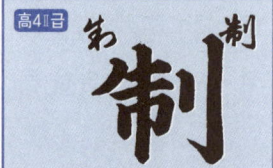

高4Ⅱ급 마를, 법도 제 — 칼 도(刀/刂)부 [2刀6 총8획]

마르다, 법도, 억제하다 (영)restrain (중)制 zhì (일)セイ

(회의) 아닐 미(未)+칼 도(刂)자로 제멋대로 자란 가지를 칼로 '절제하다'는 뜻이다.

制度(제도) 제정된 법규. 制令(제령) 制服(제복) 制止(제지)

中7급 글월 문 — 글월 문(文)부 [4文0 총4획]

글월, 문장 (유)章(글 장) (영)letter (중)文 wén (일)ブン(もじ)

(상형) 사람의 몸에 그린 무늬 모양을 본뜬 '글자'의 뜻이다.

文格(문격) 문장의 품격. 文魁(문괴) 文明(문명) 文魚(문어)

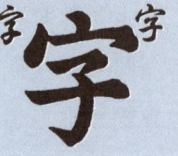

中7급 글자 자 — 아들 자(子)부 [3子3 총6획]

글자, 아이를 배다 (유)文(글월 문) (영)letter (중)字 zì (일)ジ(もじ)

(회의) 집 면(宀)+아들 자(子)자로 젖을 먹여 자식이 커가듯 기본자를 바탕으로 늘어나는 '글자'란 뜻이다.

字句(자구) 글자의 글귀. 字體(자체) 字幕(자막) 字母(자모)

22 乃服衣裳 내복의상

이에 의상을 입게 하니 황제가 의관을 지어 등분을 분별하고 위의를 엄숙케 하였다.

乃 이에 내

- 中3ⅱ급
- 이에, 접때
- 영 namely 중 乃 nǎi 일 ナイ(すなはち)
- 지사 몸을 구부린 태아를 본뜬 모양, 즉 '너, 이에'를 뜻한다.
- 乃父(내부) 너의 아비. 乃者(내자) 乃祖(내조) 乃至(내지)
- 삐칠 별(삐침)(丿)부 [1丿1 총2획]

服 옷 복

- 中6급
- 옷, 의복 유 衣(옷 의)
- 영 clothes 중 服 fú 일 フク(きもの)
- 형성 둥근달처럼 포근하게 몸을 보호하는 '옷'의 뜻이다.
- 服務(복무) 직무에 힘씀. 服色(복색) 服用(복용) 服裝(복장)
- 달 월(月)부 [4月4 총8획]

衣 옷 의

- 中6급
- 옷, 의복 유 服(옷 복)
- 영 clothing 중 衣 yī 일 イ(ころも)
- 상형 사람이 옷저고리를 입고 깃을 여민 모양을 본뜬 글자이다.
- 衣冠(의관) 의복과 갓. 衣服(의복) 衣類(의류)
- 옷 의(衤/衣)부 [6衣0 총6획]

裳 치마 상

- 高3ⅱ급
- 치마, 낮에 입는 옷
- 영 skirt 중 裳 cháng 일 ショウ(も)
- 형성 옷 의(衣)+꾸밀 상(尙)자로 옷의 단이 긴 '치마'를 뜻한다.
- 衣裳(의상) 옷, 모든 옷. 紅裳(홍상) 黃裳(황상)
- 옷 의(衣)부 [6衣8 총14획]

23 推位讓國 추위양국

벼슬을 미루고 나라를 사양하니 제요가 제순에게 전위하였다.

推 밀 추

中 4급
손 수(扌)부 [3扌8 총11획]

밀다, 옮다, 변천
英 push, remove 中 推 tuī 日 スイ(おす)

형성 손 수(扌)+새 추(隹)자로 새가 앞으로 힘차게 '밀다'의 뜻이다.
推尋(추심) 찾아내서 가져옴. 推考(추고) 推理(추리) 推算(추산)

推推推推推推推

位 자리 위

中 5급
사람 인(人)부 [2人5 총7획]

자리, 위치
英 position 中 位 wèi 日 イ(くらい)

회의 사람 인(亻)+설 립(立)자로 사람이 일정한 자리에 서있다는 '자리'의 뜻이다.
位置(위치) 사람이나 물건의 장소. 位牌(위패) 位階(위계) 順位(순위)

位位位位位位位

讓 사양할 양

中 3Ⅱ급
말씀 언(言)부 [7言17 총24획]

사양하다, 겸손하다
英 concede 中 让 ràng 日 譲 ジョウ(ゆずる)

형성 말씀 언(言)+도울 양(襄)으로 겸손하게 말로 '사양하는 것'을 뜻한다.
讓渡(양도) 권리 등을 다른 사람에게 넘겨 줌. 讓與(양여) 讓步(양보) 謙讓(겸양)

讓讓讓讓讓讓讓讓讓讓

國 나라 국

中 8급
큰입구몸(口)부 [3口8 총11획]

나라, 도읍
英 country 中 国 guó 日 国 コク(くに)

회의 에울 위(囗)+창 과(戈)+입 구(口)+한 일(一)자로 무기를 들고 백성 영토를 지키는 '나라'의 뜻이다.
國權(국권) 국가의 권력. 國手(국수) 國基(국기) 國道(국도)

國國國國國國國國國國國

24 有虞陶唐 유우도당

유우는 제순이요 도당은 제요이다. 즉 중국 고대 제왕이다.

中7급 | 있다, 가지다 [반] 無(없을 무) | 영 exist | 중 有 yǒu | 일 ユウ(ある)

회의 손에 고기를 들고[月←肉] 있다 하여 '가지고 있다'는 뜻이다.
有功(유공) 공로가 있음. 有無(유무) 有給(유급) 有能(유능)

달 월(月)부 [4月2 총6획]

있을 유

1급 | 헤아리다, 근심하다, 즐기다 | 영 anxious | 중 虞 yú | 일 グ(うれえる)

형성 범호엄(虍)+ 오(吳)자로 '근심하다'의 뜻이다.
虞犯者(우범자) 범죄를 저지를 우려가 있는 사람.
虞主(우주) 虞犯(우범) 虞侯(우후)

범호엄(虍)부 [6虍7 총13획]

헤아릴 우

高3II급 | 질그릇 | 영 earthenware | 중 陶 táo | 일 トウ(すえやの)

형성 언덕 부(阝)+가마 요(匋)자로 언덕에 가마굴을 차려 구운 '질그릇'을 뜻한다.
陶器(도기) 질그릇. 陶然(도연) 陶藝(도예) 陶醉(도취)

좌부변(阝)부 [3阝8 총11획]

질그릇 도

高3II급 | 당나라, 황당하다 | 영 dismay | 중 唐 táng | 일 トウ (にわか)

형성 굳셀 경(庚)+입 구(口)자로 큰 소리, 즉 '황당하게 크다'의 뜻이다.
唐麪(당면) 감자 가루로 만든 국수. 唐材(당재) 唐手(당수) 唐惶(당황)

입 구(口)부 [3口7 총10획]

당나라 당

25 弔民伐罪 조민벌죄

불쌍한 백성은 돕고 죄지은 백성은 벌주었다.

弔 조상할 조
- 高3급
- 활 궁(弓)부 [3弓1 총4획]
- 조상하다, 위문하다
- 영 condole 중 吊 diào 일 カン
- 회의 활 궁(弓)+사람 인(人)자로 옛날 조상할 때에는 짐승을 막기 위하여 사람이 활을 가져 간 데서 '조상한다'를 뜻한다.
- 弔客(조객) 조상하는 사람. 弔意(조의) 弔旗(조기) 弔喪(조상)

民 백성 민
- 中 8급
- 성 씨(氏)부 [5氏0 총5획]
- 백성, 평민 반 官(벼슬 관)
- 영 people 중 民 mín 일 ミン(たみ)
- 회의 덮을 멱(冖)+성 씨(氏)자로 집안 가득한 '백성'의 뜻이다.
- 民權(민권) 인민의 권리. 民族(민족) 民家(민가) 民泊(민박)

伐 칠 벌
- 中4Ⅱ급
- 사람 인(人)부 [2人4 총6획]
- 치다(징벌하다), 베다 유 討(칠 토)
- 영 attack 중 伐 fá 일 バツ(うつ)
- 회의 사람 인(亻)+창 과(戈)자로 사람이 창을 들고 적을 '치다'의 뜻이다.
- 伐木(벌목) 나무를 벰. 伐採(벌채) 伐草(벌초) 征伐(정벌)

罪 허물 죄
- 中 5급
- 그물 망(罒/网)부 [5罒8 총13획]
- 허물, 죄
- 영 sin, crime 중 罪 zuì 일 ザイ(つみ)
- 상형·형성 그물 망(罒)+아닐 비(非)자로 법망에 걸려들 그릇된 행동은 '죄'라는 뜻이다.
- 罪過(죄과) 죄와 과실. 罪名(죄명) 罪名(죄명) 罪目(죄목)

26 周發殷湯 주발은탕

주발은 주나라 무왕의 이름이고, 은탕은 은나라 탕왕의 칭호이다.

[高4급] 周

두루, 널리 　　　영 all around　중 周 zhōu　일 シュウ(めぐる)

회의 쓸 용(用)+입 구(口)자로 입을 잘 써서 설명하면 일이 '두루' 미친다는 뜻이다.

周郭(주곽) 주위의 윤곽. 周年(주년) 周邊(주변) 周到(주도)

周周周周周周周周

입 구(口)부 [3口5 총8획]

두루 주

[中6급] 發

피다, 쏘다　　반 着(붙을 착)　　영 bloom　중 发 fā　일 発 ハツ(ひらく)

형성 짓밟을 발(癶)+활 궁(弓)자로 두 발로 풀밭을 힘있게 딛고 서서 활을 '쏘다'는 뜻이다.

發覺(발각) 숨겼던 일이 드러남. 發見(발견) 發信(발신) 發掘(발굴)

發發發發發發發發發發發發

걸을 발(癶)부 [5癶7 총12획]

필 발

[준1(2)급] 殷

은나라. 성하다. 많다　　영 abundant　중 殷 yīn　일 イン(さかん)

회의 몸뚱이 수(殳)+임신한 배의 모습(𠂤)자로 임신으로 배가 큰 모양에서, '성하다'의 뜻이다.

殷雷(은뢰) 요란한 우렛소리. 殷富(은부) 殷足(은족) 殷紅(은홍)

殷殷殷殷殷殷殷殷殷殷

둥글월문(殳)부 [4殳6 총10획]

나라이름 은

[高3급] 湯

끓이다, 끓인 물　　영 hot water　중 汤 tāng　일 トウ(ゆ)

형성 물 수(氵)+빛날 양(昜)자로 자유로이 뻗치는 '끓는 물'을 뜻한다.

冷湯(냉탕) 찬물이 있는 곳. 藥湯器(약탕기) 湯藥(탕약) 湯劑(탕제)

湯湯湯湯湯湯湯湯湯湯湯湯

물 수(삼수변) 水(氵)부 [3水9 총12획]

끓일 탕

27 坐朝問道 좌조문도

좌조는 천하를 통일하여 왕위에 앉은 것이고 문도는 나라 다스리는 법을 말한다.

中3Ⅱ급 坐

앉다, 무릎 꿇다 　　　　　　　　　　　영 sit　중 坐 zuò　일 ザ(すわる)

회의 흙 토(土)+두 사람을 뜻하는(从)글자로 마주보는 두 사람이 땅에 무릎을 대고 앉아 있는 것을 뜻한다.
坐像(좌상) 앉아있는 형상. 坐禪(좌선)　坐視(좌시)　坐向(좌향)

흙 토(土)부 [3土4 총7획]

坐坐坐坐坐坐坐

앉을 **좌**

中6급 朝

아침, 처음　반 夕(저녁 석)　　　　　영 morning　중 朝 zhāo　일 チョウ(あさ)

형성 태양이 지평선에서 솟아오르므로 '아침'이란 뜻이다.
朝刊(조간) 아침에 발행되는 신문.　朝飯(조반)　朝貢(조공)　朝鮮(조선)

달 월(月)부 [4月8 총12획]

朝朝朝朝朝朝朝朝朝朝朝朝

아침 **조**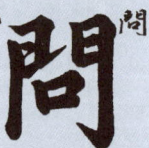

中7급 問

묻다, 안부를 묻다　반 答(대답 답)　　　영 ask　중 问 wèn　일 モン(とう)

형성 문 문(門)+입 구(口)자로 문 앞에서 입을 열어 말하며 '묻다'의 뜻이다.
問病(문병) 앓는 사람을 찾아보고 위로함.　問罪(문죄)　問答(문답)　問題(문제)

입 구(口)부 [3口8 총11획]

問問問問問問問問問問問

물을 **문**

中7급 道

길, 도로　유 路(길 로)　　　　　　　영 road　중 道 dào　일 ドウ(みち)

회의·형성 머리 수(首)+쉬엄쉬엄갈 착(辶)자로 사람이 마땅히 지켜야 할 도덕적인 일이 '도리'이다.
道德(도덕) 사람이 행해야할 바른 길.　道界(도계)　道具(도구)　道民(도민)

쉬엄쉬엄갈 착(책받침) 辶(辶)부 [4辶9 총13획]

道道道道道道道道道道道道道

길 **도**

28 垂拱平章 수공평장

밝고 평화스럽게 다스리는 길을 겸손히 생각함을 말한다.

高3급

드리우다, 거의, 끼치다 | 영 hang down | 중 垂 chuí | 일 スイ(たれる)

형성 초목의 꽃이나 잎이 늘어진 모양으로 '드리우다'를 뜻한다.
垂成(수성) 일이 거의 이루어짐. 垂簾(수렴) 垂楊(수양) 垂直(수직)

흙 토(土)부 [3土5 총8획]

드리울 수

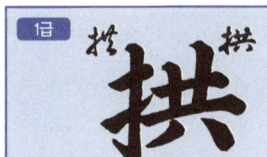

1급

팔짱 끼다, 두 손을 맞잡다 | 영 fold one's arms | 중 gǒng | 일 キョウ(こまぬく)

형성 재방변(扌=手)+공(共)자로 '팔짱 끼다'의 뜻이다.
拱揖(공읍) 손을 마주 모아 잡고 인사함. 拱門(공문) 拱手(공수) 拱把(공파)

재방변(扌)부 [3扌6 총9획]

팔짱낄 공

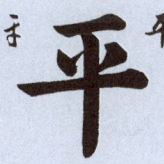

中7급

평평하다, 바르게 하다 | 영 flat·even | 중 平 píng | 일 ヘイ(たいら)

상형 물에 뜬 부평초의 모양을 본뜬 글자로 수면이 '평평하다'의 뜻이다.
平交(평교) 벗과의 오랜 사귐. 오래된 친구. 平吉(평길) 平等(평등) 平面(평면)

방패 간(干)부 [3干2 총5획]

평평할 평

中6급

글, 문체 | 유 文(글월 문) | 영 sentence | 중 章 zhāng | 일 ショウ(あや)

회의 소리 음(音)+열 십(十)자로 소리가 일단락지어진 '악장'의 뜻이다.
章牘(장독) 편지. 章理(장리) 肩章(견장) 旗章(기장)

설 립(立)부 [5立6 총11획]

글 장

29 愛育黎首 애육여수

명군이 천하를 다스림에 있어서 黎首를 사랑하고 양육함을 말한다.

중6급 | 사랑, 인정 반 惡(미워할 오) | 영 love 중 爱 ài 일 アイ(あいする)

회의 받을 수(受)+마음 심(心)자로 마음을 주고 받는 '사랑'을 뜻한다.
愛犬(애견) 개를 사랑함. 愛讀(애독) 愛馬(애마) 愛好(애호)

마음 심(심방변) 心(忄/㣺)부 [4心9 총13획]

사랑 애

중7급 | 기르다, 키우다 유 養(기를 양) | 영 bring up 중 育 yù 일 イク(そだてる)

형성 돌아나올 돌(云)+고기 육(月:肉)자로 아기가 어머니의 태내에서 '기르다'의 뜻이다.
育成(육성) 길러서 자라게 함. 育兒(육아)

고기 육(육달월) 肉(月)부 [4月4 총8획]

기를 육

1급 | 검다, 많다, 뭇, 즈음 | 영 black 중 黎 lí 일 レイ(くろい)

형성 기장 서(黍)+ 음을 나타내는 (黎)에서 윗부분의 생략형이 합하여 이루어짐.
黎明(여명) 희미하게 동이 터 올 무렵. 黎旦(여단) 黎民(여민) 黎族(여족)

기장 서(黍)부 [12黍3 총15획]

검을, 즈음 려

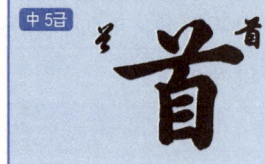

중5급 | 머리, 첫머리 | 영 head 중 首 shǒu 일 シユ(くび)

상형 머리털이 나 있는 머리모양을 본뜬 자로 '머리, 우두머리'의 뜻이다.
首功(수공) 첫째 가는 공. 首肯(수긍) 首都(수도) 首班(수반)

머리 수(首)부 [9首0 총9획]

머리 수

30 臣伏戎羌 신복융강

이상과 같이 나라를 다스리면 그 덕에 융과 강도 항복하고야 만다.

臣
- 中 5급
- 신하, 섬기다 반 君(임금 군) 영 minister 중 臣 shén 일 シン(たみ)
- 상형 임금 앞에 몸을 구부리고 있는 신하의 모양을 본뜬 글자다.
- 臣僕(신복) 신하가 되어 복종함. 臣民(신민) 臣下(신하) 家臣(가신)
- 신하 신(臣)부 [6臣0 총6획]
- 신하 **신**

伏
- 中 4급
- 엎드리다, 엎어짐 반 起(일어날 기) 영 lie face down 중 伏 fú 일 フク(ふす)
- 회의 사람 인(亻)+개 견(犬)자로 개가 주인 옆에서 '엎드리다'의 뜻이다.
- 伏望(복망) 엎드려 바람. 伏中(복중) 伏拜(복배) 伏兵(복병)
- 사람 인(人)부 [2人4 총6획]
- 엎드릴 **복**

戎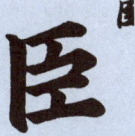
- 1급
- 오랑캐, 장기, 무기, 전쟁 영 weapons 중 róng 일 ジュウ(いくさどうぐ)
- 회의 창과(戈)+갑(甲)자로 '무기'의 뜻이다.
- 戎器(융기) 전쟁에 쓰이는 모든 기구. 戎兵(융병) 戎備(융비) 戎事(융사)
- 창 과(戈)부 [4戈2 총6획]
- 오랑캐 **융**

羌
- 1급
- 오랑캐, 고달프다, 굳세다 영 tribes in West China 중 羌 qiāng 일 キョウ(えびす)
- 회의 양(羊)+어진사람인발(儿)자로 합쳐진 자이다.
- 羌桃(강도) 가래나뭇과 낙엽 활엽 교목의 열매.
- 羌活菜(강활채) 羌挑(강도) 羌鹽(강염)
- 양 양(羊)부 [6羊2 총8획]
-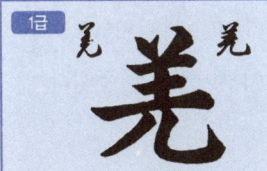
- 오랑캐 **강**

31 遐邇壹體 하이일체

멀고 가까운 나라가 전부 그 덕망에 귀순케 하며 일체가 될 수 있다.

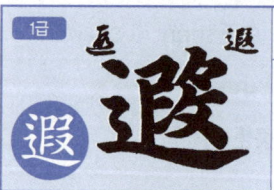

1급 책받침(辶)부 [4辶_9 총13획]	멀다, 멀리하다, 가다, 어찌 영 far 중 遐 xiá 일 カ(とおい)
	형성 책받침(辶=辵)+가(叚)가 합하여 이루어졌다.
	遐方(하방) 서울에서 멀리 떨어진 지방. 遐壤하양 遐域하역 遐土하토
멀 하	

1급 책받침(辶)부 [4辶_14 총18획]	가깝다, 가까이하다, 통속적이다 영 near 중 迩 ěr 일 ジ(ちかい)
	형성 책받침(辶=辵)+이(爾)가 합하여 이루어졌다.
	遐邇(하이) 멀고 가까움. 遠邇(원이) 邇來(이래) 密邇(밀이)
가까울 이	

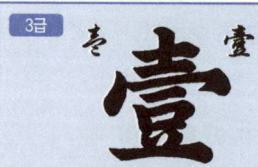

3급 선비 사(士)부 [3士9 총12획]	한, 하나, 통일하다 영 one 중 壹 yī 일 壱 イチ(ひとつ)
	형성 병 호(壺)+길할 길(吉)자로 오로지 길한 마음, 즉 '하나'를 뜻한다.
	壹是(일시) 모두. 均壹(균일) 壹用之(일용지) 壹意(일의)
한 일	

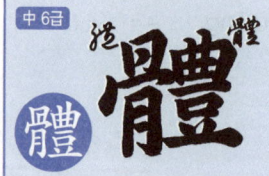

中 6급 뼈 골(骨)부 [10骨13 총23획]	몸, 신체 유 身(몸 신) 영 body 중 体 tǐ 일 体 タイ(からだ)
	형성 뼈 골(骨)+풍성할 풍(豊)자로 몸은 뼈와 풍부한 살로 이루어졌다는 뜻이다.
	體軀(체구) 몸뚱이. 體罰(체벌) 體感(체감) 體格(체격)
몸 체	

32 率賓歸王 솔빈귀왕

왕의 덕에 감화되어 모두 이끌고 왕에게로 돌아온다.

| 高3Ⅱ급 | 거느리다, 비율 | 영 have 중 率 shuài 일 リツ(ひきいる) |

상형 검을 현(玄)+열 십(十)자로 실을 한데 묶은 모습으로 '거느리다'를 뜻한다.

率先(솔선) 남보다 앞장을 섬. 率家(솔가) 率丁(솔정) 統率(통솔)

검을 현(玄)부 [5玄6 총11획]

거느릴 **솔**

| 高3급 | 손님, 인도하다 | 영 guest 중 宾 bīn 일 ヒン(まらうど) |

형성 집 면(宀)+가릴 면(丏)+조개 패(貝)자로 재화를 써서 손님을 맞이하는 것을 뜻한다.

賓客(빈객) 신분이 높은 지체 있는 손님. 賓廳(빈청) 國賓(국빈) 貴賓(귀빈)

조개 패(貝)부 [7貝7 총14획]

손님 **빈**

| 中4급 | 돌아가다, 돌아오다 | 영 return, go back 중 归 guī 일 帰 キ(かえる) |

형성 며느리[帚]는 친정집에 오래 머무르지[止] 말고 빨리 '돌아와야' 한다.

歸家(귀가) 집으로 돌아감. 歸結(귀결) 歸京(귀경) 歸國(귀국)

그칠 지(止)부 [4止14 총18획]

돌아갈 **귀**

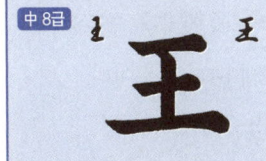

| 中8급 | 임금, 우두머리 | 유 帝(임금 제) 영 king 중 王 wáng 일 オウ(きみ) |

지사 '三'은 天·地·人을 가리키고 'ㅣ'은 세 가지를 꿰뚫는 것을 뜻한다.

王家(왕가) 임금의 집안. 王命(왕명) 王國(왕국) 王妃(왕비)

구슬 옥(玉/王)부 [4王0 총4획]

임금 **왕**

33 鳴鳳在樹 명봉재수

성현이나 명군이 나타나면 봉황이 나무 위에서 운다.

中4급 鳴 새 조(鳥)부 [11鳥3 총14획] 울 명	울다, 새·짐승 울음 영 chirp 중 鸣 míng 일 メイ(なく)
	회의 입 구(口)+새 조(鳥)자로 새가 입을 벌려 '운다'는 뜻이다. 鳴金(명금) 징 치는 것. 鳴禽類(명금류) 鷄鳴(계명) 共鳴(공명)

高3급 鳳 새 조(鳥)부 [11鳥3 총14획] 봉황새 봉	봉새 (봉황의 수컷) 영 phoenix 중 凤 fèng 일 ホウ
	회의·형성 무릇 범(凡)+새 조(鳥)자로 바람에 날개를 펄럭이는 '봉새'를 뜻한다. 鳳凰(봉황) 예로부터 중국(中國)의 전설에 나오는 상상(想像)의 새. 鳳輦(봉련) 鳳車(봉차) 丹鳳(단봉)

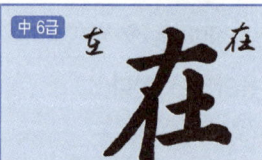

中6급 在 흙 토(土)부 [3土3 총6획] 있을 재	있다, 찾다 유 存(있을 존) 영 exist 중 在 zài 일 ザイ(ある)
	형성 재주 재(才)+흙 토(土)자로 새로 나온 싹은 작지만 확실히 땅 위에 있다. 在室(재실) 방안에 있음. 在京(재경) 在野(재야) 在外(재외)

中6급 樹 나무 목(木)부 [4木12 총16획] 나무 수	나무, 초목 유 木(나무 목) 영 tree 중 树 shù 일 ジユ(き)
	형성 나무 목(木)+세울 주(尌)로 나무를 심을 때는 반드시 '세우다'의 뜻이다. 樹木(수목) 나무를 심음. 樹人(수인) 樹齡(수령) 樹立(수립)

34 白駒食場 백구식장

왕의 감화는 흰망아지에게까지도 미쳐서 즐겁게 풀을 뜯어먹는다.

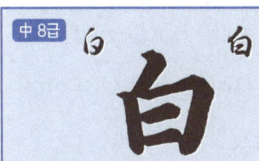

中8급	희다, 깨끗하다　㊠伯(맏 백)　㊝黑(검을 흑)　㊆white　㊥白 bái　㊐ハク(しろい)
	지사 해 일(日)+삐칠 별(丿)자로 해가 빛을 발해 '희다'를 뜻한다.
	白骨(백골) 흰 뼈.　白露(백로)　白晝(백주)　白人(백인)
흰 백(白)부 [5白0 총5획]	白 白 白 白 白
흰 **백**	白　白　白　白　白

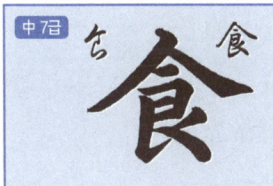

1급	망아지, 짐승의 새끼, 젊은이　㊆foal　㊥駒 jū　㊐ク(こま)
	형성 말 마(馬)+구(句)가 합하여 이루어졌다.
	龍駒(용구) 잘생긴 망아지.　駒隙(구극)　駒馬(구마)　駒板(구판)
말 마(馬)부 [10馬5 총15획]	駒 駒 駒 駒 駒 駒 駒 駒 駒 駒
망아지 **구**	駒　駒　駒　駒　駒

中7급	밥, 음식　㊆food, eat　㊥食 shí　㊐ショク(たべる)
	회의·형성 밥이 쌓인 것과 숟가락으로 오곡을 익히면 고소한 밥이 되어 '먹다'의 뜻이다.
	食器(식기) 음식을 담는 그릇.　食指(식지)　食糧(식량)　穀食(곡식)
밥 식(食)부 [9食0 총9획]	食 食 食 食 食 食 食 食 食
밥 **식**	食　食　食　食　食

中7급	마당, 곳　㊆place, spot　㊥场 chǎng　㊐ジョウ(ば)
	형성 흙 토(土)+빛날 양(昜)자로 햇빛이 잘 드는 양지바른 '마당'의 뜻이다.
	場稅(장세) 시장 세.　場所(장소)　場面(장면)　場外(장외)
흙 토(土)부 [3土9 총12획]	場 場 場 場 場 場 場 場 場 場
마당 **장**	場　場　場　場　場

35 化被草木 화피초목

덕화가 사람이나 짐승에게만 미칠 뿐 아니라 초목에까지도 미침을 말한다.

化

中5급

화하다, 되다 ㈜ 變(변할 변)   영 change   중 化 huà   일 カ(ばかす)

회의 바로 선 사람[亻]과 거꾸로 선 사람[匕]모양을 합쳐 사물이 '변하다'의 뜻이다.
化膿(화농) 상처 따위가 곪음. 化成(화성) 化石(화석) 强化(강화)

化化化化

비수 비(匕)부 [2匕2 총4획]

화할 화

被

高3Ⅱ급

입다, 이불   영 quilt   중 被 bèi   일 ヒ(こうむる)

형성 옷의(衤)+가죽 피(皮)자로 모피처럼 덮어 쓰는 것으로 '입다, 이불'을 뜻한다.
被擊(피격) 습격을 받음. 被檢(피금) 被告(피고) 被拉(피랍)

被被被被被被被被被被

옷 의(衤/衣)부 [5衤5 총10획]

입을 피

草

中7급

풀, 풀숲   영 grass   중 草 cǎo   일 ソウ(くさ)

형성 풀 초(艹)+이를 조(早)자로 이른 봄에 가장 먼저 싹이 돋아나는 것은 '풀'이다.
草家(초가) 이엉으로 지붕을 덮은 집. 草色(초색) 草稿(초고) 草地(초지)

草草草草草草草草草

풀 초(초두) 艸(艹)부 [4艹6 총10획]

풀 초

木

中8급

나무, 목재   ㈜ 樹(나무 수)   영 tree   중 木 mù   일 ボク(き)

상형 땅에 뿌리를 박고 가지를 벌리고 서있는 나무의 모양을 본뜬 글자이다.
木工(목공) 나무로 물건을 만드는 일. 木器(목기) 木馬(목마) 木石(목석)

木木木木

나무 목(木)부 [4木0 총4획]

나무 목

36 賴及萬方 뇌급만방

만방이 극히 넓으나 어진 덕이 고루 미치게 된다.

高3II급 賴

힘입다, 의지하다, 의뢰 · 영 trust to · 중 赖 lài · 일 賴 ライ(たのむ)

형성 어그러질 라(剌)+조개 패(貝)자로 재화를 자루에 담아 넣는 모양으로, 즉 '의지하다'를 뜻한다.

依賴(의뢰) 의지하고 힘입음. 信賴(신뢰) 趨附依賴(추부의뢰) 所賴(소뢰)

조개 패(貝)부 [7貝9 총16획]

힘입을 **뢰**

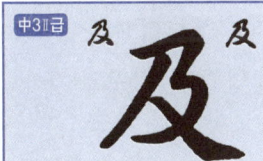

中3II급 及

미치다 반 落(떨어질 락(낙)) · 영 reach · 중 及 jí · 일 キユウ(およぶ)

회의 사람 인(人)+또 우(又)자로 사람의 손이 닿을 듯이 따라붙어, 즉 '미치다'를 뜻한다.

及其也(급기야) 마침내, 마지막에는. 及落(급락) 及第(급제) 言及(언급)

또 우(又)부 [2又2 총4획]

미칠 **급**

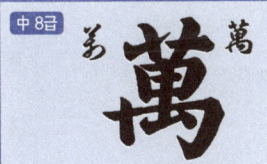

中8급 萬

일만, 다수, 만약 · 영 ten thousand · 중 万 wàn · 일 万 マン(よろず)

상형 독충인 전갈 모양을 본뜬 자로 무리지어 사는 전갈은 수가 많다의 '일만'의 뜻이다.

萬福(만복) 많은 복. 萬歲(만세) 萬感(만감) 萬能(만능)

풀 초(초두) 艸(艹)부 [4艹9 총13획]

일만 **만**

中7급 方

모, 각, 방위 · 영 square · 중 方 fāng · 일 ホウ(かた)

상형 두 척의 뱃머리를 하나로 묶어놓은 모양으로 '방위'의 뜻이다.

方今(방금) 지금, 금방. 方書(방서) 方途(방도) 方面(방면)

모 방(方)부 [4方0 총4획]

모 **방**

37 蓋此身髮 개차신발

이 몸의 털은 대개 사람마다 없는 이가 없다.

蓋 덮을 개

高3급 / 풀 초(초두) 艹(艸)부 [4艸10 총14획]

덮다, 덮어놓다
영 cover 중 蓋 gài 일 ガイ(おおう)

형성 풀 초(艹)+덮을 합(盍)자로 풀을 엮어서 만든 '덮개'를 뜻한다.

蓋世(개세) 떨치는 힘이 세상(世上)을 뒤엎음. 蓋瓦(개와) 蓋棺(개관) 蓋覆(개복)

此 이 차

中3Ⅱ급 / 그칠지(止)부 [4止2 총6획]

이, 이와 같은, 이에
영 this 중 此 cǐ 일 シ(これ)

회의 그칠 지(止)+나란히할 비(匕)자로 사람이 서로 나란히 멈춘다는 뜻으로 지시 대명사로 쓰인다.

此際(차제) 이때에. 此期(차기) 此際(차제) 此後(차후)

身 몸 신

中 6급 / 몸 신(身)부 [7身0 총7획]

몸, 임신하다 유 體(몸 체)
영 body 중 身 shēn 일 シン(み)

상형 사람이 애를 밴 모양을 본뜬 글자로 임신하다를 뜻하여 '몸'을 뜻한다.

身病(신병) 몸의 병. 身上(신상) 身分(신분) 身世(신세)

髮 터럭 발

高4급 / 터럭 발(髟)부 [10髟5 총15획]

터럭, 머리털(머리) 유 毛(터럭 모)
영 hair 중 发 fā/fà 일 髮 ハツ(かみ)

형성 머리늘일 발(髟)+뽑을 발(犮)자로 '머리카락'을 뜻한다.

理髮(이발) 머리털을 다듬어 깎음. 白髮(백발) 假髮(가발) 頭髮(두발)

38 四大五常 사대오상

네 가지 큰 것(道, 天, 地, 王)과 다섯 가지(仁, 義, 禮, 智, 信) 떳떳한 것을 말한다.

四 넉 사

中8급 | 큰입구몸(口)부 [3口2 총5획]

넷, 네 번
영 four 중 四 sì 일 シ(よ·よつ)

지사 에울 위(口)+여덟 팔(八)자로 사방을 네 부분으로 나누는 모양으로 '넷'의 뜻이다.

四角(사각) 네모. 四面(사면) 四季(사계) 四足(사족)

大 큰 대

中8급 | 큰 대(大)부 [3大0 총3획]

크다, 많다   유 巨(클 거)
영 great 중 大 dà 일 タイ(おおきい)

지사 사람이 팔과 다리를 크게 벌리고 있는 모양을 본뜬 글자로 '크다'를 뜻한다.

大家(대가) 부귀한 집. 大吉(대길) 大闕(대궐) 大量(대량)

五 다섯 오

中8급 | 두 이(二)부 [2二2 총4획]

다섯, 다섯 번
영 five 중 五 wǔ 일 ゴ(いつつ)

지사 「二十X」화 수 목 금 토의 오행이 상생하여 '다섯'이란 뜻이다.

五穀(오곡) 주식이 되는 다섯 가지 곡식. 五角(오각) 五感(오감) 五色(오색)

常 항상 상

中4Ⅱ급 | 수건 건(巾)부 [3巾8 총11획]

항상, 늘   반 班(양반 반)
영 always 중 常 cháng 일 ジョウ(とこ)

형성 높을 상(尙)+수건 건(巾)자로 사람은 '항상' 옷을 입고 다니는 것은 떳떳한 일이다.

常客(상객) 늘 찾아오는 손님. 단골손님. 常途(상도) 常勤(상근) 常習(상습)

39 恭惟鞠養 공유국양

국양함을 공손히 하라. 이 몸은 부모의 기르신 은혜이기 때문이다.

恭 공손할 공

[高3Ⅱ급] 공손하다, 받들다 — 영 respectful 중 恭 gōng 일 キョウ(うやうやしい)

형성 마음 심(忄)+한가지 공(共)자로 신에게 바치는 마음, 즉 '공손하다'를 뜻한다.
恭儉(공검) 공손하고 검소함. 恭敬(공경) 恭待(공대) 恭遜(공손)

마음 심(심방변) 心(忄/㣺)부 [4心6 총10획]

惟 오직 유

[高3급] 오직, 생각하다 — 영 consider·think 중 惟 wéi 일 イ·ユイ

형성 마음 심(忄)+높을 추(隹:잇다)자로 한 가지 일을 계속 생각하는 것을 뜻한다.
思惟(사유) 마음으로 생각함. 惟獨(유독) 惟靜(유정) 恭惟(공유)

마음 심(심방변) 心(忄/㣺)부 [3忄8 총11획]

鞠 기를 국

[준1(2)급] 기르다, 굽히다, 국문하다 — 영 nourish 중 鞠 jū 일 キク(まり)

형성 가죽 혁(革)+양손으로 쌀을 뜰 국(匊)자로 가죽으로 만든 '공, 기르다, 국문하다'의 뜻이다.
鞠躬(국궁) 몸을 굽혀 존경하는 뜻을 나타냄. 鞠問(국문) 鞠育(국육) 鞠治(국치)

가죽 혁(革)부 [9革8 총17획]

養 기를 양

[中5급] 기르다, 성장시키다 유 育(기를 육) 영 breed 중 养 yǎng 일 ヨウ(やしなう)

형성 양 양(羊)+먹을 식(食)자로 양에게 먹이를 주어 '기르다'의 뜻이다.
養鷄(양계) 닭을 기름. 養蜂(양봉) 養女(양녀) 養豚(양돈)

밥 식(食)부 [9食6 총15획]

40 豈敢毀傷 기감훼상

부모께서 낳아 길러 주신 이 몸을 어찌 감히 훼상할 수 있으랴.

高3급 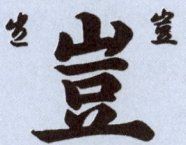 콩 두(豆)부 [7豆3 총10획]	어찌, 결코　　　　　　　영 how　중 岂 qǐ　일 キ(あに)
	형성 위에 장식이 달린 북 모양을 본뜬 글자로, '어찌'를 뜻한다.
	豈不(기불) 어찌 ~않으랴.　豈敢(기감)　豈豫(기불)
	豈豈豈豈豈豈豈豈豈豈
어찌 **기**	豈　豈　豈　豈　豈

中4급  칠 복(등글월문)攵(攴)부 [4攴8 총12획]	감히, 함부로　　　　　　영 venture　중 敢 gǎn　일 カン(あえて)
	형성 적을 치[攻]고 그 증표로 귀[耳]를 잘라오므로 '용감하다'의 뜻이다.
	敢當(감당) 과감히 떠맡음.　敢死(감사)　敢戰(감전)　敢鬪(감투)
	敢敢敢敢敢敢敢敢敢敢敢
감히 **감**	敢　敢　敢　敢　敢

高3급  칠 수(殳)부 [4殳9 총13획]	헐다, 깨뜨리다, 무너지다　　영 destroy　중 毁 huǐ　일 キ(やぶれる)
	회의·형성 흙을 으깨는 것으로 '헐다'를 뜻한다.
	毀慕(훼모) 죽은 사람을 너무 괴로워한 나머지 몸이 몹시 상함.
	毀謗(훼방)　毀傷(훼상)　毀損(훼손)
	毀毀毀毀毀毀毀毀毀毀
헐, 무너질 **훼**	毀　毀　毀　毀　毀

中4급  사람 인(人)부 [2人11 총13획]	다치다, 상하다　　　　　영 injure　중 伤 shāng　일 ショウ(きずつ)
	형성 사람의 몸이 상처를 입어 '다치다'는 뜻이다.
	傷心(상심) 마음이 상함.　傷害(상해)　傷處(상처)　負傷(부상)
	傷傷傷傷傷傷傷傷傷傷傷
다칠 **상**	傷　傷　傷　傷　傷

41 女慕貞烈 여모정렬

여자는 정조를 굳게 지키고 행실을 단정하게 해야 함을 말한다.

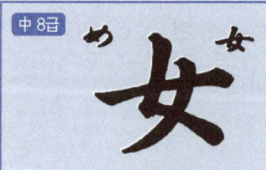

여자, 계집 〔반〕男(사내 남)　　영 female　중 女 nǚ　일 ジョ(おんな)

상형 여자가 손을 앞으로 모으고 무릎을 꿇고 앉아 있는 '여자'의 모습이다.

女傑(여걸) 걸출한 여자.　女唱(여창)　女軍(여군)　女王(여왕)

계집 녀(女)부 [3女0 총3획]

계집 녀

사모하다, 그리워하다　　영 longing　중 慕 mù　일 ボ(したう)

형성 마음 심(忄)+저물 모(莫)자로 해질 무렵에는 정든 사람이 그리워지는 것을 뜻한다.

慕化(모화) 덕을 그리워함.　慕愛(모애)　慕華(모화)　追慕(추모)

마음 심(心)부 [4心11 총15획]

사모할 모

곧다, 바르다　　영 virtuous　중 贞 zhēng　일 テイ(ただしい)

형성 점 복(卜)+조개 패(貝)자로 점을 쳐서 알아내다를 뜻하였으나 '곧다'를 뜻한다.

貞淑(정숙) 여자로서 행실이 곧고 고움.　貞潔(정결)　貞節(정절)　貞操(정조)

조개 패(貝)부 [7貝2 총9획]

곧을 정

맵다, 세차다, 굳세다　　영 fierce　중 烈 liè　일 レツ(はげしい)

형성 벌릴 렬(列)+불화 발(火)자로 불길이 여러 갈래로 번져 '세차다'는 뜻이다.

烈女(열녀) 절개가 굳고 기상이 강한 여자.　烈士(열사)　烈夫(열부)　烈火(열화)

불 화(火/灬)부 [4灬6 총10획]

매울 렬

※烈→潔(맑을 결)로 쓰인 곳도 있음.

42 男效才良 남효재량

남자는 재능을 닦고 어진 것을 본받아야 함을 말한다.

中 7급 | 사내, 남자   반 女(계집 녀)   영 man   중 男 nán   일 ダン(おとこ)

회 밭 전(田)+힘 력(力)자로 밭에 나가 노력하여 생산하는 '사내'의 뜻이다.
男系(남계) 남자쪽의 혈연계통. 男性(남성) 男妹(남매) 男便(남편)

男男男男男男男

밭 전(田)부 [5田2 총7획]

사내 남

男 男 男 男 男

中 5급 | 본받다, 힘쓰다   영 emulate   중 效 xiào   일 効 コウ(きく)

형성 사귈 교(交)+칠 복(攵)자로 어질고 학식있는 사람과 사귀면 좋은 점을 '본받는다'는 뜻이다.
效用(효용) 보람. 效能(효능) 效果(효과) 效力(효력)

效效效效效效效效效效

칠 복(등글월문)攵부 [4攵6 총10획]

본받을 효

效 效 效 效 效

中 6급 | 재주, 지혜   영 talent   중 才 cái   일 サイ(もちまえ・わざ)

상형 손 수(扌)자로 손에는 타고나는 '재주'가 있다.
才氣(재기) 재주 있는 기질. 才能(재능) 才幹(재간) 才致(재치)

才才才

손 수(재방변) 手(扌)부 [3扌0 총3획]

재주 재

才 才 才 才 才

中 5급 | 어질다, 좋다   영 good   중 良 liáng   일 リョウ(かて)

상형 체나 키로 쳐서 가려낸 좋은 종자[丶]가 뿌리를 내려 '좋다'는 뜻이다.
良家(양가) 좋은 집안. 良弓(양궁) 良民(양민) 良書(양서)

良良良良良良良

그칠 간(艮)부 [6艮1 총7획]

어질 량

良 良 良 良 良

43 知過必改 지과필개

누구나 허물이 있는 것이니 허물을 알면 즉시 고쳐야 한다.

中 5급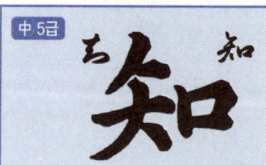

알다, 깨닫다 유 識(알 식) 영 know 중 知 zhī 일 シキ(しる)

회의 화살 시(矢)+입 구(口)자로 사람이 하는 말을 화살처럼 빠르게 '알다'의 뜻이다.
知覺(지각) 깨달음. 知能(지능) 知己(지기) 知慧(지혜)

화살 시(矢)부 [5矢3 총8획]

알 지

中 5급

지나다, 거치다 유 去(지날 거) 영 excess 중 过 guò 일 カ(すぎる)

형성 입삐뚤어질 괘(咼)+쉬엄쉬엄갈 착(辶)자로 입삐뚤어진 말처럼 잘못 말하면 '지나다'의 뜻이다.
過去(과거) 지나간 일. 過失(과실) 過多(과다) 過敏(과민)

쉬엄쉬엄갈 착(책받침)辶(辶)부 [4辶9 총13획]

지날 과

中 5급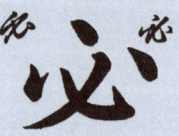

반드시, 오로지 영 surely 중 必 bì 일 ヒ・ゴ(あう・ちぎる)

회의 주살 익(弋)+여덟 팔(八)자로 땅을 경계지을 때 '반드시' 표말을 세운다.
必死(필사) 죽을 각오로 일함. 必勝(필승) 必讀(필독) 必修(필수)

마음 심(심방변) 心(忄/㣺)부 [4心1 총5획]

반드시 필

中 5급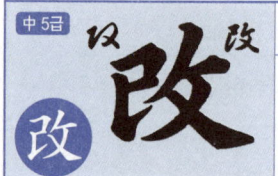

고치다, 바로잡다 영 improve 중 改 gǎi 일 カイ(あらためる)

형성 몸 기(己)+칠 복(攵)자로 자기의 잘못을 질책하여 '고치다'의 뜻이다.
改刊(개간) 고쳐서 간행함. 改年(개년) 改良(개량) 改名(개명)

칠 복(등글월문)攵(攵)부 [4攵3 총7획]

고칠 개

44 得能莫忘 득능막망

사람으로써 알아야 할 것을 배운 후에는 잊지 않도록 노력하여야 한다.

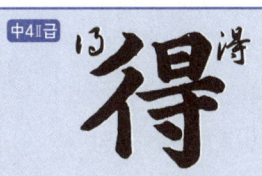

中4ⅠⅠ급

얻다, 깨닫다 (반) 失(잃을 실)　　　영 get　중 得 dé　일 トク(える)

회의 자축거릴 척(彳)+조개 패(貝)+마디 촌(寸)자로 걸어가서 재물을 손에 '얻다'의 뜻이다.

得男(득남) 아들을 낳음. 得道(득도) 得勢(득세) 得票(득표)

두인변(彳)부 [3彳8 총11획]

得得得得得得得得得得得

얻을 득

得 得 得 得 得

中5급

능하다, 잘하다　　　영 able　중 能 néng　일 ノウ(よく)

상형 곰의 재주가 여러 가지로 '능하다'를 뜻한다.

能力(능력) 어떤 일을 이룰 수 있는 힘. 能文(능문) 能動(능동) 能通(능통)

고기 육(육달월) 肉(月)부 [4月6 총10획]

能能能能能能能能能能

능할 능

能 能 能 能 能

中3ⅠⅠ급

없다, 아득하다, 멀다　　　영 not　중 莫 mò　일 バク(ない)

회의 풀 초(艹)+햇빛 대(夨)자로 태양이 초원에 지는 것을 뜻하였으나 가차하여 '없다'를 뜻한다.

莫强(막강) 아주 강함. 莫莫(막막) 莫大(막대) 莫論(막론)

풀 초(초두) 艹(艹)부 [4艹7 총11획]

莫莫莫莫莫莫莫莫莫莫莫

없을 막

莫 莫 莫 莫 莫

中3급

잊다, 버리다　　　영 forget　중 忘 wàng　일 ボウ(わすれる)

형성 잃을 망(亡)+마음 심(心)자로 마음속으로부터 기억이 없어지는 것을 뜻한다.

忘却(망각) 잊음. 健忘症(건망증) 忘恩(망은) 忘德(망덕)

마음 심(심방변) 心(忄/㣺)부 [4心3 총7획]

忘忘忘忘忘忘忘

잊을 망

忘 忘 忘 忘 忘

45 罔談彼短 망담피단

자기의 단점을 말 안하는 동시에 남의 잘못을 욕하지 말라.

高3급 그물 망网(罒/皿/网)부 [5网3 총8획]

없다, 그물 영 net 중 罔 wǎng 일 ホウ·モウ(なし)

형성 그물 망(罒)+잃을 망(亡)자로 덮어 씌워 새나 짐승을 잡는 '그물'의 뜻한다.

罔罟(망고) 새와 짐승을 잡는 망과 그물. 罔極(망극) 罔測(망측) 誣罔(무망)

罔罔罔罔罔罔罔罔

없을 망

中5급 말씀 언(言)부 [7言8 총15획]

말씀, 이야기하다 유 話(말씀 화) 영 speak 중 谈 tán 일 ダン(はなす)

형성 말씀 언(言)+불꽃 염(炎)자로 불가에 둘러앉아 '말'을 나누다.

談話(담화) 서로 이야기를 주고받음. 談笑(담소) 談判(담판) 談論(담론)

談談談談談談談談談談談談

말씀 담

中3Ⅱ급 두인변(彳)부 [3彳5 총8획]

저, 저기, 저편 영 that 중 彼 bǐ 일 ヒ(かれ)

형성 조금걸을 척(彳)+가죽 피(皮)자로 물결처럼 멀리 간 곳, 즉 '저쪽'을 뜻한다.

彼我(피아) 그와 나. 彼我間(피아간) 彼岸(피안) 於此彼(어차피)

彼彼彼彼彼彼彼彼

저 피

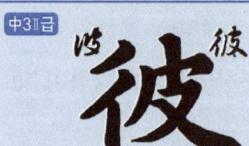

中6급 화살 시(矢)부 [5矢7 총12획]

짧다, 작다 반 長(길 장) 영 short 중 短 duǎn 일 タン(みじかい)

형성 화살 시(矢)+콩 두(豆)자로 화살과 콩으로 함께 짧은 거리를 재어서 '짧다'의 뜻이다.

短身(단신) 키가 작은 몸. 短期(단기) 短劍(단검) 短歌(단가)

短短短短短短短短短短短短

짧을 단

短短短短短

46 靡恃己長 미시기장

자신의 특기를 믿고 자랑하지 말라. 그럼으로써 더욱 발달한다.

1급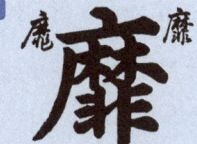

아니다(부정), 쓰러지다, 문지르다, 다하다 영 sweep over 중 靡 mǐ 일 ビ(なびく)

형성 아닐비(非)+마(麻)가 합하여 이루어졌다.

靡然(미연) 초목이 바람에 기울어지는 모양. 靡費(미비) 靡寧(미녕) 靡爛(미란)

아닐 비(非)부 [8非11 총19획]

아닐 미

1급

믿다, 의지하다, 의뢰하다, 자부하다 영 request 중 恃 shì 일 ジ(たのむ)

형성 심방변(忄=心, 㣺)+시(寺)가 합하여 이루어졌다.

恃惡(시악) 자기의 모질고 악한 성미를 믿음.
恃險(시험) 恃憑(시빙) 恃賴(시뢰)

심방변(忄)부 [3忄6 총9획]

믿을 시

中 5급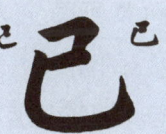

몸, 자기 영 self 중 己 jǐ 일 コ·キ(おのれ)

상형 사람이 자기 몸을 굽히고 있는 모양을 본뜬 글자로 '자기'를 뜻한다.

己見(기견) 자기 자신의 생각. 己巳(기사) 克己(극기) 利己(이기)

몸 기(己)부 [3己0 총3획]

몸 기

中 8급

길다, 자라다 반 短(짧을 단) 영 long 중 长 cháng 일 チョウ(ながい)

상형 수염과 머리카락이 긴 노인이 지팡이를 짚고 있는 모양을 본뜬 글자로 '길다'의 뜻이다.

長江(장강) 긴 강. 중국에서는 양자강을 이름. 長久(장구) 長男(장남) 長安(장안)

긴 장(長)부 [8長0 총8획]

길 장

※ 長 : 어른 장, 오랠 장, 뛰어날 장

47 信使可覆 신사가복

믿음은 움직일 수 없는 진리이고 또한 남과의 약속은 지켜야 한다.

信 믿을 신

[中 6급] 사람 인(人)부 [2人7 총9획]

믿다, 믿음　영 believe, trust　중 信 xìn　일 シン(まこと)

회의 사람 인(亻)+말씀 언(言)자로 사람이 하는 말에는 '믿음'의 뜻이다.
信念(신념) 옳다고 굳게 믿고 있는 마음. 信心(신심) 信徒(신도) 信用(신용)

使 부릴 사

[中 6급] 사람 인(人)부 [2人6 총8획]

부리다, 사신　반 勞(수고로울 로)　영 employ　중 使 shǐ　일 シ(つかう)

회의 사람 인(亻)+아전 리(吏)자로 윗사람이 아전에게 일을 '부리다'의 뜻이다.
使命(사명) 해야할 일. 使人(사인) 使臣(사신) 勞使(노사)

可 옳을 가

[中 5급] 입 구(口)부 [3口2 총5획]

옳다, 허락하다　반 否(아닐 부)　영 right　중 可 kě　일 カ(よい)

형성 입 구(口)+어여쁠 교(丁)자로 입에서 나온 소리는 '옳은' 소리다.
可憐(가련) 모양이 어여쁘고 아름다움. 可望(가망) 可決(가결) 可恐(가공)

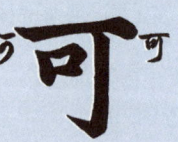 덮을 복

[高 3급] 덮을 아(襾)부 [6襾12 총18획]

덮다, 엎다　영 overturn　중 覆 fù　일 フク(おおう)

형성 덮을 아(襾)+회복할 복(復)자로 또다시 하거나 뒤집는 것을 뜻한다.
覆啓(복계) 회답을 올림. 覆面(복면) 覆蓋(복개) 顚覆(전복)

48 器欲難量 기욕난량

사람의 기량은 헤아리기 어려우므로 함부로 판단해서는 안 된다.

高4Ⅱ급 器

그릇, 재능이나 도량 　　　영 vessel　중 器 qì　일 キ(うつわ)

회의 입 구(口)+개 견(犬)자로 옛날 서민들이 개고기를 담던 '그릇'의 뜻이다.

器量(기량) 재능.　器物(기물)　器具(기구)　器皿(기명)

器器器器器器器器器器器器

입 구(口)부 [3口13 총16획]

그릇, 재능 기 　器 器 器 器 器

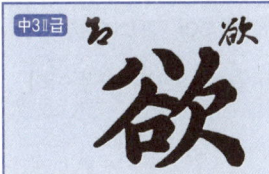

中3Ⅱ급 欲

하고자 하다, 바라다 　　영 desire　중 欲 yù　일 ヨク(ほっする)

형성 골 곡(谷)+하품 흠(欠)자로 무엇을 입에 넣으려 하는 것에서, 하고자 하는 일을 뜻한다.

欲界(욕계) 욕심이 많은 세계.　欲求(욕구)　欲情(욕정)　欲巧反拙(욕교반졸)

欲欲欲欲欲欲欲欲欲欲欲

하품 흠(欠)부 [4欠7 총11획]

하고자 할 욕 　欲 欲 欲 欲 欲

中4Ⅱ급 難

어렵다, 재앙　반 易(쉬울 이)　영 difficult　중 难 nán　일 ナン(むずかしい)

형성 진흙 근(堇)+새 추(隹)자로 새가 진흙밭에서 빠져나오지 못하므로 '어렵다'의 뜻이다.

難局(난국) 어지러운 판국.　難堪(난감)　難關(난관)　難民(난민)

難難難難難難難難難難難難

새 추(隹)부 [8隹11 총19획]

어려울 난 　難 難 難 難 難

中 5급 量

헤아리다, 양, 분량 　　영 amount　중 量 liàng　일 リョウ(はかる)

형성 가로 왈(曰)+무거울 중(重)자로 무게를 '헤아리다'의 뜻이다.

水量(수량) 물의 량.　物量(물량)　量産(양산)　量決(양결)

量量量量量量量量量量量量

마을 리(里)부 [7里5 총12획]

헤아릴 량 　量 量 量 量 量

49 墨悲絲染 묵비사염

흰 실에 검은 물이 들면 다시 희지 못함을 슬퍼한다.

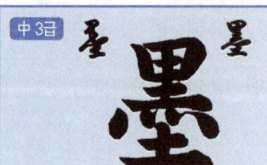

먹, 형벌 이름 영ink 중墨 mò 일ボク(すみ)

형성 검을 흑(黑)+흙 토(土)자로 검댕과 흙으로 만든 '먹'을 뜻한다.
墨家(묵가) 묵적의 학파. 墨池(묵지) 墨客(묵객) 墨香(묵향)

墨墨墨墨墨墨墨黑黑墨墨

흙 토(土)부 [3土12 총15획]

먹 묵 | 墨 墨 墨 墨 墨

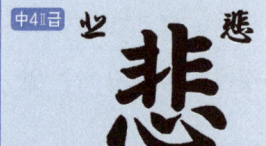

슬프다, 슬퍼하다 반 喜(기쁠 희) 영sad 중悲 bēi 일ヒ(かなしい)

형성 아닐 비(非)+마음 심(心)자로 바라는 바가 어긋나고 마음이 '슬프다'는 뜻이다.
悲歌(비가) 슬픈 노래. 悲感(비감) 悲觀(비관) 悲劇(비극)

悲悲悲悲悲悲悲悲悲悲悲悲

마음 심(심방변) 心(忄/㣺)부 [4心8 총12획]

슬플 비 | 悲 悲 悲 悲 悲

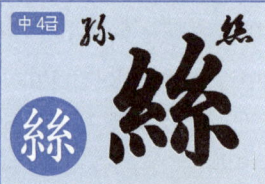

실, 명주실 영thread 중丝 sī 일糸シ(いと)

회의 실 사(糸)+실 사(糸)자로 실감아놓은 실타래의 겹쳐진 모양을 본뜬 글자이다.
鐵絲(철사) 쇠를 가느다랗게 만든 것. 絲竹(사죽) 絹絲(견사) 螺絲(나사)

絲絲絲絲絲絲絲絲絲絲絲絲

실 사(糸)부 [6糸6 총12획]

실 사 | 絲 絲 絲 絲 絲

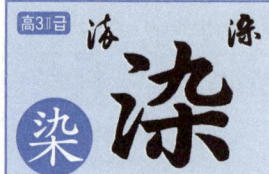

물들이다, 적시다 영dye 중染 rǎn 일セン(そめる)

회의 물 수(氵)+나무 목(木)+아홉 구(九)자로 나무에서 뽑아 낸 진에 여러 번 천을 적시는 모양으로 '물들이다'를 뜻한다.
染色(염색) 천 등에 물을 들임. 染料(염료) 汚染(오염) 傳染(전염)

染染染染染染染染

나무 목(木)부 [4木5 총9획]

물들일 염 | 染 染 染 染 染

50 詩讚羔羊 시찬고양

시경 고양편에 문왕의 덕을 입은 남국 대부의 정직함을 칭찬한 말이다.

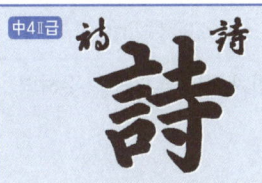

中4II급

시, 시경(詩經), 받들다 영 poetry 중 诗 shī 일 シ(からうた)

형성 말씀 언(言)+절 사(寺)자로 마음속에 있는 뜻을 법칙 운율에 맞춰 '시'의 뜻이다.
詩歌(시가) 시와 노래. 詩伯(시백) 詩想(시상) 詩心(시심)

詩詩詩詩詩詩詩詩詩詩詩詩詩

말씀 언(言)부 [7言6 총13획]

시 시

詩 詩 詩 詩 詩

高 4급

기리다, 칭찬함 유 頌(기릴 송) 영 praise 중 赞 zàn 일 サン(たたえる)

형성 말씀 언(言)+도울 찬(贊)자로 말로써 잘 되도록 '칭찬하다'의 뜻이다.
讚頌歌(찬송가) 찬송하는 노래. 讚美(찬미) 讚辭(찬사) 讚揚(찬양)

讚讚讚讚讚讚讚讚讚讚讚

말씀 언(言)부 [7言19 총26획]

기릴 찬

讚 讚 讚 讚 讚

특2급

새끼양, 흑양 영 lambkin 중 羔 gāo 일 コウ(こひつじ)

형성 양 양(羊-양)부+ 조→고(照)의 생략형이 합하여 이루어졌다.
羔裘(고구) 대부(大夫)의 예복의 하나. 새끼양의 가죽으로 만듦.
羔雁(고안) 羔羊(고양)

羔羔羔羔羔羔羔羔羔羔

양 양(羊)부 [6羊4 총10획]

새끼양 고

羔 羔 羔 羔 羔

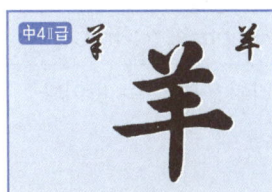

中4II급

양 영 sheep 중 羊 yáng 일 ヨウ(ひつじ)

상형 뿔난 양의 모양을 본뜬 글자이다.
羊毛(양모) 양털. 羊腸(양장) 羊肉(양육) 山羊(산양)

羊羊羊羊羊羊

양 양(羊)부 [6羊0 총6획]

양 양

羊 羊 羊 羊 羊

51 景行維賢 경행유현

행실을 훌륭하게 하고 당당하게 행하면 어진 사람이 된다는 것을 말한다.

景 경치 경

[中5급] 날 일(日)부 [4日8 총12획]

경치, 볕, 빛

영 scenery 중 景 jīng 일 ケイ

형성 해 일(日)+서울 경(京)자로 높은 언덕에 세운 궁궐을 밝게 비추는 '볕'을 뜻하다.

景觀(경관) 경치. 景慕(경모) 景氣(경기) 景品(경품)

景景景景景景景景景景景景

行 다닐 행

[中6급] 다닐 행(行)부 [6行0 총6획]

다니다, 걷다, 행실 반 言(말씀 언)

영 go 중 行 xíng 일 コウ(いく)

상형 사방으로 통하는 사거리의 모양을 본뜬 글자이다.

行客(행객) 나그네. 行進(행진) 行動(행동) 行列(행렬)

行行行行行行

維 이을 유

[高3II급] 실 사(糸)부 [6糸8 총14획]

잇다, 밧줄, 매다, 묶다

영 tie 중 維 wéi 일 イ(つなぐ)

형성 실 사(糸)+새 추(隹)자로 새의 발을 실로 매어두는 것으로 '매다'를 뜻한다.

維新(유신) 세상일이 바뀌어 새로워짐. 維舟(유주) 維持(유지) 纖維(섬유)

維維維維維維維維維維維

賢 어질 현

[中4II급] 조개 패(貝)부 [7貝8 총15획]

어질다, 어진 사람

영 wise 중 贤 xián 일 ケン(かしこい)

형성 굳을 견(堅)+조개 패(貝)자로 원래 재화가 많음을 가리켜 '어질다'는 뜻이다.

賢良(현량) 어질고 착함. 賢明(현명) 賢人(현인) 賢淑(현숙)

賢賢賢賢賢賢賢賢賢賢

※ 景 : 경치 경, 모양 경, 클 경, 우러를 경.

52 剋念作聖 극념작성

성인의 언행을 잘 생각하여 수양을 쌓으면 자연 성인이 됨을 말한다.

1급		이기다, 해내다, 능하다　　　영 overcome　중 kè, kēi　일 コク(かつ)
		회의 대법원 인명용으로는 극. 선칼도방(刂=刀)칼, 베다, 자르다)부+극(克)이 합하여 이루어졌다. 剋減(극감) 깎아 내어 줄임.　剋勵(극려)　剋虞(극우)
선칼도방(刂)부 [2刂7 총9획]		剋剋剋剋剋剋剋剋剋
이길 극		剋 剋 剋 剋 剋

中5급		생각, 생각하다　유 思(생각할 사)　　영 think　중 念 niàn　일 ネン(おもう)
		형성 이제 금(今)+마음 심(心)자로 지금도 잊지 않고 마음속에 '생각하다'를 뜻한다. 念力(염력) 온 힘을 모아 수행하려는 마음.　念佛(염불)　念頭(염두)　念慮(염려)
마음 심(심방변) 心(忄/㣺)부 [4心4 총8획]		念念念念念念念念
생각 념		念 念 念 念 念

中6급	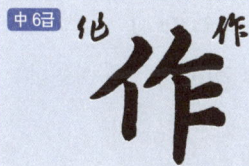	짓다, 만들다　유 製(지을 제)　　영 make　중 作 zuò　일 サク(つくる)
		형성 사람 인(亻)+잠깐 사(乍)자로 사람이 잠깐의 쉴 사이도 없이 무엇을 '짓다'는 뜻이다. 作家(작가) 작품을 만드는 사람.　作別(작별)　作故(작고)　作黨(작당)
사람 인(人)부 [2人5 총7획]		作作作作作作作
지을 작		作 作 作 作 作

中4Ⅱ급	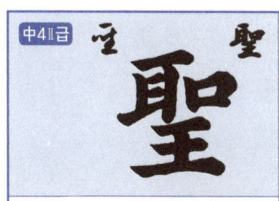	성인(聖人), 거룩한 사람　　영 saint　중 圣 shèng　일 セイ(ひじり)
		형성 귀 이(耳)+드러날 정(呈)자로 사람의 말을 귀로 들으면 '성인이다'의 뜻이다. 聖君(성군) 거룩한 임금.　聖上(성상)　聖歌(성가)　聖經(성경)
귀 이(耳)부 [6耳7 총13획]		聖聖聖聖聖聖聖聖聖聖聖聖聖
성인 성		聖 聖 聖 聖 聖

※ 克, 剋 =이길 극

53 德建名立 덕건명립

항상 덕을 가지고 세상일을 행하면 자연 이름도 서게 된다.

德

덕, 크다
영 virtue 중 德 dé 일 德 トク

형성 [彳+直+心]자로 바른 마음대로 행하는 것이 '덕'이다.

德談(덕담) 잘되기를 비는 말. 德望(덕망) 德澤(덕택) 德分(덕분)

두인변(彳)부 [3彳12 총15획]

덕 **덕**

建

세우다, 길다, 일으키다
영 build 중 建 jiàn 일 ケン(たてる)

회의 붓 율(聿)+길게 걸을 인(廴)자로 붓으로 글을 써서 계획을 '세우다'의 뜻이다.

建功(건공) 공을 세움. 建國(건국) 建軍(건군) 建立(건립)

민책받침(廴)부 [3廴6 총9획]

세울 **건**

名

이름, 외형
영 name 중 名 míng 일 メイ(な)

회의 저녁 석(夕)+입 구(口)자로 저녁에는 얼굴을 분간할 수 없어 '이름'을 불러야 한다는 뜻이다.

名曲(명곡) 이름난 악곡. 名士(명사) 名物(명물) 名分(명분)

입 구(口)부 [3口3 총6획]

이름 **명**

立

서다, 세우다
영 stand 중 立 lì 일 ツ(たてる)

회의 큰 대(大)+한 일(一)자로 사람이 땅 위에 바로 '서다'의 뜻이다.

立脚(입각) 발판을 만듦. 立證(입증) 立地(립지) 立冬(립동)

설 립(立)부 [5立0 총5획]

설 **립**

54 形端表正 형단표정

몸 형상이 단정하고 깨끗하면 마음도 바르며 또 표면에 나타난다.

中6급 形 / 터럭 삼(彡)부 [3彡4 총7획] / **형상 형**

형상, 모양 윤 狀(모양 상) 영 form 중 形 xíng 일 ケイ(かたち)

회의 평평할 견(幵)+터럭 삼(彡)자로 붓으로 평평한 종이나 돌에 쓰는 '모양'의 뜻이다.

形狀(형상) 물체의 생긴 모양. 形局(형국) 形成(형성) 形便(형편)

中4Ⅱ급 端 / 설 립(立)부 [5立9 총14획] / **바를 단**

바르다, 끝, 가 윤 末(끝 말) 영 end 중 端 duān 일 タン(はし)

형성 뫼 산(山)+설 립(立)자로 초목의 어린 싹이 돋아나므로 '실마리'를 뜻한다.

端緖(단서) 일의 시초. 端雅(단아) 端正(단정) 端役(단역)

中6급 表 / 옷 의(衤/衣)부 [6衣2 총8획] / **겉, 나타날 표**

겉, 바깥, 나타나다 영 surface 중 表 biǎo 일 ヒョウ(おもて)

회의 털 모(毛)+옷 의(衣)자로 털옷은 그 털이 겉으로 나오므로 '겉'의 뜻이다.

表裏(표리) 겉과 속. 表面(표면) 表決(표결) 表現(표현)

中7급 正 / 그칠 지(止)부 [4止1 총5획] / **바를 정**

바르다, 바로잡다 반 直(바를 직) 영 straight 중 正 zhèng 일 セイ(ただしい)

회의·형성 한 일(一)+그칠 지(止)자로 사람이 정지선에 발을 딛고 '바르다'의 뜻이다.

正刻(정각) 바로 그 시각. 正格(정격) 正答(정답) 正當(정당)

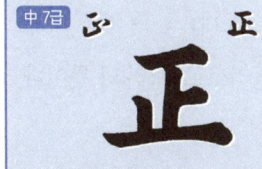

55 空谷傳聲 공곡전성

산골짜기에서 크게 소리치면 그대로 전한다. 즉 악한 일을 당하게 된다.

비다, 하늘 윤 虛(빌 허)   영 empty 중 空 kōng 일 クウ(そら)

형성 구멍 혈(穴)+장인 공(工)자로 공구로 땅을 파내므로 '비다'의 뜻이다.

空間(공간) 비어 있는 곳. 空白(공백) 空氣(공기) 空腹(공복)

구멍 혈(穴)부 [5穴3 총8획]

빌 공

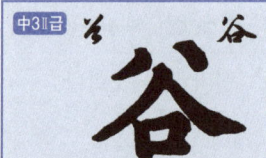

골, 골짜기, 궁하다   영 valley 중 谷 gǔ 일 コク(たに)

회의 물줄기가 계곡의 입 구(口)에서 흘러나오는 모습으로, 즉 '골짜기'를 뜻한다.

深山幽谷(심산유곡) 깊은 산과 그윽한 골짜기. 谷泉(곡천) 谷澗(곡간) 谷水(곡수)

골 곡(谷)부 [7谷0 총7획]

골 곡

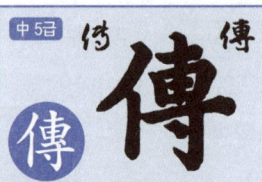

전하다, 전하기   영 convey 중 传 chuán 일 伝 デン(つたえる)

형성 사람 인(亻)+오로지 전(專)자로 문서나 소식이 오직 사람에 의해서만 '전달'되었다.

傳達(전달) 전하여 이르게 함. 傳令(전령) 傳單(전단) 傳說(전설)

사람 인(人)부 [2人11 총13획]

전할 전

소리, 음향 윤 音(소리 음)   영 voice 중 声 shēng 일 声 セイ(こえ)

회의 경쇠 경(磬)+귀 이(耳)자로 경쇠를 치는 소리가 귀에 들리므로 '소리'의 뜻이다.

聲價(성가) 명성과 평가. 聲量(성량) 聲樂(성악) 聲優(성우)

귀 이(耳)부 [6耳11 총17획]

소리 성

56 虛堂習聽 허당습청

빈방에서 소리를 내면 울려서 다 들린다. 즉 착한 말은 천리 밖에서도 응한다.

| 中4ⅠI급 | 비다, 헛되다 | ㉠ 空(빌 공) | ㉢ empty | ㉱ 虛 xū | ㉹ 虛 キョ(むなしい) |

형성 범 호(虍)+언덕 구(丘)자로 범을 잡으려고 놓은 함정에 걸려든 것이 '없다'는 뜻이다.
虛空(허공) 공중. 虛誕(허탄) 虛構(허구) 虛脫(허탈)

범호엄(虍)부 [6虍6 총12획]

虛虛虛虛虛虛虛虛虛虛虛

빌, 헛될 허

虛 虛 虛 虛 虛

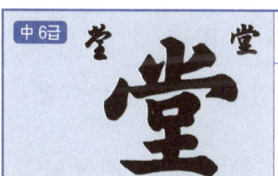

| 中6급 | 집, 마루 | | ㉢ house | ㉱ 堂 táng | ㉹ ドウ(おもてざしき) |

형성 높을 상(尙)+흙 토(土)자로 높은 언덕에 지은 '큰집'을 뜻한다.
堂內(당내) 팔촌 이내의 일가. 堂堂(당당) 堂姪(당질) 堂山(당산)

흙 토(土)부 [3土8 총11획]

堂堂堂堂堂堂堂堂堂堂堂

집 당

堂 堂 堂 堂 堂

| 中6급 | 익히다, 익숙하다 | ㉠ 練(익힐 련) | ㉢ study | ㉱ 习 xí | ㉹ シュウ(ならう) |

회의 깃 우(羽)+흰 백(白)자로 흰새가 날갯짓을 하며 나는 연습을 '익히다'의 뜻이다.
習慣(습관) 버릇. 習字(습자) 習得(습득) 習作(습작)

깃 우(羽)부 [6羽5 총11획]

習習習習習習習習習習習

익힐 습

習 習 習 習 習

| 中4급 | 듣다, 단정하다 | ㉠ 聞(들을 문) | ㉢ hear | ㉱ 听 tīng | ㉹ 聴 チョウ(きく) |

회의 귀 이(耳)+간사할 임(壬)+큰 덕(悳)자로 귀는 간사한 소리보다 덕있는 소리를 '들어야한다'.
聽訟(청송) 재판하기 위하여 송사를 들음. 聽力(청력) 聽覺(청각) 聽衆(청중)

귀 이(耳)부 [6耳16 총22획]

聽聽聽聽聽聽聽聽聽聽聽

들을 청

聽 聽 聽 聽 聽

57 禍因惡績 화인악적

재앙은 악에 인한 것이므로 재앙을 받는 이는 평일에 악을 쌓았기 때문이다

禍

중3Ⅱ급

재앙, 재난　영 disaster　중 祸 huò　일 カ(わざわい)

형성 보일 시(示)+입 비뚤어질 와(咼)자로 깎여 없어진 행복, 즉 '재앙'을 뜻한다.

禍源(화원) 재앙의 근원.　禍福(화복)　禍根(화근)　禍難(화난)

보일 시(示)부 [5示9 총14획]

재앙 화

因

중 5급

인하다, 이어받다　반 果(실과 과)　영 cause　중 因 yīn　일 イン(よる)

회의 에울 위(囗)+큰 대(大)자로 사람이 요위에 편히 누워있음은 그럴만한 '큰 까닭'이 있다.

因緣(인연) 어떤 사물들 사이에 맺어지는 관계.　因習(인습)　原因(원인)　要因(요인)

큰입구몸(囗)부 [3囗3 총6획]

인할, 이어받을 인

惡

중 5급

악하다, 모질다　반 好(좋을 호)　영 bad　중 恶 è　일 悪 アク(わるい)

형성 버금 아(亞)+마음 심(心)자로 등이 굽은 것처럼 마음이 '악하다'의 뜻이다.

惡感(악감) 악한 감정, 또는 나쁜 느낌.　惡鬼(악귀)　惡魔(악마)　憎惡(증오)

마음 심(심방변) 心(忄/㣺)부 [4心8 총12획]

악할 악

積

고 4급

쌓다, 저축하다　유 蓄(쌓을 축)　영 pile up　중 积 jī　일 セキ(つむ)

형성 벼 화(禾)+맡을 책(責)자로 책임지고 거둬들인 볏집을 높이 '쌓다'.

積立(적립) 모아서 쌓아둠.　積善(적선)　積金(적금)　山積(산적)

벼 화(禾)부 [5禾11 총16획]

쌓을 적

58 福緣善慶 복연선경
복은 착한 일에서 오는 것이니 착한 일을 하면 경사가 온다.

中 5급	복, 행복　㊌ 幸(행복 행)　㊇ fortune　㊥ 福 fú　㊊ フク(さいわい)
	형성 볼 시(示)+찰 복(畐)자로 신에게 정성스럽게 빌면 우리에게 '복'을 준다.
	福券(복권) 경품권.　福音(복음)　福金(복금)　福祿(복록)
보일 시(示)부 [5示9 총14획]	福福福福福福福福福福福福福福
복 복	福 福 福 福 福

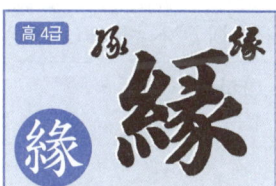

高 4급	인연, 가선, 좋다　㊇ affinity, fate　㊥ 缘 yuán　㊊ 縁 エン(ふち)
	형성 실 사(糸)+끊을 단(彖)자로 천이 끊긴 데를 실로 감치어 올이 풀리지 않는 '인연'의 뜻이다.
	緣故(연고) 까닭, 이유.　緣分(연분)　緣由(연유)　緣坐(연좌)
실 사(糸)부 [6糸9 총15획]	緣緣緣緣緣緣緣緣緣緣緣緣緣緣緣
인연 연	緣 緣 緣 緣 緣

中 5급	착하다, 좋다　㊙ 惡(악할 악)　㊇ good　㊥ 善 shàn　㊊ ゼン(よい)
	회의 양[羊]같이 온순한 사람이 하는 말[言]은 '착하다'의 뜻이다.
	善良(선량) 착하고 어짊.　善人(선인)　善導(선도)　善行(선행)
입 구(口)부 [3口9 총12획]	善善善善善善善善善善善善
착할 선	善 善 善 善 善

中4Ⅱ급	경사, 경사스럽다　㊇ happy event　㊥ 庆 qìng　㊊ ケイ(よろこぶ)
	회의 남의 경사에 사슴 가죽을 바쳤다는 데서 비롯되어 '경사'의 뜻이다.
	慶事(경사) 기쁜 일.　慶祝(경축)　慶宴(경연)　慶賀(경하)
마음 심(심방변) 心(忄/㣺)부 [4心11 총15획]	慶慶慶慶慶慶慶慶慶慶慶慶慶慶慶
경사 경	慶 慶 慶 慶 慶

1단계(제1~80구) | 71

59 尺璧非寶 척벽비보

한 자 되는 구슬이라고 해서 결코 보배라고는 할 수 없다.

尺 자 척

[中3Ⅱ급] 주검 시(尸)부 [3尸1 총4획]

자, 길이의 단위, 가깝다   영 ruler   중 尺 chǐ   일 シャク(ものさし)

지사 사람을 옆에서 본 모양을 본뜬 글자로 '두 발 사이의 길이, 보폭의 길이'를 뜻한다.
尺牘(척독) 서로 떨어져 있는 상대에게 소식을 전하는 글.
尺數(척수) 尺貫法(척관법) 尺度(척도)

璧 구슬 벽

[1급] 구슬 옥(玉)부 [5玉13 총18획]

둥근 옥, 아름다운 옥, 아름다운 것의 비유, 쌓다   영 round jade   중 璧 bì   일 ヘキ(しるしたま)

형성 구슬 옥변(玉=王, 玉)+벽(辟)자로 '고리 모양의 옥'을 말한다.
璧人(벽인) 옥과 같이 아름다운 사람. 매우 아름다운 사람.
璧水(벽수) 璧玉(벽옥)

非 아닐 비

[中4Ⅱ급] 아닐 비(非)부 [8非0 총8획]

아니다, 거짓   반 是(옳을 시)   영 not   중 非 fēi   일 ヒ(あらず)

지사 새의 양쪽 날개가 서로 다른 방향으로 '어긋난다'는 뜻이다.
非經濟(비경제) 경제적이 아님. 非番(비번) 非難(비난) 非理(비리)

寶 보배 보

[中4Ⅱ급] 갓머리(宀)부 [3宀17 총20획]

보배, 보배롭다   유 珍(보배 진)   영 treasure   중 宝 bǎo   일 宝 ホウ(たから)

회의 집 면(宀)+구슬 옥(王:玉)+장군 부(缶)+조개 패(貝)자로 집에 재물이 가득하므로 '보배'의 뜻이다.
寶鑑(보감) 훌륭한 거울. 寶輦(보련) 寶物(보물) 寶石(보석)

60 寸陰是競 촌음시경

한 자 되는 구슬보다도 잠깐의 시간이 더욱 귀중하니 시간을 아껴야 한다.

中8급

마디, 치(길이의 단위)　　　영inch, moment　중寸 cùn　일スン

지사 또 우(又)에 맥박이 뛰는 곳(丶)의 길이가 한 치이므로 '마디'의 뜻이다.

寸刻(촌각) 아주 짧은 시각. 寸鐵(촌철) 寸劇(촌극) 寸評(촌평)

마디 촌(寸)부 [3寸0 총3획]

마디 촌

中4Ⅱ급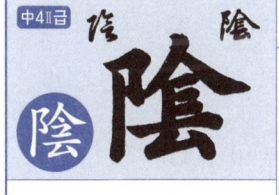

그늘, 음기　반陽(볕 양)　　　영shade　중阴 yīn　일陰 イン(かげ)

형성 언덕에 가려서 햇빛이 들지 않은 '그늘'이라는 뜻이다.

陰氣(음기) 음랭한 기운. 陰冷(음랭) 陰散(음산) 陰地(음지)

언덕 부(좌부방) 阜(阝)부 [3阝8 총11획]

그늘 음

中4Ⅱ급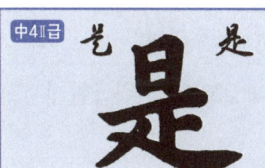

옳을, 이, 이것　반非(아닐 비)　　　영right　중是 shì　일ゼシ(ただしい)

회의 날 일(日)+바를 정(疋=正)자로 태양의 운행이 일정하고 '바르다'의 뜻이다.

是非(시비) 옳고 그름. 是正(시정) 是認(시인) 或是(혹시)

날 일(日)부 [4日5 총9획]

옳을 시

中5급

다투다, 말다툼으로 겨룸　유爭(다툴 쟁)　영quarrel　중竞 jìng　일キョウ(きそう)

회의 둘이 마주 서서[효효] 서로가 형[兄]이라고 심하게 '겨룸'의 뜻이다.

競技(경기) 기술이나 능력을 겨룸. 競馬(경마) 競合(경합) 競賣(경매)

설 립(立)부 [5立15 총20획]

다툴 경

61 資父事君 자부사군

아비를 자료로 하여 임금을 섬길지니 부모 섬기는 효도로 임금을 섬겨야 한다.

高 4급 資

조개 패(貝)부 [7貝6 총13획]

자료 **자**

자료, 재물, 밑천 　　　　　　　　　　영 property 중 资 zī 일 シ

형성 버금 차(次)+조개 패(貝)자로 다음의 큰일을 위하여 재산을 모아두는 '재물'이란 뜻이다.
資格(자격) 신분이나 지위.　資金(자금)　資源(자원)　資本(자본)

資資資資資資資資資資資資資

資 資 資 資 資

中 8급 父

아비 부(父)부 [4父0 총4획]

아비 **부**

아비, 아버지　반 母(어미 모)　　　　　　영 father 중 父 fù 일 フ(ちち)

상형 오른 손[乂:又]에 도끼 들고 일하는 남자로 가족을 거느리고 인도하는 '아버지'를 뜻한다.
父道(부도) 아버지로서 지켜야할 도리.　父命(부명)　父女(부녀)　父母(부모)

父父父父

父 父 父 父 父

中 7급 事

갈고리 궐(亅)부 [1亅7 총8획]

일, 섬길 **사**

일하다, 직분, 섬기다 　　　　　　　　　영 work 중 事 shì 일 ジ(こと)

형성 역사 사(史)+갈 지(之)자로 관청이나 상점에서 기를 내걸고 일을 취급한데서 '일'의 뜻이다.
事件(사건) 뜻밖에 있는 변고.　事理(사리)　事故(사고)　事實(사실)

事事事事事事事事

事 事 事 事 事

中 4급 君

입 구(口)부 [3口4 총7획]

임금 **군**

임금, 남편, 자네　반 臣(신하 신)　　　　영 king 중 君 jūn 일 クン(きみ)

회의 다스릴 윤(尹)+입 구(口)자로 백성을 다스리는 분이 '임금'임을 뜻한다.
君國(군국) 임금과 나라.　君主(군주)　君臨(군림)　君臣(군신)

君君君君君君君

君 君 君 君 君

62 曰嚴與敬 왈엄여경

임금을 대하는 데는 엄숙함과 공경함이 있어야 한다.

曰

[중3급]

가로되, 이르다, 말하다 영 speak 중 曰 yuē 일 エツ(いわく)

상형 입을 열어 말하는 모양을 본떠, 목소리를 내어 '말하다'를 뜻한다.

曰可曰否(왈가왈부) 어떤 일에 대하여 옳으니 그르니 함.
曰若(왈약) 曰牌(왈패) 或曰(혹왈)

가로 왈(曰)부 [4曰0 총4획]

가로되 **왈**

嚴

[중4급]

엄하다, 엄정하다 영 strict 중 严 yán 일 厳 ゲン·ゴン(おごそか)

형성 부르짖을 훤(叩)+험할 엄(厰)자로 큰소리로 낸 호령이 험준한 산처럼 '위엄스럽다'.

嚴禁(엄금) 엄중하게 금지함. 嚴冬(엄동) 嚴格(엄격) 嚴罰(엄벌)

입 구(口)부 [3口17 총20획]

엄할 **엄**

與

[중4급]

주다, 동아리 유 參(참여할 참) 영 give 중 与 yǔ 일 与 ヨ(あたえる)

회의 마주들 여(舁)+줄 여(与)자로 맞들어 주므로 '주다'의 뜻이다.

與件(여건) 주어진 조건. 與黨(여당) 參與(참여) 給與(급여)

절구 구(臼)부 [6臼8 총14획]

더불어 **여**

敬

[중5급]

공경하다, 공경 영 respect 중 敬 jìng 일 ケイ(うやまう)

회의 진실할 구(苟)+칠 복(攵)자로 회초리를 들고 성심껏 가르치는 사람을 '공경한다'는 뜻이다.

敬拜(경배) 숭상함. 敬老(경로) 敬虔(경건) 敬禮(경례)

칠 복(등글월문)攵(攴)부 [4攵9 총13획]

공경할 **경**

63 孝當竭力 효당갈력

부모를 섬길 때에는 마땅히 힘을 다하여야 한다.

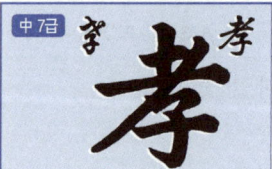

中7급 孝

아들 자(子)부 [3子4 총7획]

효도, 부모를 잘 섬기다　　영 filial duty　중 孝 xiào　일 コウ(まこと)

회의·형성 늙을 로(老)+아들 자(子)자로 자식이 늙은 어버이를 잘 섬기는 '효도'를 뜻한다.
孝者(효자) 효도하는 사람.　孝心(효심)　孝女(효녀)　孝道(효도)

孝孝孝孝孝孝孝

효도 효　孝 孝 孝 孝 孝

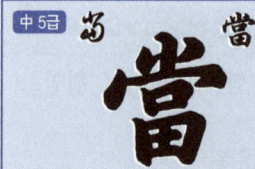

中5급 當

밭 전(田)부 [5田8 총13획]

마땅하다, 당하다　반 落(떨어질 락)　영 suitable　중 当 dāng　일 当 トウ(あたる)

형성 높을 상(尚)+밭 전(田)자로 밭값이 비슷하여 서로 맞바꾸기에 '마땅'하다.
當代(당대) 그 시대.　當場(당장)　當國(당국)　當惑(당혹)

當當當當當當當當當當當當當

마땅할 당　當 當 當 當 當

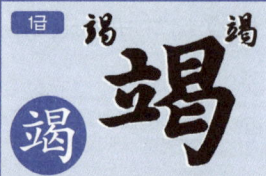

1급 竭

설 립(立)부 [5立9 총14획]

다하다, 물이 마르다, 등에 지다　　영 exhaust　중 jie　일 カツ(つきる)

형성 설 립(立)+갈(曷)이 합하여 이루어졌다.
竭力(갈력) 있는 힘을 다하여 애씀. 또는 낼 수 있는 모든 힘.
竭盡(갈진)　竭力(갈력)　竭歡(갈환)

竭竭竭竭竭竭竭竭竭

다할 갈　竭 竭 竭 竭 竭

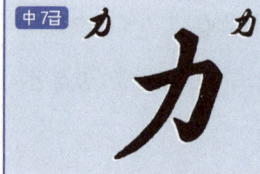

中7급 力

힘 력(力)부 [2力0 총2획]

힘, 힘쓰다　　영 strength　중 力 lì　일 ヨク·リキ(ちから)

상형 물건을 들어올릴 때 팔에 생기는 근육의 모양을 본뜬 글자로 '힘쓰다'를 뜻한다.
力說(역설) 힘써 말함.　力點(역점)　力道(역도)　力士(역사)　力說(역설)

力 力

힘 력　力 力 力 力 力

64 忠則盡命 충칙진명

충성함에는 곧 목숨을 다하니 임금을 섬기는 데 몸을 사양해서는 안된다.

忠 충성 충

中4Ⅱ급

충성, 진심 영 loyalty 중 忠 zhōng 일 チュウ(まごころ)

형성 가운데 중(中)+마음 심(心)자로 마음속에서 우러나온 '충성'의 뜻이다.

忠良(충량) 충성스럽고 선량함. 忠臣(충신) 忠犬(충견) 忠僕(충복)

마음 심(심방변) 心(忄/㣺)부 [4心4 총8획]

則 법칙 칙

中5급

곧, 법칙, 규칙 유 法(법 법) 영 rule, law 중 则 zé 일 ソク(のり)

회의 조개 패(貝)+칼 도(刂)자로 공평하게 나눌 때는 일정한 '법칙'이 있다.

原則(원칙) 정해놓은 기준. 則效(칙효) 校則(교칙) 準則(준칙)

조개 패(貝)부 [2刀7 총9획]

盡 다할 진

中4급

다하다, 정성 영 exhaust 중 尽 jìn 일 ジン(つまる)

회의 붓 율(聿)+불 화(火)+그릇 명(皿)자로 그릇 속을 솔로 털어서 비우므로 '다하다'는 뜻이다.

盡力(진력) 온힘을 다함. 盡心(진심) 未盡(미진) 無盡(무진)

그릇 명(皿)부 [5皿9 총14획]

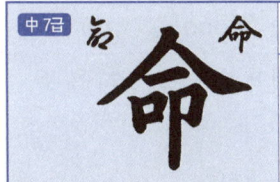

命 목숨 명

中7급

목숨, 수명 유 令(하여금 령) 영 life 중 命 mìng 일 メイ(いのち)

회의 명령 령(令)+입 구(口)자로 임금의 명령은 '목숨'을 바쳐 지켜야 한다는 뜻이다.

命令(명령) 윗사람이 아랫사람에게 시킴. 命中(명중) 命巾(명건) 運命(운명)

입 구(口)부 [3口5 총8획]

65 臨深履薄 임심리박
깊은 곳에 임하듯 하며 얇은 데를 밟듯이 세심 주의하여야 한다.

임하다, 미치다 　　영 confront　중 临 lín　일 リン(のぞむ)

형성 신하 신(臣)+물건 품(品)자로 여러 물건을 들여다보는 것으로 '임하다'를 뜻한다.
臨檢(임검) 현장에 나가 조사함. 臨迫(임박) 臨時(임시) 臨終(임종)

신하 신(臣)부 [6臣11 총17획]

임할 림

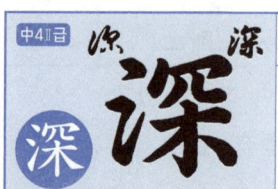

깊다, 깊이 　　영 deep　중 深 shēn　일 シン(ふかい)

형성 물이 불어 '깊다'는 뜻이다.
深刻(심각) 아주 깊고 절실함. 深海(심해) 深度(심도) 深夜(심야)

물 수(삼수변) 水(氵)부 [3氵8 총11획]

깊을 심

밟을, 신발, 신다 　　영 shoes　중 履 lǚ　일 リ(くつ·ふむ)

회의 주검 시(尸)+조금 걸을 척(彳)+칠 복(攵)+배 주(舟)자로 사람이 배를 타고 발로 밟으며 걷는 모습에서 '밟다'를 뜻하다.
履歷(이력) 지금까지의 학업이나 경력. 履修(이수) 履行(이행) 麻履(마리)

주검 시(尸)부 [3尸12 총15획]

밟을 리

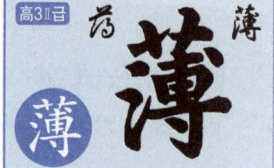

얇다, 엷다 　　영 thin　중 薄 báo　일 ハク(うすい)

형성 풀 초(艹)+펼 부(溥)자로 풀이 골고루 널리 퍼진 초원의 모양, 즉 '얇다'를 뜻한다.
薄俸(박봉) 적은 봉급. 薄酒(박주) 薄待(박대) 薄福(박복)

풀 초(초두) 艸(艹)부 [4艸13 총17획]

얇을 박

66 夙興溫凊 숙흥온청

일찍 일어나서 추우면 덥게, 더우면 서늘케 하는 것이 부모 섬기는 절차이다.

1급 | 夙

일찍, 삼가다, 옛날 | 영 early 중 sù 일 シュク(はやい)

회의 夕(석)과 극(丮)자로 저녁까지 쉬지 않고 일을 함의 뜻이다.

夙著(숙저) 젊은 나이로 일찍 높은 지위에 이름. 夙怨(숙원) 夙志(숙지) 夙就(숙취)

저녁 석(夕)부 [3夕3 총6획]

일찍 숙

中4Ⅱ급 | 興

일어나다, 번성하다 | 반 亡(망할 망) | 영 rise 중 兴 xīng 일 コウ(おこる)

지사 마주들 여(舁)+한가지 동(同)자로 힘을 합해 함께 들어올리면 일이 '흥한다'는 뜻이다.

興國(흥국) 나라를 흥하게 함. 興起(흥기) 興亡(흥망) 興味(흥미)

절구 구(臼)부 [6臼10 총16획]

일어날 흥

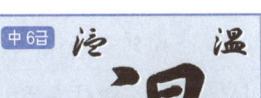

中6급 | 溫

따뜻하다, 온화하다 | 반 冷(찰 랭) | 영 warm 중 温 wēn 일 温 オン(あたたか)

회의·형성 수증기가 방 안에 가득하므로 '따뜻하다'는 뜻이다.

溫帶(온대) 열대와 한대 사이의 지대. 溫情(온정) 溫氣(온기) 溫度(온도)

물 수(삼수변) 水(氵)부 [3氵10 총13획]

따뜻할 온

中급 | 凊

서늘하다, 차갑다, 춥다 | 영 cool 중 凊 qìng 일 セイ(さむい)

형성 이수변(冫 고드름, 얼음)부+청(青)이 합하여 이루어져 '서늘하다' 뜻이다.

夙興溫凊(숙흥온청) 일찍 일어나서 추우면 덥게, 더우면 서늘케 하는 것이 부모 섬기는 절차. 冬凊(동청) 溫凊(온청)

이수변(冫)부 [2冫8 총10획]

서늘할 청

67 似蘭斯馨 사란사형

난초가 은은한 향기를 풍기듯 꽃다우니 군자의 지조를 비유한 것이다.

似 같을 사

[高3급] 사람 인(人)부 [2人5 총7획]

같다, 유사하다 — ⓔ same ⓒ 似 sì ⓙ シ·ジ(にる)

형성 사람 인(亻)+써 이(以)자로 쟁기를 잡은 농부의 모습에서 '갈다'를 뜻한다.

近似(근사) 가까움. 類似(유사) 似而非(사이비) 近似値(근사치)

似似似似似似

蘭 난초 란

[高3Ⅱ급] 풀 초(초두) 艸(艹)부 [4艸17 총21획]

난초, 얼룩 — ⓔ orchid ⓒ 兰 lán ⓙ ラン(あららぎ)

형성 풀 초(艹)+드물 란(闌)자로 향기가 높고 흔치 않은 화초, 즉 '난초, 목란'을 뜻한다.

蘭草(난초) 난초과의 여러해살이 풀. 蘭秋(난추) 蘭交(난교) 波蘭(파란)

蘭蘭蘭蘭蘭蘭蘭蘭蘭蘭蘭

斯 이 사

[高3급] 도끼 근(斤)부 [4斤8 총12획]

이(이것), 어조사 — ⓔ this ⓒ 斯 sī ⓙ シ(この)

회의 그 기(其)+도끼 근(斤)자로 조각조각 잘라버리는 의미에서 지시대명사를 뜻하게 되었다.

斯界(사계) 이 방면. 斯文(사문) 斯民(사민) 如斯(여사)

斯斯斯斯斯斯斯斯斯斯斯斯

馨 향기 형

[준1(2)급] 향기 향(香)부 [9香11 총20획]

향기, 향기롭다 — ⓔ fragrant ⓒ 馨 xīn ⓙ ケイ(かおる)

형성 향기 향(香)+ 경쇠소리 경(殸)자로 경쇠소리처럼 향기가 멀리까지 진동하다의 뜻이다.

馨逸(형일) 향기가 평상시보다 유달리 좋음. 馨氣(형기) 馨香(형향)

馨馨馨馨馨馨馨馨馨馨

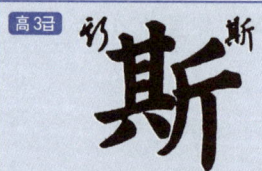

68 如松之盛 여송지성

소나무같이 푸르러 성함은 군자의 절개를 말한 것이다.

如 [中4Ⅱ급]

같다, 따르다, 만일 영 same 중 如 rú 일 ジョ·ニョ(ごとし)

형성 계집 녀(女)+입 구(口)자로 여자의 미덕이란 부모 남편 자식의 말을 '같이'한다는 뜻이다.
如反掌(여반장) 손바닥 뒤집듯 쉬움. 如實(여실) 如干(여간) 如前(여전)

계집 녀(女)부 [3女3 총6획]

女女女如如如

같을 여

松 [中4급]

소나무, 솔 영 pine 중 松 sōng 일 ショウ(まつ)

형성 나무 목(木)+공변될 공(公)자로 모든 인간이 널리 쓰는 '소나무'란 뜻이다.
松竹梅(송죽매) 소나무, 대나무, 매화. 松林(송림) 松柏(송백) 松花(송화)

나무 목(木)부 [4木4 총8획]

松松松松松松松松

소나무 송

之 [中3Ⅱ급]

가다, 걸어가다 영 go 중 之 zhī 일 シ(ゆく·これ)

상형 출발선에서 막 한 발짝 내딛고자 함을 나타내어 '가다'를 뜻한다.
之東之西(지동지서) 동·서쪽으로 갈까를 망설이는 것.
江湖之樂(강호지락) 隔世之感(격세지감)

삐칠 별(삐침)(丿)부 [1丿3 총4획]

之之之之

갈 지

盛 [中4Ⅱ급]

성하다, 넘치다, 많다 영 thriving 중 盛 shèng 일 セイ(さかり)

형성 이룰 성(成)+그릇 명(皿)자로 성공해 잔치하는데 그릇과 음식이 '많다'는 뜻이다.
盛年(성년) 원기가 왕성한 젊은 나이. 盛大(성대) 盛業(성업) 盛行(성행)

그릇 명(皿)부 [5皿6 총11획]

丿厂万成成成成盛盛盛盛

성할 성

※ 之 : 의 지(~의 : 관형격 조사), 이 지(이것은 : 지시 대명사)

69 川流不息 천류불식

내가 흘러 쉬지 아니하니 군자의 행지를 말한 것이다.

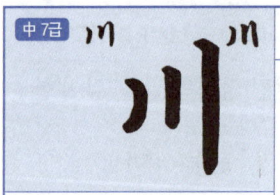 개미허리(내천) 巛(川)부 [3川0 총3획] **내 천**	내, 물 흐름의 총칭 반山(메 산)　　영stream 중川 chuān 일セン(かわ) 상형 내가 흐르는 모양을 형상화한 글자다. 川獵(천렵) 물가에서 고기잡이를 하며 노는 일. 川邊(천변) 山川(산천) 河川(하천) 川川川	

 물 수(삼수변) 水(氵)부 [3氵7 총10획] **흐를 류**	흐르다, 떠돌다　　영stream 중流 liú 일リュウ(ながす) 회의 깃발이 아래로 드리우듯이 물이 아래로 '흐르다'의 뜻이다. 流民(유민) 고향을 떠나 유랑하는 백성. 流水(유수) 流麗(유려) 流通(유통) 流流流流流流流流流流	

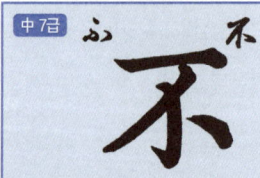 한 일(一)부 [1—3 총4획] **아니 불**	아니다, 못하다　　영not 중不 bù 일フ・ブ 지사 하나(一)의 작은(小) 잘못도 아니 된다. 不德(부덕) 덕이 없음. 不變(불변) 不安(불안) 不渡(부도) 不不不不	

 마음 심(심방변) 心(忄/㣺)부 [4心6 총10획] **숨쉴 식**	숨쉬다, 쉬다 유休(쉴 휴)　　영breathe 중息 xī 일ソク(いき) 회의 코 비(自:鼻)+마음 (心)자로 심기가 코로 나오는 것이 '숨쉬다'의 뜻이다. 息鄙(식비) 남에게 자기 딸을 이르는 말. 息肩(식견) 子息(자식) 休息(휴식) 息息息息息息息息息息	

70 淵澄取映 연징취영

못이 맑아서 비치니 즉 군자의 마음을 말한 것이다.

2급	못, 웅덩이, 깊다	영 pond 중 淵 yuān 일 エン(ふち)

형성 물 수(氵·水)+못 연(㕍)자로 양 기슭 사이에 있는 깊은 '못'의 뜻이다.

淵谷(연곡) 깊은 못과 깊은 골짜기. 淵遠(연원) 淵源(연원) 淵然(연연)

淵淵淵淵淵淵淵淵淵淵淵淵

물 수(삼수변) 水(氵)부 [3氵9총12획]

못 연   淵 淵 淵 淵 淵

1급	맑다, 맑음, 맑게 하다	영 clear 중 澄 chéng 일 チョウ(すむ)

형성 물 수(氵·水)+오를 등(登)자로 정지하는 '물', '맑다, 맑아지다'를 뜻한다.

澄淸(징청) 물 같은 것이 몹시 맑고 깨끗함. 澄空(징공) 澄瀾(징란) 澄水(징수)

澄澄澄澄澄澄澄澄澄澄澄澄

물 수(삼수변) 水(氵)부 [3氵12총15획]

맑을 징   澄 澄 澄 澄 澄

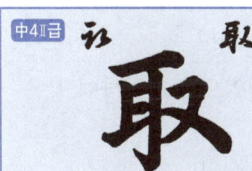

中4II급	취하다, 가지다	영 take, pick 중 取 qǔ 일 シュ(とる)

회의 귀 이(耳)+또 우(又)자로 전쟁에서 적을 죽여 증거물로 '취하다'의 뜻이다.

取得(취득) 손에 넣음. 取妻(취처) 取捨(취사) 取材(취재)

取取取取取取取取

또 우(又)부 [2又6 총8획]

취할 취   取 取 取 取 取

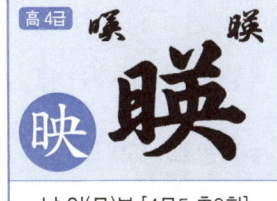

高4급	비치다, 빛나다	영 reflect 중 映 yìng 일 エイ(うつる)

형성 해 일(日)+가운데 앙(央)자로 하늘의 중앙에 있는 햇볕을 받아들여 '비추는' 것을 뜻한다.

映像(영상) 비치는 그림자. 映窓(영창) 映畵(영화) 放映(방영)

映映映映映映映映映

날 일(日)부 [4日5 총9획]

비칠 영   映 映 映 映 映

71 容止若思 용지약사

행동을 덤비지 말고 형용과 행지를 조용히 생각하는 침착한 태도를 가져라.

容 얼굴 용

中4Ⅱ급

얼굴, 모양 　　영 face　중 容 róng　일 ヨウ(いれる)

회의·형성 집 면(宀)+골짜기 곡(谷)자로 사람은 깨끗이 씻은 몸이 가장 아름다우므로 '얼굴'의 뜻이다.
容共(용공) 공산주의.　容量(용량)　容恕(용서)

갓머리(宀)부 [3宀7 총10획]

容容容容容容容容容容

止 그칠 지

中5급

그치다, 거동　유 停(머무를 정)　　영 stop　중 止 zhǐ　일 シ(とめる)

상형 사람이 서있는 발의 모양을 본뜬 글자로 '멈추다'의 뜻이다.
止水(지수) 흐르지 않고 고여 있는 물.　止揚(지양)　防止(방지)　抑止(억지)

그칠 지(止)부 [4止0 총4획]

止止止止

若 같을 약

中3Ⅱ급

같다, 이와 같은, 만약　　영 like　중 若 ruò　일 ジャク(なんじ)

회의 풀 초(艹)+오른 우(右)자로 신을 따르는 무녀의 형상이었으나 가차하여 같음을 뜻한다.
若干(약간) 얼마 되지 아니함.　般若(반야)　萬若(만약)　若何(약하)

풀 초(초두) 艸(艹)부 [4艹5 총9획]

若若若若若若若若若

思 생각 사

中5급

생각하다, 바라다　유 慮(생각할 려)　　영 think　중 思 sī　일 シ(おもう)

회의 밭 전(田)+마음 심(心)자로 농부의 마음은 항상 밭의 곡식을 '생각한다'는 뜻이다.
思考(사고) 생각하고 이것저것 궁리함.　思想(사상)　思料(사료)　思慕(사모)

마음 심(심방변) 心(忄/㣺)부 [4心5 총9획]

思思思思思思思思思

72 言辭安定 언사안정

태도만 침착할 뿐 아니라 말도 안정케 하며 쓸데없는 말을 삼가라.

| 中6급 | 말씀, 언어 | 유 語(말씀 어) | 영 talk | 중 言 yán | 일 ゲン(こと) |

형성 생각한 것을 찌를 듯이 입으로 나타내는 '말씀'의 뜻이다.
言論(언론) 말이나 글로써 자기의 주장을 밝히는 일.
言動(언동) 言語(언어) 言爭(언쟁)

말씀 언(言)부 [7言0 총7획]

말씀 언

| 高4급 | 말씀, 언어 | 유 言(말씀 언) | 영 speech | 중 辞 cí | 일 辞 ジ(ことば) |

회의 다스릴 란(亂)+매울 신(辛)자로 죄인을 다스리기 위해 상황을 설명하는 '말'의 뜻이다.
辭令(사령) 응대하는 말, 관직에 임명하는 것. 辭讓(사양) 辭典(사전) 辭意(사의)

매울 신(辛)부 [7辛12 총19획]

말씀 사

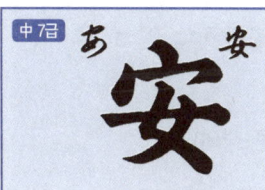

| 中7급 | 편안하다, 즐기다 | 반 危(위태할 위) | 영 peaceful | 중 安 ān | 일 アン(やすい) |

회의·상형 집 면(宀)+계집 녀(女)자로 여자가 집안에 있으니 '편안하다'의 뜻이다.
安保(안보) 편안히 보전함. 安眠(안면) 安寧(안녕) 安心(안심)

갓머리(宀)부 [3宀3 총6획]

편안할, 즐길 안

| 中6급 | 정하다, 바로잡다, 반드시 | | 영 settle | 중 定 dìng | 일 テイ(さだめる) |

형성 집 면(宀)+바를 정(正)자로 사람이 집안의 제자리에 물건을 '정하다'의 뜻이다.
定式(정식). 定價(정가) 定量(정량) 定量(정량)

갓머리(宀)부 [3宀5 총8획]

정할 정

73 篤初誠美 독초성미

무엇이든지 처음에 성실하고 신중히 하여야 한다.

高3급 篤 대 죽(竹)부 [6竹10 총16획]	도탑다, 미쁘다 영generous 중笃 dǔ 일トク(あつい)
	형성 대나무 죽(竹)+말 마(馬)자로 죽마(竹馬)를 타던 벗과의 정, 즉 '도탑다'를 뜻한다. 篤老(독로) 매우 늙음. 篤信(독신) 篤實(독실) 篤志(독지) 篤 篤 篤 篤 篤 篤 篤 篤 篤 篤 篤 篤
도타울 독	篤 篤 篤 篤 篤

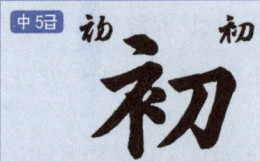

中5급 初 칼 도(刀/刂)부 [2刀5 총7획]	처음, 시작 유 始(처음 시) 영beginning 중初 chū 일ショ(はつ)
	회의 옷 의(衣)+칼 도(刀)자로 옷을 만들 때 칼로써 마름질하는 데서 '처음'의 뜻이다. 初期(초기) 어떤 기간의 처음이 되는 시기. 初面(초면) 初段(초단) 初行(초행) 初 初 初 初 初 初 初
처음 초	初 初 初 初 初

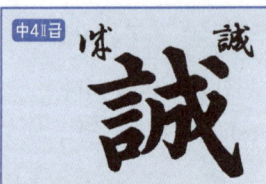

中4Ⅱ급 誠 말씀 언(言)부 [7言6 총13획]	정성, 진심 유 精(정성 정) 영sincerity 중诚 chéng 일セイ(まこと)
	형성 자기가 한 말[言]을 책임지고 이루려[成] 정성을 쏟다. 誠金(성금) 정성으로 내는 돈. 誠心(성심) 誠實(성실) 誠意(성의) 誠 誠 誠 誠 誠 誠 誠
정성 성	誠 誠 誠 誠 誠

中6급 美 양 양(羊)부 [6羊3 총9획]	아름답다, 맛나다 유 麗(고울 려) 영beautiful 중美 měi 일ビ(うつくしい)
	회의 양 양(羊)+큰 대(大)자로 양은 클수록 '아름답다'는 뜻이다. 美觀(미관) 훌륭한 정치. 美德(미덕) 美女(미녀) 美談(미담) 美 美 美 美 美 美 美 美 美
아름다울 미	美 美 美 美 美

74 愼終宜令 신종의령

처음뿐만 아니라 끝맺음도 신중히 하여 마무리가 좋아야 한다.

[高3II급] 愼
삼가다, 조심하다 영 careful 중 慎 shèn 일 シン(つつしむ)

[형성] 마음 심(忄)+참 진(眞)자로 마음을 신중히 하여 '삼가다'를 뜻한다.
愼重(신중) 경솔하지 않음. 愼攝(신섭) 愼重(신중) 愼人(신인)

마음 심(심방변) 心(忄/㣺)부 [3忄10 총13획]

삼갈 신

[中5급] 終
마지막, 마치다, 끝나다 유 末(끝 말) 영 finish 중 终 zhōng 일 シュウ(おえる)

[형성] 실 사(糸)+겨울 동(冬)자로 겨울은 사계절의 끝으로 '마치다'의 뜻이다.
終結(종결) 끝맺음. 終乃(종내) 終局(종국) 終日(종일)

실 사(糸)부 [6糸5 총11획]

마지막 종

[高3급] 宜
마땅하다, 옳다 영 suitable 중 宜 yí 일 ギ

[회의] 움집 면(宀)+도마 조(俎)자로 제사그릇 위에 고기가 올려져 있는 모양을 뜻했으나 '마땅하다'로 쓰인다.
宜當(의당) 마땅히. 宜當事(의당사) 宜合(의합) 便宜(편의)

갓머리(宀)부 [3宀5 총8획]

마땅 의

[中5급] 令
명령하다, 법령, 하여금 유 命(목숨 명) 영 order 중 令 lìng 일 レイ

[회의] 모을 합(亼)+병부절(卩)자로 무릎 꿇고 명령을 받는 것을 뜻한다.
令色(영색) 아름다운 얼굴빛. 令狀(영장) 令息(영식) 令愛(영애)

사람 인(人)부 [2人3 총5획]

명령할 령

75 榮業所基 영업소기

이상과 같이 잘 지키면 번성하는 기본이 된다.

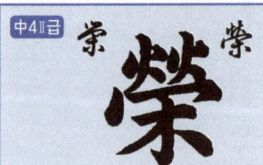

영화, 영화롭다 | 영 glory | 중 荣 róng | 일 栄 エイ(さかえる)

형성 나무[木]에 불[火]이 붙어 활활 타오르듯 '번영하다'의 뜻이다.

榮轉(영전) 예전보다 더 높은 자리에 오름. 榮進(영진) 榮光(영광) 榮達(영달)

나무 목(木)부 [4木10 총14획]

영화 영

업, 일 ㉠ 事(일 사) | 영 business | 중 业 yè | 일 ギョウ(わざ)

상형 악기를 매단 받침틀의 모양을 본뜬 자로 음악을 배우려면 이 장치를 하는 '업'의 뜻이다.

業界(업계) 같은 산업, 사업의 종사자들의 사회. 業主(업주) 業務(업무) 業體(업체)

나무 목(木)부 [4木9 총13획]

업 업

바, 것 ㉠ 處(처할 처) | 영 place | 중 所 suǒ | 일 リク(あやまる)

형성 집 호(戶)+도끼 근(斤)자로 문에서 도끼소리가 나는 '곳'의 뜻이다.

所感(소감) 느낀 바. 所得(소득) 所望(소망) 所有(소유)

집 호(戶)부 [4戶4 총8획]

바 소

터, 근본 | 영 base | 중 基 jī | 일 キ(もとい)

형성 그 기(其)+흙 토(土)자로 삼태기나 키로 흙을 운반하여 땅을 굳히는 '터'를 뜻한다.

基幹(기간) 중심, 기초가 되는 부분. 基因(기인) 基金(기금) 基盤(기반)

흙 토(土)부 [3土8 총11획]

터 기

76 籍甚無竟 적심무경

뿐만 아니라 자신의 명예스러운 이름이 길이 전하여질 것이다.

高4급	籍 대 죽(竹)부 [6竹14 총20획]	호적, 문서, 서적, 밟다　　　　　　　　영register　중籍jí　일セキ(ふみ)
		형성 대 죽(竹)+깔개 적(耤)자로 대를 깔개처럼 엮어 벌려놓은 대쪽으로 '문서'를 뜻한다.
		籍記(적기) 문서(文書)에 적어 넣음.　戶籍(호적)　書籍(서적)　本籍(본적)
		籍籍籍籍籍籍籍籍籍籍籍
호적 적		籍 籍 籍 籍 籍

中3II급	甚 달 감(甘)부 [5甘4 총9획]	심하다, 더욱, 깊다　　　　　　　　영severe　중甚shén　일ジン(はなはだ)
		형성 달 감(甘)+짝 필(匹)자로 '더욱, 심하다'를 뜻한다.
		甚難(심난) 매우 어려움.　甚深(심심)　激甚(격심)　極甚(극심)
		甚甚甚甚甚甚甚甚甚
심할 심		甚 甚 甚 甚 甚

中5급	無 불 화(火/灬)부 [4灬8 총12획]	없다, 아니다　반 有(있을 유)　　　영nothing　중无wú　일ム(ない)
		회의 나무가 무성한 숲이라도 불나면 '없어진다'는 뜻이다.
		無故(무고) 까닭이 없음.　無能(무능)　無禮(무례)　無料(무료)
		無無無無無無無無無無無無
없을 무		無 無 無 無 無

高3급	竟 설 립(立)부 [5立6 총11획]	마침내, 마치다, 끝남　　　　　　영finish　중竟jìng　일キョウ(ついに)
		회의 소리 음(音)+사람 인(儿)자로 사람이 음악 연주를 끝내는 것으로, 즉 '마치다'를 뜻한다.
		畢竟(필경) 마침내.　竟夕(경석)　竟夜(경야)　究竟(구경)
		竟竟竟竟竟竟竟竟竟竟竟
마침내 경		竟 竟 竟 竟 竟

77 學優登仕 학우등사
배운 것이 넉넉하면(많으면) 벼슬에 오를 수 있다.

學
배우다, 학문　반 敎(가르칠 교)　영 learn　중 学 xué　일 学 ガク(まなぶ)

회의 절구 구(臼)+본받을 효(爻)+덮을 멱(冖)+아들 자(子)로 몽매한 아이가 본받아 '배운다'의 뜻이다.
學說(학설) 학문상의 논설.　學文(학문)　學界(학계)　學科(학과)

아들 자(子)부 [3子13 총16획]

배울 학

優
넉넉하다, 뛰어나다　유 患(근심 환)　영 superior　중 优 yōu　일 ユウ(すぐれる)

형성 사람 인(亻)+근심 우(憂)자로 남의 근심까지 해주는 사람은 마음이 '넉넉하다'는 뜻이다.
優等(우등) 성적이 우수함.　優良(우량)　優勝(우승)　優待(우대)

사람 인(人)부 [2人15 총17획]

넉넉할 우

登
오르다, 기재하다　영 climb　중 登 dēng　일 ト·トウ(のぼる)

회의 걸을 발(癶)+콩 두(豆)자로 두 발로 서서 높은 곳에 '오르다'의 뜻이다.
登高(등고) 높은 곳에 오름.　登用(등용)　登校(등교)　登極(등극)

걸을 발(癶)부 [5癶7 총12획]

오를 등

仕
벼슬, 벼슬살이, 섬기다　영 serve　중 仕 shì　일 シ(つかえる)

형성 사람 인(亻)+선비 사(士)자로 학문을 익힌 사람은 선비가 되어 '벼슬하다'의 뜻이다.
出仕(출사) 벼슬길에 나감.　給仕(급사)　仕官(사관)　仕版(사판)

사람 인(人)부 [2人3 총5획]

벼슬 사

78 攝職從政 섭직종정

벼슬을 잡아 정사(政事)에 참여하게 되니 국가 정사에 종사한다.

| 高3급 | 攝 | 잡다, 당기다, 쥐다 | 영 pull　중 摄 shè　일 セツ(とる) |

형성 손 수(扌)+다스릴 섭(聶)자로 손으로 옷자락을 걷어 올려 잡는데서 '당기다'를 뜻한다.

攝生(섭생) 음식과 운동을 조절하여 건강관리를 잘함. 攝政(섭정) 攝理(섭리) 攝氏(섭씨)

손 수(재방변) 手(扌)부 [3扌18 총21획]

잡을 **섭**

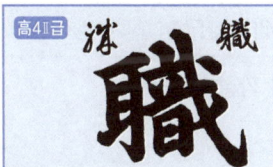

| 高4Ⅱ급 | 職 | 벼슬, 구실, 맡다 | 영 duty, job　중 职 zhí　일 ショク(つかさどる) |

형성 귀 이(耳)+찰흙 시(戠)자로 전해 오는 말을 듣고 찰흙 그릇에 새기는 일이 업으로 '직분'이다.

職分(직분) 직무상의 본분. 職位(직위) 職責(직책) 職場(직장)

귀 이(耳)부 [6耳12 총18획]

벼슬 **직**

| 中4급 | 從 | 좇다, 쫓아가다　반 主(주될 주) | 영 obey　중 从 cóng　일 ジユウ(したがう) |

회의 좇을 종(从)+자축거릴 척(彳)자로 앞사람의 뒤를 '좇다'의 뜻이다.

從姑母(종고모) 아버지의 사촌 자매. 從軍(종군) 從屬(종속) 姑從(고종)

두인변(彳)부 [3彳8 총11획]

좇을 **종**

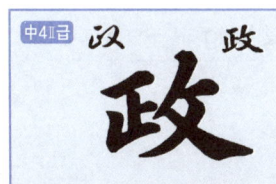

| 中4Ⅱ급 | 政 | 정사, 다스리다 | 영 politice　중 政 zhèng　일 セイ(まつりごと) |

회의·형성 바를 정(正)에 칠 복(攵)자로 바르지 아니한 자를 쳐서 바르게 만드므로 '정치'를 뜻한다.

政權(정권) 정치를 행하는 권력. 政令(정령) 政見(정견) 政府(정부)

칠 복(등글월문)攵(攴)부 [4攵5 총9획]

정사, 다스릴 **정**

79 存以甘棠 존이감당

주(周)나라 소공(召公)이 남국의 아가위나무 아래에서 백성을 교화하였다.

存 있을 존

중4급 · 아들 자(子)부 [3子3 총6획]

있다, 생존하다 윤 在(있을 재) 영 exit 중 存 cún 일 ゾン(ある)

회의 있을 재(在)와 아들 자(子)자로 어린아이를 편안히 잘 있게 하므로 '있다'의 뜻이다.

存亡(존망) 생존과 멸망. 存否(존부) 存立(존립) 存在(존재)

以 써 이

중5급 · 사람 인(人)부 [2人3 총5획]

써(~로써), 이(是), 부터 영 by, with 중 已 yǐ 일 イ(もつて)

상형 사람이 쟁기를 써야 만밭을 갈 수 있다는데서 '~로써 까닭'의 뜻이다.

以前(이전) 오래 전. 以內(이내) 以南(이남) 以北(이북)

甘 달 감

중4급 · 달 감(甘)부 [5甘0 총5획]

달다, 맛 좋다 반 苦(쓸 고) 영 sweet 중 甘 gān 일 カン(あまい)

지사 입 구(口)+음식물을 머금고 있는 'ㅡ'를 더하므로 맛이 '달다'는 뜻이다.

甘露(감로) 단 이슬. 甘味(감미) 甘瓜(감과) 甘草(감초)

棠 아가위나무 당

1급 · 나무 목(木)부 [4木8 총12획]

아가위나무, 팥배나무, 산앵도나무 영 haw 중 棠 táng 일 トウ(やまなし)

형성 나무 목(木)+상(尚)이 합하여 이루어졌다.

海棠花(해당화) 장미과에 속한 낙엽 활엽 관목.
棠毬子(당구자) 棠梨(당리) 棠棣(당체)

※ 아가위나무 : 산사나무라고도 하며 그 열매를 한방에서는 산사자라고 하여 소화제 등으로 씀.

80 去而益詠 거이익영

소공이 죽은 후 남국의 백성이 그의 덕을 추모하여 감당시를 읊었다.

去 갈 거

[中 5급] 마늘 모(厶)부 [2厶3 총5획]

가다, 떠나다 ㉠來(올 래) ㉡leave ㉢去 qù ㉣キョ(さる)

회의·형성 뚜껑이 있는 오목한 그릇을 본뜬 글자로 오목하므로 '모습을 감추다'의 뜻이다.

去去年(거거년) 지지난해. 去去日(거거일) 去殼(거각) 去毒(거독)

去去去去去

而 말 이을 이

[中 3급] 말이을 이(而)부 [6而0 총6획]

말 잇다(~와 같다), 편안하다 ㉡and ㉢而 ér ㉣ジ(しかして)

상형 코 밑 또는 턱수염의 모양을 본뜬 글자로 가차하여 말 '이음'을 뜻한다.

而今以後(이금이후) 앞으로 이후. 而立(이립) 似而非(사이비) 博而不精(박이부정)

而而而而而而

益 더할 익

[中 4Ⅱ급] 그릇 명(皿)부 [5皿5 총10획]

더하다, 보태다 ㉠增(더할 증) ㉡increase ㉢益 yì ㉣エキ(ます)

회의 물 수(氵)+그릇 명(皿)자로 그릇에 물을 더 부으니 '더하다'의 뜻이다.

益友(익우) 사귀어 도움이 되는 친구. 益鳥(익조) 公益(공익) 利益(이익)

益益益益益益益益益益

詠 읊을 영

[高 3급] 말씀 언(言)부 [7言5 총12획]

읊다, 노래하다 ㉡recite ㉢咏 yǒng ㉣エイ(よむ)

형성 말씀 언(言)+길 영(永)자로 소리를 길게 빼어 '읊다'를 뜻한다.

詠嘆(영탄) 소리를 길게 끌며 탄식함. 詠詩(영시) 詠唱(영창) 吟詠(음영)

詠詠詠詠詠詠詠詠詠詠詠詠

3단계
한석봉
천자문
쓰기교본

Part II

3단계 한석봉 천자문 쓰기교본 Part II 2단계

- 제 81~ 92구 : 화목(和睦)
- 제 93~102구 : 인의(仁義)
- 제103~118구 : 궁전(宮殿)
- 제119~142구 : 공신(功臣)
- 제143~152구 : 제후(諸侯)
- 제153~162구 : 지세(地勢)
- 제163~168구 : 농사(農事)

81 樂殊貴賤 악수귀천

풍류는 귀천이 달라 천자는 팔일 제후는 육일 사대부는 사일 선일은 이일이다.

樂 풍류 악

[中6급] 나무 목(木)부 [4木11 총15획]

즐기다 반 苦(쓸 고) 영 pleasure 중 乐 lè 일 楽 ラク(たのしい)

상형 어린 아이들[幺幺]이 손뼉치고[拍→白] 나무[木]를 두드리며 '즐거워하고' 있다.
樂劇(악극) 악곡을 극의 구성에 맞도록 만든 음악극.
苦樂(고락) 音樂(음악) 樂山樂水(요산요수)

殊 다를 수

[高3II급] 죽을 사(歹)부 [4歹6 총10획]

다르다, 뛰어나다 영 different 중 殊 shū 일 シユ(ことに)

형성 살바른뼈 알(歹)+붉을 주(朱)자로 특이하게 '다른 것'을 뜻한다.
殊常(수상) 보통과 다름. 殊勝(수승) 殊勳(수훈) 殊鄕(수향)

貴 귀할 귀

[中5급] 조개 패(貝)부 [7貝5 총12획]

귀하다, 비싸다, 귀하게 여기다 영 noble 중 贵 guì 일 キ(とうとい)

형성 삼태기 궤(臾)+조개 패(貝:재물)자로 귀한 것을 삼태기에 담아두므로 '귀하다'의 뜻이다.
貴骨(귀골) 귀하게 생긴 사람. 貴宅(귀댁) 貴下(귀하) 貴人(귀인)

賤 천할 천

[高3II급] 조개 패(貝)부 [7貝8 총15획]

천하다, 값이 싸다 영 humble 중 贱 jiàn 일 セン(いやしい)

형성 조개 패(貝)+적을 전(戔)자로 재화가 적은 것으로 '천하다'를 뜻한다.
賤待(천대) 업신여기어 푸대접을 함. 賤民(천민) 賤視(천시) 賤職(천직)

82 禮別尊卑 예별존비

예도는 사람들의 높고 낮음에 따라 구별하여 질서를 잡았다.

예도, 예절 　　영 courtesy 　중 礼 lǐ 　일 礼 レイ

회의 보일 시(示)+풍성할 풍(豊)자로 음식을 풍성하게 차려놓고 신에게 경의를 표하는 '예도'의 뜻이다.
禮拜(예배) 신이나 부처 앞에 경배함. 禮度(예도) 禮物(예물) 禮訪(예방)

보일 시(示)부 [5示13 총18획]

예도 **례**

다르다, 나누다 　유 選(가릴 선) 　영 different 　중 别 bié 　일 ベツ(わかれる)

회의 뼈 골(骨)+칼 도(刀)자로 칼로써 뼈와 살을 갈라놓는 것으로 '다르다'의 뜻이다.
別居(별거) 따로 떨어져 삶. 別淚(별루) 別個(별개) 別曲(별곡)

칼 도(刀/刂)부 [2刀5 총7획]

다를 **별**

높다, 우러러보다 　유 重(무거울 중) 　영 respect 　중 尊 zūn 　일 ソン(みこと)

회의 우두머리 추(酋)밑에 마디 촌(寸)자로 두 손으로 술통을 받들어 '존경'을 뜻한다.
尊敬(존경) 받들어 공경함. 尊嚴(존엄) 尊貴(존귀) 尊重(존중)

마디 촌(寸)부 [3寸9 총12획]

높을 **존**

낮다, 천하다, 낮추다 　영 lowly 　중 卑 bēi 　일 ヒ(いやしい)

회의 손잡이가 있는 술통에 왼손을 댄 모양, 즉 제기용의 그릇에 비하여 '천하다'의 뜻을 나타낸다.
卑怯(비겁) 용기가 없음. 겁이 많음. 卑近(비근) 卑屈(비굴) 卑劣(비열)

열 십(十)부 [2十6 총8획]

낮을 **비**

83 上和下睦 상화하목

위에서 사랑하고 아래에서 공경함으로써 화목이 된다.

上

中7급

위, 위쪽, 높다　(반) 下(아래 하)　(영) upper　(중) 上 shàng　(일) ジョウ(うえ)

회의·형성 기준 가로선 위에 짧은 하나의 선을 그어 위쪽을 가리킨다.

上昇(상승) 위로 올라감.　上級(상급)　上納(상납)

上上上

한 일(一)부 [1—2 총3획]

위 **상**　上 上 上 上 上

和

中6급

화하다, 고르다, 조화됨　(유) 調(고를 조)　(영) even　(중) 和 hé　(일) ワ(あえる)

형성 벼 화(禾)+입 구(口)자로 곡식을 풍족하게 먹으니 가족이 '화목하다'는 뜻이다.

和睦(화목) 서로 뜻이 맞고 정다움.　和顔(화안)　和色(화색)　和解(화해)

和和和和和和和和

입 구(口)부 [3口5 총8획]

화할 **화**　和 和 和 和 和

下

中7급

아래, 낮은 곳　(반) 上(윗 상)　(영) below　(중) 下 xià　(일) カ(した)

지사 하늘 밑에 있는 것으로 '아래'를 뜻한다.

下級(하급) 등급이 낮음.　下略(하략)　下校(하교)　下待(하대)

下下下

한 일(一)부 [1—2 총3획]

아래 **하**　下 下 下 下 下

睦

高3II급

화목하다, 친하다　(영) friendly　(중) 睦 mù　(일) ボク(むつまじい)

형성 눈 목(目)+흙덩이 육(坴)자로 눈이 온화한 것으로 파생하여, 즉 '화목하다'를 뜻한다.

和睦(화목) 화기애애하여 분위기가 좋음.　親睦(친목)　睦族(목족)　敦睦(돈목)

睦睦睦睦睦睦睦睦睦睦睦睦睦

눈 목(目)부 [5目8 총13획]

화목할 **목**　睦 睦 睦 睦 睦

84 夫唱婦隨 부창부수

지아비가 부르면 지어미가 따른다. 즉 원만한 가정을 말한다.

中7급	지아비(남편), 사내 반 婦(아내 부) 영 husband 중 夫 fū 일 フ(おっと)
	회의 큰 대(大)+한 일(一)자로 머리 위에 상투 틀어 관례를 올린 성인남자인 '지아비'의 뜻이다.
	夫婦(부부) 남편과 아내. 夫日(부일) 夫君(부군) 夫婦(부부)
큰 대(大)부 [3大1 총4획]	夫 夫 夫 夫
지아비 **부**	夫 夫 夫 夫 夫

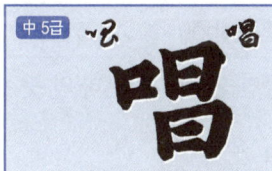

中5급	노래 부르다, 노래 유 歌(노래 가) 영 sing 중 唱 chàng 일 ショウ(となえる)
	형성 입 구(口)+창성할 창(昌)자로 입으로 소리를 우렁차게 '노래하다'의 뜻이다.
	唱導(창도) 앞장을 서서 주장함. 唱歌(창가) 唱法(창법) 唱劇(창극)
입 구(口)부 [3口8 총11획]	唱唱唱唱唱唱唱唱唱唱
노래부를 **창**	唱 唱 唱 唱 唱

中4II급	며느리, 아내 반 夫(지아비 부) 영 wife 중 妇 fù 일 フ(おんな)
	회의 계집 녀(女)+비 추(帚)자로 비를 들고 집안 청소를 하는 여자로 '아내'의 뜻이다.
	婦女(부녀) 부인과 여자. 부녀자라고도 함. 婦德(부덕) 婦人(부인) 子婦(자부)
계집 녀(女)부 [3女8 총11획]	婦婦婦婦婦婦婦婦婦婦
며느리 **부**	婦 婦 婦 婦 婦

高3II급	따르다, 거느리다 영 follow 중 随 suí 일 ズイ(したがう)
	형성 언덕 부(阝)+수나라 수(隋)자로 뒤에서 '따라간다'는 뜻이다.
	隨伴(수반) 따름. 隨時(수시) 隨筆(수필) 隨行(수행)
언덕 부(좌부방) 阜(阝)부 [3阝13 총16획]	隨隨隨隨隨隨隨隨隨隨隨隨
따를 **수**	隨 隨 隨 隨 隨

85 外受傅訓 외수부훈
나이 팔 세가 되면 밖으로 나가 스승의 가르침을 받아야 한다.

外 (밖 외)
- 中8급 / 저녁 석(夕)부 [3夕2 총5획]
- 바깥, 타향 (반) 內(안 내)
- 영 outside 중 外 wài 일 ガイ(そと)
- 회의 저녁 석(夕)+점 복(卜)자로 점은 아침에 쳐야 하는데 저녁에 치는 점은 '예외'를 뜻한다.
- 外客(외객) 겨레붙이가 아닌 손님. 外觀(외관) 外國(외국) 外勤(외근)

受 (받을 수)
- 中4Ⅱ급 / 또 우(又)부 [2又6 총8획]
- 받다, 받아들이다 (반) 授(줄 수)
- 영 receive 중 受 shòu 일 ジュ(うける)
- 회의·형성 손톱 조(爪)+덮을 멱(冖)+또 우(又)자로 쟁반에 물건을 담아 '받는다'의 뜻이다.
- 受難(수난) 어려움을 당함. 受納(수납) 受講(수강) 受諾(수락)

傅 (스승 부)
- 준1(2)급 / 사람 인(亻)부 [2亻10 총12획]
- 스승. 돕다. 돌보다. 붙다
- 영 teacher 중 傅 fù 일 フ
- 형성 사람 인(人·亻)+도와줄 부(尃)자로 돕는 사람, 돌보는 사람의 뜻이다.
- 師傅(사부) 자기를 가르쳐 이끌어 주는 사람, 스승, 선생.
- 傅近(부근) 傅佐(부좌) 傅着(부착)

訓 (가르칠 훈)
- 中6급 / 말씀 언(言)부 [7言3 총10획]
- 가르치다, 훈계함 (유) 敎(가르칠 교)
- 영 teach 중 训 xùn 일 クン(おしえる)
- 형성 말씀 언(言)+내 천(川)자로 냇물이 흐름에 좇듯 도리를 좇도록 말로 '가르친다'는 뜻이다.
- 訓戒(훈계) 타일러 경계함. 訓詁(훈고) 訓讀(훈독) 訓示(훈시)

86 入奉母儀 입봉모의

집에 들어서는 어머니를 받들어 종사하라.

入 들 입

中 7급

들다, 들이다 _반出(날 출)   영enter   중入 rù   일ニュウ(いる)

지사 하나의 줄기 밑에 뿌리가 갈라져 땅속으로 뻗어들어가는 모양을 본뜬 글자이다.
入庫(입고) 창고에 넣음. 入山(입산) 入校(입교) 入口(입구)

들 입(入)부 [2入0 총2획]

奉 받들 봉

中 5급

받들다, 바치다   영honor   중奉 fèng   일ホウ(たてまつる)

회의 무성할 봉(丰)+들 공(廾)+손 수(手)자로 두 손으로 물건을 '받들다'를 뜻한다.
奉仕(봉사) 공손히 시중을 듦. 奉事(봉사) 奉養(봉양) 奉祝(봉축)

큰 대(大)부 [3大5 총8획]

母 어미 모

中 8급

어미, 할미, 암컷   영mother   중母 mǔ   일ボ(はは)

상형 어미가 어린아이를 가슴에 품고 있는 모양을 본뜬 자다.
母校(모교) 자기의 출신 학교. 母體(모체) 母系(모계) 母國(모국)

말 무(毋)부 [5毋0 총5획]

儀 거동 의

高 4급

거동, 법도, 본받다   영manner   중仪 yí   일ギ(のり)

형성 사람 인(亻)+옳을 의(義)자로 사람이 의리에 맞는 일을 한다는데서 '법도'의 뜻이다.
儀觀(의관) 위엄이 있는 몸가짐. 儀禮(의례) 儀式(의식) 弔儀(조의)

사람 인(人)부 [2人13 총15획]

2단계(제81~168구) | 101

87 諸姑伯叔 제고백숙

고모, 백부, 숙부 등 집안 내의 친척 등을 말한다.

諸

모두, 여러
- 영 all 중 诸 zhū 일 ショ(もろもろ)

형성 말씀 언(言)+놈 자(者)자로 말이 모여서 많은 것으로 '모두'를 뜻한다.

諸具(제구) 여러 도구. 諸君(제군) 諸般(제반) 諸子(제자)

말씀 언(言)부 [7言9 총16획]

모두 제

姑

시어미, 고모
- 영 mother in law 중 姑 gū 일 コ(しゅうとめ)

회의·형성 계집 녀(女)+옛 고(古)자로 남편의 '어머니, 시어머니, 장모'의 뜻이다.

姑母(고모) 아버지의 누이. 姑息(고식) 姑母(고모) 姑從(고종)

계집 녀(女)부 [3女5 총8획]

시어미 고

伯

맏이(첫째), 큰아버지
- 영 elder 중 伯 bó 일 ハク

형성 사람 인(亻)+흰 백(白)자로 '맏이, 첫째'를 뜻한다.

伯父(백부) 큰아버지. 伯仲之間(백중지간) 伯母(백모) 伯仲(백중)

사람 인(人)부 [2人5 총7획]

맏이 백

叔

아재비, 숙부, 시동생
- 영 uncle 중 叔 shū 일 シユク(おじ)

회의·형성 콩 숙(尗)+또 우(又)자로 손에 쥔 작은 콩으로 아버지보다 어린 '숙부'의 뜻이다.

叔父(숙부) 아버지의 아우. 叔姪(숙질) 堂叔(당숙) 從叔(종숙)

또 우(又)부 [2又6 총8획]

아재비 숙

88 猶子比兒 유자비아

조카들도 자기의 아들과 같이 취급하여야 한다.

猶

- 中3II급
- 개 견(犬/犭)부 [3犬9 총12획]
- 오히려 유

오히려, 원숭이, 같다
영 yet, rather 중 犹 yóu 일 ユウ(なお)

형성 개 견(犭)+묵은술 추(酋)자로 제물을 뜻하였으나 가차하여 '오히려'를 뜻한다.
猶與(유여) 의심하고 망설임. 猶爲(유위) 猶豫(유예) 猶鬪(유투)

猶猶猶猶猶猶猶猶猶猶

子

- 中7급
- 아들 자(子)부 [3子0 총3획]
- 아들 자

아들, 자식 반 女(계집 녀)
영 son 중 子 zǐ 일 シ·ス(こ)

상형 어린아이가 두 팔을 벌리고 서있는 모양을 본뜬 글자이다.
子規(자규) 소쩍새. 子時(자시) 子女(자녀) 子婦(자부)

子子子

比

- 中5급
- 견줄 비(比)부 [4比0 총4획]
- 견줄 비

견주다, 비교하다
영 compare 중 比 bǐ 일 ヒ(くらべる)

회의 사람이 나란히 앉아 있는 모양으로 '견주어보다'의 뜻이다.
比肩(비견) 어깨를 나란히 함. 比較(비교) 比率(비율)

比比比比

兒

- 中5급
- 어진사람 인(儿)부 [2儿6 총8획]
- 아이 아

아이, 유아 유 童(아이 동)
영 child 중 儿 ér 일 児 ジ·ニ(こ)

상형 정수리의 숫가마[臼]가 아직 굳지 않은 어린아이[儿]가 걸어다니는 모양을 본뜬 글자이다.
兒名(아명) 어릴 때의 이름. 孤兒(고아) 兒童(아동) 健兒(건아)

兒兒兒兒兒兒兒兒

89 孔懷兄弟 공회형제

형제는 서로 사랑하여 의좋게 지내야 한다.

高4급 孔

구멍, 매우, 성 　　영 hole　중 孔 kǒng　일 コウ(あな)

상형 아들 자(子)+제비 을(乙)자로 아이의 정수리에 있는 '숨구멍'을 뜻한다.
孔孟(공맹) 공자와 맹자. 孔夫子(공부자) 孔性(공성) 孔雀(공작)

아들 자(子)부 [3子1 총4획]

구멍 공

高3II급 懷

품다, 품안 　　영 cherish　중 怀 huái　일 カイ(なつかしい)

형성 마음 심(忄)+따를 회(褱)자로 마음속에 그리워하는 것으로 '정, 품다'를 뜻한다.
懷古談(회고담) 옛일을 돌이켜 말함. 懷柔(회유) 懷疑(회의) 懷抱(회포)

마음 심(심방변) 心(忄/忄)부 [3心16 총19획]

품을 회

中8급 兄

맏이, 형　반 弟(아우 제)　영 elder brother　중 兄 xiōng　일 ケイ(あに)

회의·형성 입 구(口)+어진사람 인(儿)자로 아래 형제들을 타이르고 지도하는 '맏이'의 뜻이다.
兄夫(형부) 언니의 남편. 兄嫂(형수) 兄弟(형제) 大兄(대형)

어진사람 인(儿)부 [2儿3 총5획]

맏 형

中8급 弟

아우, 제자　반 兄(형 형)　영 younger brother　중 弟 dì　일 テイ(おとうと)

회의 활[弓]과 막대 칼[丨]을 비껴[丿]차고 마음껏 노는 어린 '아우'의 뜻이다.
弟嫂(제수) 아우의 아내. 弟子(제자) 弟男(제남) 兄弟(형제)

활 궁(弓)부 [3弓4 총7획]

아우 제

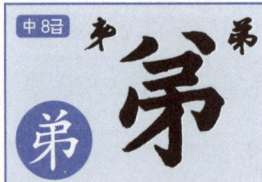

90 同氣連枝 동기연지

형제는 부모의 기운을 같이 받았으니 나무의 가지와 같다.

中7급 同

한 가지, 같이 하다 반異(다를 이) 영same 중同 tóng 일トウ(おなじ)

회의 무릇 범(凡)+입 구(口)자로 여러 사람의 입에서 나온 의견이 '한 가지'를 뜻한다.

同級(동급) 같은 학년. 同名(동명) 同甲(동갑) 同生(동생)

同同同同同同

입 구(口)부 [3口3 총6획]

한 가지 동   同 同 同 同 同

中7급 氣

기운, 숨기, 기후 영air 중气 qì 일気 キ

형성 기운 기(气)+쌀 미(米)자로 쌀로 밥을 지을 때 나오는 '수증기'를 뜻한다.

氣骨(기골) 기혈과 골격. 氣母(기모) 氣球(기구) 氣道(기도)

기운 기(气)부 [4기6 총10획]

기운 기   氣 氣 氣 氣 氣

中4Ⅱ급 連

잇다, 잇닿다 유絡(이을 락) 영connect 중连 lián 일レン(つらなる)

회의 수레 거(車)+쉬엄쉬엄갈 착(辶)자로 수레가 '잇다'의 뜻이다.

連帶(연대) 서로 연결함. 連累(연루) 連結(연결) 連絡(연락)

쉬엄쉬엄갈 착(책받침) 辵(辶)부 [4辶7 총11획]

이을 연   連 連 連 連 連

中3급 枝

가지, 팔다리, 버티다 영branch 중枝 zhī 일シ(えだ)

형성 나무 목(木)+갈라질 지(支)자로 나무의 줄기에서 갈라져 나간 '가지'를 뜻한다.

枝道(지도) 갈림길. 枝吾(지오) 枝葉(지엽) 枝指(지지)

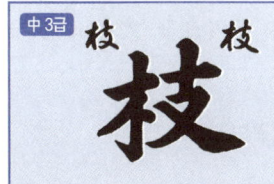

나무 목(木)부 [4木4 총8획]

가지 지   枝 枝 枝 枝 枝

91 交友投分 교우투분

벗을 사귈 때에는 서로가 분에 맞는 사람끼리 사귀어야 한다.

交
중6급
돼지해머리(亠)부 [2亠4 총6획]
사귈, 바꿀 교

사귀다, 섞이다, 바꾸다 영 associate 중 交 jiāo 일 コウ(まじわる)

회의·형성 위의[六]은 사람이고 밑의[乂]는 종아리를 엇걸어 꼬는 모양으로 '교차함'을 뜻한다.
交分(교분) 친구 사이의 정의. 交友(교우) 交感(교감) 交代(교대)

交交交交交交

友
중5급

또 우(又)부 [2又2 총4획]
벗 우

벗, 동무, 우애 영 friend 중 友 yǒu 일 コウ(とも)

회의 왼 좌(左)+또 우(又)자로 왼손과 오른손을 맞잡은 친한 사이로 '벗'을 뜻한다.
友愛(우애) 친구간의 애정. 友邦(우방) 友情(우정) 友好(우호)

友友友友

投
중4급

손 수(재방변) 手(扌)부 [3扌4 총7획]
던질 투

던지다, 내던지다, 의탁하다 영 throw 중 投 tóu 일 トウ(なげる)

형성 손 수(扌)에 칠 수(殳)자로 손으로 창을 '던지다'의 뜻이다.
投光(투광) 조명기 따위로 빛을 내비침. 投球(투구) 投稿(투고) 投網(투망)

投投投投投投投

分
중6급
칼 도(刀/刂)부 [2刀2 총4획]
나눌 분

나누다, 신분, 분명하다 영 divide 중 分 fēn 일 フン(わける)

회의 나눌 팔(八)+칼 도(刀)자로 칼로 '나누다'를 뜻한다.
分立(분립) 갈라서 나누어 섬. 分擔(분담) 分家(분가) 分錢(분전)

分分分分

92 切磨箴規 절마잠규

열심히 닦고 배워서 사람으로서의 도리를 지켜야 한다.

中 5급 切 칼 도(刀/刂)부 [2刀2 총4획]	끊다, 자름 영cut 중切 qiē 일セツ(きる)
	형성 일곱 칠(七)+칼 도(刀)자로 칼로 잘라 여러 개로 나눈다는 데서 '끊다'의 뜻이다. 切感(절감) 절실하게 느낌. 切迫(절박) 切親(절친) 一切(일체)
끊을 절	切 切 切 切

高 3급 磨 돌 석(石)부 [5石11 총16획]	갈다, 숫돌에 갈다 영whet 중磨 mó 일マ(みがく)
	형성 삼 마(麻)+돌 석(石)자로 삼을 돌에 찧어 다듬는 것으로 '갈다'를 뜻한다. 磨滅(마멸) 갈리어서 닳아 없어짐. 磨石(마석) 磨耗(마모) 硏磨(연마)
갈 마	磨 磨 磨 磨 磨

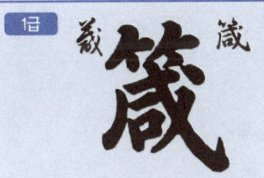

1급 箴 대 죽(竹)부 [6木9 총15획]	경계하다, 바늘, 꽂다, 잠 영needle 중zhēn 일シン(はり)
	형성 대 죽(竹)+함(咸)이 합하여 이루어졌다. 箴言(잠언) 가르쳐서 훈계가 되는 말. 箴諫(잠간) 箴戒(잠계) 箴銘頌(잠명송)
경계할 잠	箴 箴 箴 箴 箴

中 5급 規 볼 견(見)부 [7見4 총11획]	법, 바로잡다 유 律(법칙 률) 영rule 중規 guī 일キ(のり)
	회의 사내 부(夫)+볼 견(見)자로 대장부가 보는 바에 합당해야 하므로 '법'을 뜻한다. 規格(규격) 표준. 規定(규정) 規則(규칙) 規律(규율)
법 규	規 規 規 規 規

93 仁慈隱惻 인자은측

어진 마음으로 남을 사랑하고 또는 이를 측은히 여겨야 한다.

仁 어질 인

中 4급 | 사람 인(人)부 [2人2 총4획]

어질다, 어진 이
영 humanity 중 仁 rén 일 ジン(いつくしみ)

회의 사람 인(亻)에 두 이(二)자로 두 사람이 친하게 지낸다는 의미에서 '어질다'의 뜻이다.

仁德(인덕) 어진 덕. 仁君(인군) 仁術(인술) 仁慈(인자)

慈 사랑할 자

中 3Ⅱ급 | 마음 심(심방변) 心(忄/㣺)부 [4心9 총13획]

사랑하다, 어머니
영 mercy 중 慈 cí 일 ジ(いつくしむ)

회의 마음 심(心)+무성할 (玆)자로 자애를 베푼다는 뜻이다.

慈堂(자당) 남의 어머니에 대한 높임말. 慈悲(자비) 慈善(자선) 慈愛(자애)

隱 숨을 은

高 4급 | 언덕 부(좌부방) 阜(阝)부 [3阝14 총17획]

숨다, 숨기다 반 顯(나타날 현)
영 hide 중 隐 yǐn 일 隠 イン(かくれる)

형성 아끼는 물건을 벽으로 가리어 '숨기다'의 뜻이다.

隱匿(은닉) 숨어서 감춤. 隱遁(은둔) 隱退(은퇴) 隱蔽(은폐)

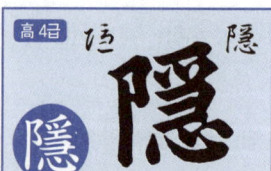

惻 슬퍼할 측

1급 | 마음 심(심방변) 心(忄/㣺)부 [3忄9 총12획]

슬퍼하다, 간절한 모양, 가엾게 여기다
영 grieve 중 恻 cè 일 ショク(いたむ)

형성 심방변(忄=心, 㣺)+측(則)이 합하여 이루어졌다.

惻切(측절) 몹시 가엾게 여겨 슬퍼함. 惻怛(측달) 惻心(측심) 惻愴(측창)

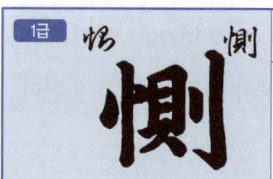

94 造次弗離 조차불리
남을 위한 동정심을 잠시라도 잊지 말고 항상 가져야 한다.

中4Ⅱ급 造

짓다, 만듦 ㉮ 製(지을 제) 영 make 중 造 zào 일 ソウ(つくる)

형성 쉬엄쉬엄갈 착(辶)+알릴 고(告)자로 일을 알리고 나아가 작품을 '만들다'.
造林(조림) 나무를 심어 숲을 만듦. 造作(조작) 造景(조경) 造花(조화)

쉬엄쉬엄갈 착(책받침) 辶(辶)부 [4辶_7 총11획]

지을 **조**

中4Ⅱ급 次

버금, 잇다 ㉮ 副(버금 부) 영 second 중 次 cì 일 ジ·シ(つぎ)

형성 두 이(二)+하품 흠(欠)자로 사람이 지쳐 하품하며 두 번째로 '다음'의 뜻이다.
次期(차기) 다음 시기. 次男(차남) 次官(차관) 次例(차례)

하품 흠(欠)부 [4欠2 총6획]

버금, 다음 **차**

3급 弗

아니다, 말다 영 not 중 弗 fú 일 フツ(あらず)

지사 서로 반대 방향으로 굽은 두 개의 선을 실로 묶은 모양으로 '부정(否定)'의 뜻으로 쓰인다.
弗素(불소) 할로겐 원소의 하나. 弗豫(불예) 弗貨(불화) 政府弗(정부불)

활 궁(弓)부 [3弓2 총5획]

아닐 **불**

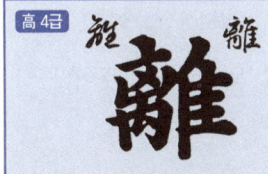

高4급 離

떠나다, 이별하다 ㉯ 合(합할 합) 영 leave 중 离 lí 일 リ(はなれる)

형성 헤어질 리(离)+새 추(隹)자로 산신과 새가 서로 만났다가 '떠나다'의 뜻이다.
離居(이거) 떨어져 따로 삶. 離陸(이륙) 離散(이산) 離職(이직)

새 추(隹)부 [8隹11 총19획]

떠날 **리**

95 節義廉退 절의렴퇴
청렴과 절개와 의리와 사양함과 물러감은 늘 지켜야 한다.

中5급 節
대 죽(竹)부 [6竹9 총15획]
마디 절

마디, 절개 영 joint 중 节 jié 일 セツ(ふし)
형성 대 죽(竹)+곧 즉(卽)자로 대나무에 생기는 '마디'를 뜻한다.
節約(절약) 쓸데없는 비용을 아끼는 것. 節減(절감) 節槪(절개) 節水(절수)

中4Ⅱ급 義
양 양(羊)부 [6羊7 총13획]
옳을 의

옳다, 바르다, 의리 영 righteous 중 义 yì 일 ギ(よし)
회의·형성 양 양(羊)+나 아(我)자로 자기를 착한 양처럼 희생하고 순종하므로 '의리'의 뜻이다.
義擧(의거) 정의를 위해 일으키는 일. 義理(의리) 義兵(의병) 義人(의인)

高3급 廉
엄호(广)부 [3广10 총13획]
청렴 렴

청렴하다, 맑다, 검소하다 영 upright 중 廉 lián 일 レン(かど)
형성 집 엄(广)+겸할 겸(兼)자로 단정한 방 모서리를 겸하고 있는 모퉁이에서, 즉 '청렴, 검소'를 뜻한다.
廉價(염가) 싼값. 廉夫(염부) 廉恥(염치) 廉探(염탐)

中4Ⅱ급 退
쉬엄쉬엄갈 착(책받침) 辵(辶)부 [4辶_6 총10획]
물러날 퇴

물러나다, 후퇴함 반 進(나아갈 진) 영 retreat 중 退 tuì 일 タイ(しりぞく)
형성 쉬엄쉬엄갈 착(辶)+그칠 간(艮)자로 하던 일을 그치고 '물러가다'의 뜻이다.
退却(퇴각) 뒤로 물러남. 退社(퇴사) 退去(퇴거) 退勤(퇴근)

96 顚沛匪虧 전패비휴

엎드려지고 자빠져도 이지러지지 않으니 용기를 잃지 말라.

1급 顚
머리 혈(頁)부 [9頁10 총19획]
넘어질 전

넘어지다, 머리, 거꾸로 영 fall 중 顚 diān 일 テン(いただき)

형성 머리 혈(頁)+참 진(眞)자로 머리 꼭대기, 또는 발을 잘못 디뎌 '넘어지다'의 뜻이다.

顚末(전말) 일의 처음부터 끝까지의 경과. 顚倒(전도) 顚覆(전복) 顚仆(전부)

1급 沛
삼수변(氵)부 [3氵5 총8획]
자빠질 패

자빠지다, 늪, 성대한 모양, 흐르다 영 cloud-burst 중 沛 pèi 일 ハイ(おおあめ)

형성 삼수변(氵=水, 氺)+시(巿)가 합하여 이루어졌다.

沛然(패연) 비나 폭포 따위가 쏟아지는 모양이 매우 세참.
沛者(패자) 沛澤(패택) 豊沛(풍패)

2급 匪
튼입구몸(匚)부 [2匚8 총10획]
아닐 비

아니다, 도둑, 대나무상자, 나누다 영 bandit 중 匪 fěi 일 ヒ(あらず)

형성 상자 방(匚)+아닐 비(非)자로 가차하여 쓰인다.

匪躬(비궁) 자기의 몸을 돌보지 않음. 匪徒(비도) 匪賊(비적) 匪所(비소)

1급 虧
범호엄(虍)부 [6虍11 총17획]
이지러질 휴

이지러지다, 부족하다, 모자라다 영 break 중 虧 kuī 일 キ(かける)

형성 虐(호)+丂(울)이 합하여 이루어졌다.

虧喪(휴상) 손해를 입음. 이지러져 없어짐. 虧損(휴손) 虧失(휴실) 虧月(휴월)

97 性靜情逸 성정정일

성품이 고요하면 뜻이 편안하니 고요함은 천성이요 동작함은 인정이다.

性 성품 성
- 中 5급
- 마음 심(심방변) 心(忄/㣺)부 [3忄5 총8획]
- 성품, 천성, 바탕
- 영 nature 중 性 xìng 일 セイ(さが)
- 형성 마음 심(忄)+날 생(生)자로 사람이 태어날 때부터 가지고 있는 '성품'이란 뜻이다.
- 性格(성격) 각 사람이 가진 성질. 性急(성급) 性能(성능) 性質(성질)

靜 고요할 정
- 中 4급
- 푸를 청(青)부 [8青8 총16획]
- 고요하다, 맑다 반 動(움직일 동)
- 영 quiet 중 静 jìng 일 静 セイ(しず)
- 형성 푸를 청(青)+다툴 쟁(爭)자로 해가 다투어 저무는 저녁 석양초목의 푸른 색은 '고요하다'.
- 靜觀(정관) 조용히 사물을 관장함. 靜謐(정밀) 靜寂(정적) 安靜(안정)

情 뜻 정
- 中 5급
- 마음 심(심방변) 心(忄/㣺)부 [3忄8 총11획]
- 뜻, 욕심, 인정 유 心(마음 심)
- 영 affection 중 情 qíng 일 ジョウ(なさけ)
- 형성 마음 심(忄)+푸를 청(青)자로 푸른 하늘처럼 맑고 깨끗한 마음으로 '정'을 뜻한다.
- 情談(정담) 다정한 이야기. 情勢(정세) 情感(정감) 情景(정경)

逸 편안할 일
- 高 3Ⅱ급
- 쉬엄쉬엄갈 착(책받침) 辵(辶)부 [4辶8 총12획]
- 편안하다, 잃다, 숨다
- 영 lose 중 逸 yì 일 イツ(はやる)
- 회의 쉬엄쉬엄갈 착(辶)+토끼 토(兔)자로 토끼가 달아나는 것에서 '숨다'를 뜻한다.
- 逸脫(일탈) 벗어남. 逸話(일화) 逸走(일주) 逸品(일품)

98 心動神疲 심동신피

마음이 움직이면 신기가 피곤하니 마음이 불안하면 신기가 불편하다.

心

中 7급

마음, 생각　⊕ 情(뜻 정)　　영 heart　중 心 xīn　일 シン(こころ)

형성 심장의 모양을 본뜬 자로 심장은 마음의 바탕이 되므로 '마음'을 뜻한다.
心筋(심근) 심장의 벽을 이루는 근육.　心亂(심란)　心氣(심기)　心理(심리)

心心心心

마음 심(심방변) 心(忄/㣺)부 [4心0 총4획]

마음 심 — 心 心 心 心 心

動

中 7급

움직이다, 일하다　⊕ 靜(고요할 정)　영 move　중 动 dòng　일 ドウ(うごかす)

형성 무거울 중(重)+힘 력(力)자로 무거운 것을 힘으로 '움직이다'의 뜻이다.
動産(동산) 금전 등으로 이동이 가능한 재산.　動因(동인)　動力(동력)　動脈(동맥)

動動動動動動動動動動動

힘 력(力)부 [2力9 총11획]

움직일 동 — 動 動 動 動 動

神

中 6급

귀신, 신, 신비하다　　영 god, soul　중 神 shén　일 ジン(かみ)

형성 보일 시(示)+펼 신(申)자로 번개가 치는 것은 귀신이 우는 것으로 '귀신'을 뜻한다.
神經(신경) 동물의 몸 속에 퍼져있는 지각운동.　神靈(신령)　神技(신기)　神童(신동)

神神神神神神神神神神

보일 시(示)부 [5示5 총10획]

귀신 신 — 神 神 神 神 神

疲

高 4급

피곤하다, 지치다　　영 tired　중 疲 pí　일 ヒ(つからす)

형성 병 녁(疒)+가죽 피(皮)자로 가죽만 남을 정도로 병들어 매우 '피곤하다'의 뜻이다.
疲困(피곤) 몸과 정신이 지쳐서 고달픔.　疲勞(피로)　疲斃(피폐)　倦疲(권피)

疲疲疲疲疲疲疲疲疲疲

병들 녁(疒)부 [5疒5 총10획]

피곤할 피 — 疲 疲 疲 疲 疲

99 守眞志滿 수진지만

사람의 도리를 지키면 뜻이 차고 군자의 도를 지키면 뜻이 편안하다.

中4II급 守 | 지킬 수
갓머리(宀)부 [3宀3 총6획]

지키다, 막다 유 衛(지킬 위) 영 keep 중 守 shǒu 일 シュ(まもる)

회의 집 면(宀)+마디 촌(寸)자로 관청에서 법도에 따라 일을 수행하므로 '지키다'의 뜻이다.
守舊(수구) 종래의 관습이나 노선을 지킴. 守身(수신) 守令(수령) 守備(수비)

中4II급 眞 | 참 진
눈 목(目)부 [5目5 총10획]

참, 진짜, 진실 반 假(거짓 가) 영 true 중 真 zhēn 일 真 シン(まこと)

회의 비수 비(匕)+눈 목(目)+마음 심(心)자로 비수로 눈을 도려내도 마음속으로는 '참된' 것은 변치 않는다.
眞價(진가) 참된 값어치. 眞談(진담) 眞骨(진골) 眞理(진리)

中4II급 志 | 뜻 지
마음 심(심방변) 心(忄/㣺)부 [4心3 총7획]

뜻, 의향 유 意(뜻 의) 영 will 중 zhì 일 シ(こころざし)

회의 갈 지(士=之)+마음 심(心)자로 마음이 지향하는 '뜻'을 말한다.
志略(지략) 뜻. 志願(지원) 志望(지망) 志士(지사)

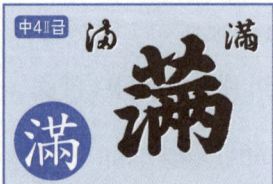

中4II급 滿 | 찰 만
물 수(삼수변) 水(氵)부 [3氵11 총14획]

차다, 넉넉하다 반 干(마를 간) 영 full 중 满 mǎn 일 満 マン(みちる)

형성 물 수[氵]이 사방으로 평평하게 가득차서 '차다'의 뜻이다.
滿朔(만삭) 아이 낳을 달이 참. 滿山(만산) 滿開(만개) 滿喫(만끽)

100 逐物意移 축물의이

마음이 불안함은 욕심이 있어서 그렇다. 너무 욕심내면 마음도 변한다.

[高3급] 逐

쫓다, 물리치다   영 expel 중 逐 zhú 일 チク(おう)

회의 쉬엄쉬엄갈 착(辶)+돼지 시(豕)자로 산돼지를 쫓는 발의 모양에서 '쫓다'를 뜻한다.
逐鬼(축귀) 귀신을 쫓음. 逐客(축객) 逐條(축조) 逐出(축출)

쉬엄쉬엄갈 착(책받침) 辵(辶)부 [4辵7 총11획]

쫓을 축

[中7급] 物

만물, 일 유 件(물건 건)   영 matter, goods 중 物 wù 일 ブツ(もの)

상형·지사 소 우(牛)+말 물(勿)자로 부정이 씻긴 산제물인 소의 뜻에서 '물건'을 뜻한다.
物價(물가) 물건의 값. 物望(물망) 物件(물건) 物量(물량)

소 우(牛)부 [4牛4 총8획]

만물 물

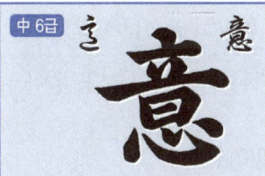

[中6급] 意

뜻, 생각   유 志(뜻 지)   영 intention, will 중 意 yì 일 イ

회의 소리 음(音)+마음 심(心)자로 말로 나타내고자 하는 마음속의 '생각'의 뜻이다.
意見(의견) 마음속에 느낀 생각. 意味(의미) 意慾(의욕) 意志(의지)

마음 심(심방변) 心(忄/㣺)부 [4心9 총13획]

뜻 의

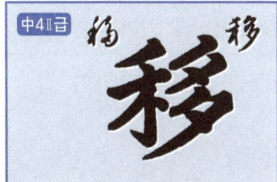

[中4Ⅱ급] 移

옮기다, 보내다, 바꾸다   영 carry, move 중 移 yí 일 イ(うつす)

형성 벼 화(禾)+많을 다(多)자로 벼를 많이 수확하면 적은 곳으로 '옮기다'는 뜻이다.
移管(이관) 관할을 옮김. 移植(이식) 移動(이동) 移民(이민)

벼 화(禾)부 [5禾6 총11획]

옮길 이

101 堅持雅操 견지아조

맑은 절조를 굳게 가지고 있으면 나의 도리를 극진히 함이라.

堅 굳을 견

[中 4급] 흙 토(土)부 [3土8 총11획]

굳다, 단단함 ⊕ 固(굳을 고) 영 hard, firm 중 坚 jiān 일 ケン(かたい)

[형성] 신하[臣]가 죽기를 각오하고 거듭[又] 땅[土]에 엎드려 상소드리니 '굳다'의 뜻이다.
堅靭(견인) 단단하고 질김. 堅果(견과) 堅固(견고) 堅實(견실)

持 가질 지

[中 4급] 손 수(재방변) 手(扌)부 [3扌6 총9획]

가지다, 지니다 영 hold, have 중 持 chí 일 チ・ジ(もつ)

[형성] 손 수(扌)+절 사(寺)자로 관청에서 내보낸 공문서를 손에 소중히 '가지고' 있다는 뜻이다.
持久(지구) 오래 유지함. 持論(지론) 持病(지병) 持分(지분)

雅 우아할 아

[高3II급] 새 추(隹)부 [8隹4 총12획]

우아하다, 고상함, 바르다 영 elegant, straight 중 雅 yǎ 일 ガ(みやびやか)

[형성] 어금니 아(牙)+새 추(隹)자로 까마귀의 울음소리를 내는 의성어였으나 '우아하다'를 뜻한다.
雅淡(아담) 우아하고 산뜻함. 雅量(아량) 雅語(아어) 雅趣(아취)

操 잡을 조

[中 5급] 손 수(재방변) 手(扌)부 [3扌13 총16획]

잡다, 부리다, 지조 영 manage 중 操 cāo 일 ソウ(あやつる)

[형성] 손 수(扌)+나무 목(木)+물건 품(品)자로 지저귀는 새떼를 전력을 다하여 '잡는다'.
操練(조련) 군대를 훈련함. 操弄(조롱) 操業(조업) 操作(조작)

102 好爵自縻 호작자미

스스로 벼슬을 얻게 되니 찬작을 극진하면 인작이 스스로 이르게 된다.

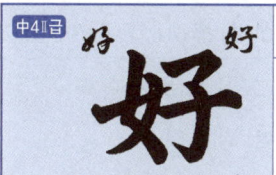

中4Ⅱ급 好	좋다, 좋아하다 반 惡(미워할 오) 영 good 중 好 hǎo 일 コウ(よい)
	회의 계집 녀(女)+아들 자(子)자로 여자가 아이를 안고 좋아하므로 '좋다'를 뜻한다. 好感(호감) 좋은 느낌. 好機(호기) 好轉(호전) 好況(호황) 好 好 好 好 好 好
계집 녀(女)부 [3女3 총6획]	
좋을 호	好 好 好 好 好

高3급 爵	벼슬, 잔, 작위 영 wine cup 중 爵 jué 일 シャク
	상형 새의 형상을 한 의식용 '술잔'을 본뜬 글자, 천자가 잔을 내린 데서 '벼슬'을 뜻한다. 爵祿(작록) 작위와 봉록. 爵帖(작첩) 爵位(작위) 爵名(작명) 爵爵爵爵爵爵爵爵爵爵爵爵
손톱 조爪(爫)부 [4爪14 총18획]	
벼슬, 잔 작	爵 爵 爵 爵 爵

中7급 自	스스로, 몸소 반 他(다를 타) 영 self 중 自 zì 일 シジ(みずから)
	상형 사람의 코를 본뜬 글자로 사람이 코를 가리키며 자기를 '스스로'의 뜻이다. 自力(자력) 자기의 힘. 自立(자립) 自國(자국) 自己(자기) 自 自 自 自 自 自
스스로 자(自)부 [6自0 총6획]	
스스로 자	自 自 自 自 自

1급 縻	얽어매다, 고삐, 밧줄 영 tie up 중 縻 mí 일 ビ(つなぐ)
	형성 실 사(糸)+마(麻)가 합하여 이루어졌다. 羈縻(기미) 소나 말을 다루기 위하여 목에서 고삐에 걸쳐 얽어매는 줄. 繫縻(계미) 羈縻國(기미국) 縻縻縻縻縻縻縻縻縻縻縻縻縻
실 사(糸)부 [6糸11 총17획]	
얽어맬 미	縻 縻 縻 縻 縻

103 都邑華夏 도읍화하

도읍은 왕성의 지위를 말한 것이고 화하는 당시 중국을 지칭하던 말이다.

都 도읍 도
中 5급 | 고을 읍(우부방) 邑(阝)부 [3阝9 총12획]

도읍, 서울
영 capital 중 都 dū 일 ト(みやこ)

형성 놈 자(者)+고을 읍(阝)자로 많은 사람들이 살고 있는 '도읍'을 뜻한다.

都心(도심) 도회의 중심. 古都(고도) 都市(도시) 都邑(도읍)

邑 고을 읍
中 7급 | 고을 읍(우부방) 邑(阝)부 [7邑0 총7획]

고을, 마을
영 town 중 邑 yì 일 ユウ(むら)

회의 에워쌀 위(口=圍)+꼬리 파(巴)자로 일정한 경계 안에 사람이 모여사는 '고을'의 뜻이다.

邑內(읍내) 읍의 안. 邑長(읍장) 邑城(읍성) 邑民(읍민)

華 빛날, 꽃 화
中 4급 | 풀 초(초두) 艸(艹)부 [4艹8 총12획]

빛나다, 꽃, 꽃피다 유 榮(영화 영)
영 brilliant 중 华 huá 일 カ(はな)

회의 풀 초(艹)+드리울 수(垂)자로 초목의 꽃이 무성하여 '화려하다'의 뜻이다.

華甲(화갑) 61세. 華僑(화교) 華麗(화려) 華奢(화사)

夏 여름 하
中 7급 | 천천히걸을 쇠(夂)부 [3夂7 총10획]

여름, 나라 이름
영 summer 중 夏 xià 일 カ(なつ)

회의 머리 혈(頁)+천천히 걸을 쇠(夂)자로 더워서 머리와 발을 드러내므로 '여름'의 뜻이다.

夏季(하계) 하절기, 여름. 夏期(하기) 夏穀(하곡) 夏服(하복)

104 東西二京 동서이경

동과 서에 두 서울이 있으니 동경은 낙양이고 서경은 장안이다.

中8급

동녘, 동쪽 반 西(서녘 서)   영 east 중 东 dōng 일 トウ(ひがし)

회의 해 일(日)+나무 목(木)자로 해가 떠올라 나뭇가지 중간에 걸쳐 있으므로 '동녘'을 뜻한다.

東史(동사) 우리 나라의 역사. 東床(동상) 東邦(동방) 東洋(동양)

東東東東東東東東

나무 목(木)부 [4木4 총8획]

동녘 동

中8급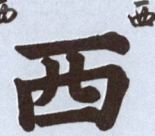

서녘, 서쪽 반 東(동녘 동)   영 west 중 西 xī 일 セイ(にし)

상형 새가 둥지에 앉은 모양을 본뜬 자로 새가 둥지로 돌아올 무렵이 '서녘'이다.

西藏(서장) 티베트. 西風(서풍) 西曆(서력) 西洋(서양)

西西西西西西

덮을 아(襾)부 [6襾0 총6획]

서녘 서

中8급

두, 둘, 두가지   영 two 중 二 èr 일 ニ(ふたつ)

지사 가로로 두 선을 그어 '둘'을 가리킨다.

二姓(이성) 두 왕조의 임금. 二乘(이승) 二重(이중) 二輪車(이륜차)

二二

두 이(二)부 [2二0 총2획]

두 이

中6급

서울, 수도(首都) 반 鄕(시골 향)   영 capital 중 京 jīng 일 キョウ

상형 높을 고(高)+작을 소(小)자로 높은 언덕에 임금이 사는 '서울'의 뜻이다.

京觀(경관) 적의 시체에 흙을 덮어 만든 무덤. 京畿(경기) 京仁(경인) 京鄕(경향)

京京京京京京京京

돼지해머리(亠)부 [2亠6 총8획]

서울 경

105 背邙面洛 배망면락

동경인 낙양은 북에 북망산이 있고 앞쪽인 남에 낙천이 있다.

背 등, 뒤, 등질　　영 back　중 背 bèi　일 ハイ(そむく)

형성 배반할 배(背)+고기 육(月)자로 배반하듯 몸을 돌려 '등지다'의 뜻이다.
背景(배경) 뒷면의 경치. 또는 뒤에서 도와주는 사람.
背信(배신)　背反(배반)　背囊(배낭)

고기 육(육달월) 肉(月)부 [4月5 총9획]

등 **배**

邙 북망산, 뫼, 산 이름, 읍 이름　　영 mountain　중 邙 máng　일 ボウ

형성 우부방(阝=邑)+망(亡)이 합하여 이루어졌다.
北邙山(북망산) 사람이 죽어서 묻히는 곳을 이르는 말.
北邙(북망)　北邙客(북망객)　北邙山川(북망산천)

우부방(阝)부 [3阝3 총6획]

산이름 **망**

面 낯, 얼굴, 겉　　영 face　중 面 miàn　일 メン(かお)

상형 목과 얼굴의 윤곽을 그려 '얼굴'을 뜻한다.
面鏡(면경) 얼굴을 볼 수 있는 작은 거울.　面刀(면도)　面談(면담)　面貌(면모)

얼굴 면(面)부 [9面0 총9획]

낯 **면**

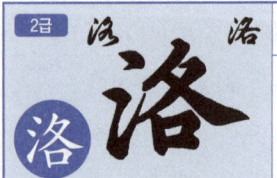

洛 강 이름, 잇닿다, 서울 이름　　영 river names　중 洛 Luò　일 ラク(みやこ)

형성 삼수변(氵=水, 氺)-물)부+ 각→락(各)으로 이루어졌다.
洛花狼藉(낙화낭자) 떨어진 꽃잎이 흩어져 어지럽다는 뜻으로, 사물이 뒤섞여 흩어져 있는 모양.　洛陽(낙양) 洛山寺(낙산사)

물 수(삼수변) 水(氵)부 [3氵6 총9획]

강이름 **락**

106 浮渭據涇 부위거경

서경인 장안은 서북에 위수와 경수, 두 강물이 흐르고 있었다.

[高3II급] 浮

뜨다, 건너다, 걸어서 돌아다니다 　영 float　중 浮 fú　일 フ(うかぶ)

형성 물 수(氵)+종자씨 부(孚)자로 물 위로 부풀어 뜨는 것을 뜻한다.
浮袋(부대) 물고기의 장 부근에 있는 공기 주머니. 浮說(부설) 浮橋(부교) 浮動(부동)

浮浮浮浮浮浮浮浮浮浮

물 수(삼수변) 水(氵)부 [3획 7 총10획]

뜰 부

[준1(2)급] 渭

물이름, 강 이름, 흩어지다 　영 river　중 渭 Wèi　일 イ(かわ)

형성 물 수(氵·水)+ 밥통 위(胃)자로 '물이름, 강 이름, 흩어지다'의 뜻이다.
渭城柳科(위성류과) 쌍떡잎식물 갈래꽃류에 딸린 한 과.
渭水(위수)　渭陽丈(위양장)

渭渭渭渭渭渭渭渭渭渭渭渭

물 수(삼수변) 水(氵)부 [3획 9 총12획]

물이름 위

[高4급] 據

의거하다, 의지하다, 웅거하다 　영 dependent　중 据 jù　일 拠 キョ(よる)

형성 손 수(扌)+원숭이 거(豦)자로 원숭이는 나무에 오를 때 손에 '의지하다'의 뜻이다.
據守(거수) 성안에 웅크린 채 지킴.　據點(거점)　據執(거집)　據有(거유)

據據據據據據據據據據據據

손 수(재방변) 手(扌)부 [3획 13 총16획]

의거할 거

[1급] 涇

물 이름, 곧다, 통하다 　영 flow through　중 泾 jīng　일 ケイ(とおる)

형성 삼수변(氵=水, 氺)+경(巠)의 생략형이 합하여 이루어졌다.
沒涇渭(몰경위) 사리의 옳고 그름이나 시비에 대한 분간이 없음.
涇渭(경위) 사물의 이치에 대한 옳고 그른 구분이나 분별.

涇涇涇涇涇涇涇涇涇涇

물 수(삼수변) 水(氵)부 [3획 7 총10획]

경수 경

107 宮殿盤鬱 궁전반울

궁전은 울창한 나무 사이에 서린 듯 정하고

高4Ⅱ급 宮

집, 궁궐 영 palace 중 宮 gōng 일 キュウ(みや)

회의 집 면(宀)+음률 려(呂)자로 여러 채의 건물이 연이어 있는 것으로 '궁궐'을 뜻한다.

宮闕(궁궐) 임금이 거처 하는 집. 宮女(궁녀) 宮中(궁중) 宮合(궁합)

갓머리(宀)부 [3宀7 총10획]

집 궁

高3급 殿

큰집, 대궐, 전각 영 palace 중 殿 diàn 일 デン(との)

형성 주검 시(尸)+몽둥이 수(殳)+함께 공(共)자로 '대궐, 궁전'의 뜻이다.

殿閣(전각) 임금이 사는 집. 大雄殿(대웅전) 殿堂(전당) 殿下(전하)

칠 수(殳)부 [4殳9 총13획]

큰집 전

高3급 盤

서리다, 소반, 쟁반, 대 영 tray 중 盘 pán 일 バン(さら)

형성 그릇 명(皿)+큰배 반(般)자로 큰 배 모양의 대야, 즉 '소반'을 뜻한다.

盤據(반거) 근거로 하여 지킴. 盤溪曲徑(반계곡경) 盤石(반석)

그릇 명(皿)부 [5皿10 총15획]

서릴 반

2급 鬱

답답하다, 막히다, 무성하다 영 depressed 중 郁 yù 일 ウツ(しげる)

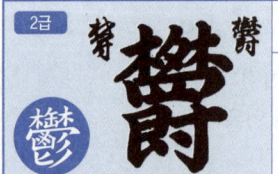

형성 뜻을 나타내는 울창주창(鬯)+음을 나타내는 글자 林(림)을 바탕으로 합하여 이루어졌다.

鬱冒(울모)현기증이 자주 일어나는 병. 鬱憤(울분) 鬱蒼(울창) 鬱火(울화)

울창주창(鬯)부 [10鬯19 총29획]

답답 울

108 樓觀飛驚 누관비경

높은 누각과 관망대는 하늘을 날 듯 높이 솟아 있다.

高3Ⅱ급 樓	다락, 다락집	영 loft　중 楼 lóu　일 楼 ロウ(たかどの)
나무 목(木)부 [4木11 총15획]	형성 나무 목(木)+끌 루(婁)자로 나무를 짜서 높이 세운 '망루'의 뜻이다. 樓臺(누대) 높은 건물.　樓上(누상)　樓閣(누각)　望樓(망루)	

다락 루

中5급 觀	보다, 자세히 봄　유 覽(볼 람)　영 see　중 观 guān　일 観 カン(みる)
볼 견(見)부 [7見18 총25획]	형성 황새 관(雚)+볼 견(見)자로 황새가 먹이를 찾아 자세히 '관찰하다'의 뜻이다. 觀客(관객) 구경하는 사람.　觀衆(관중)　觀念(관념)　觀戰(관전)

볼 관

中4Ⅱ급 飛	날다, 날리다　영 fly　중 飞 fēi　일 ヒ(とぶ)
날 비(飛)부 [9飛0 총9획]	상형 새가 두 날개를 활짝 펴고 하늘 높이 '날다'의 뜻이다. 飛閣(비각) 높은 누각.　飛報(비보)　飛上(비상)　飛躍(비약)

날 비

中4급 驚	놀라다, 놀래다　영 surprise　중 惊 jīng　일 キョウ(おどろかす)
말 마(馬)부 [10馬13 총23획]	형성 공경할 경(敬)+말 마(馬)자로 말이 '놀라다'의 뜻이다. 驚愕(경악) 크게 놀람.　驚歎(경탄)　驚異(경이)　驚蟄(경칩)

놀랄 경

109 圖寫禽獸 도사금수

궁전 내부에는 유명한 화가들이 그린 그림 조각 등으로 장식되어 있다.

圖 그림 도

中6급 | 큰입구몸(口)부 [3口11 총14획]

그림, 지도　유 畫(그림 화)　　영 picture　중 图 tú　일 図 ト(はかる)

회의 화선지[口] 위에 땅을 분할한 것을 '그림'으로 그리다.

圖示(도시) 그림으로 된 양식.　圖解(도해)　圖錄(도록)　圖面(도면)

寫 베낄 사

中5급 | 갓머리(宀)부 [3宀12 총15획]

베끼다, 그리다, 그림　　영 sketch, copy　중 写 xiě　일 写 シャ(うつす)

형성 집 면(宀)+신 석(舄)자로 사당에서 신을 신고 옮겨가듯 집에서 그림 글을 '베끼다'의 뜻이다.

寫本(사본) 책이나 문서를 베낌.　寫生(사생)　寫實(사실)　描寫(묘사)

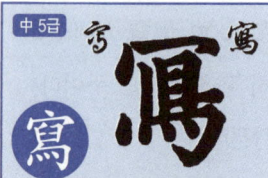

禽 날짐승 금

高3II급 | 짐승발자국 유(禸)부 [5禸8 총13획]

날짐승, 짐승　　영 birds　중 禽 qín　일 キン(とり)

회의·형성 발자국 유(禸)+이제 금(今)자로 '날짐승'을 뜻한다.

禽獸(금수) 날짐승과 길짐승의 총칭.　禽獲(금획)　禽鳥(금조)　寒禽(한금)

獸 짐승 수

高3II급 | 개 견(犬/犭)부 [4犬15 총19획]

짐승, 길짐승　　영 beast　중 兽 shòu　일 ジユウ(けもの)

형성 개 견(犬)+짐승 수(嘼)자로 사냥해서 잡은 '새나 짐승'을 뜻한다.

獸心(수심) 짐승의 마음.　獸醫(수의)　禽獸(금수)　猛獸(맹수)

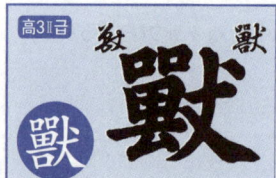

110 畫彩仙靈 화채선령

신선과 신령의 그림도 화려하게 채색되어 있다.

그림. 그리다. 채색. 긋다 영picture 중画 huà 일カク, ガ(えがく)

회 손에 붓(聿)을 잡고 무엇인가를 그리고(田) 있는 모양으로 붓으로 밭의 경계를 그려 '그림, 그리다'의 뜻이다.

畫家(화가) 그리는 일을 전문으로 하는 사람. 畫廊(화랑) 映畫(영화) 壁畫(벽화)

밭전(田)부 [5田8 총13획]

그림 화

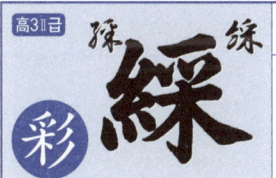

채색, 비단 영color 중彩 cǎi 일サイ(つや·いろどり)

형성 터럭 삼(彡)+가릴 채(采)자로 색깔을 선택하여 '채색하다'를 뜻한다.

彩料(채료) 물감. 彩色(채색) 彩畫(채화) 多彩(다채)

터럭 삼(彡)부 [3彡8 총11획]

채색 채

신선, 선교(仙敎) 영hermit 중仙 xiān 일セン

형성 사람 인(亻)+뫼 산(山)자로 사람이 산속에 들어가 불로장생의 도를 닦은 '신선'의 뜻이다.

仙境(선경) 신선이 사는 곳. 仙遊(선유) 仙女(선녀) 仙風(선풍)

사람 인(人)부 [2人3 총5획]

신선 선

신령, 영혼 영spirit 중灵 líng 일レイ(たま)

형성 비올 령(霝)+무당 무(巫)자로 비오기를 비는 무당에서 신의 '계시'를 뜻한다.

靈界(영계) 정신 세계. 靈柩(영구) 亡靈(망령) 精靈(정령)

비 우(雨)부 [8雨16 총24획]

신령 령

※ 采(캘 채), 綵(무늬 채), 彩(색색 채)→다른 천자문에서는 채색 채를 采, 綵로 쓰고 있음.

111 丙舍傍啓 병사방계

병사곁에 통고를 열어 궁전내를 출입하는 사람들의 편리를 도모하였다.

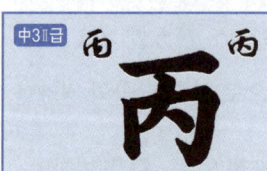

남녘, 셋째 천간 / south / 丙 bǐng / ヘイ(ひのえ)

회의 다리가 내뻗친 상의 모양으로 가차하여 십간(十干)의 '셋째'를 뜻한다.
丙寅(병인) 60갑자의 셋째. 丙座(병좌) 丙子胡亂(병자호란) 丙科(병과)

한 일(一)부 [1—4 총5획]

남녘 **병**

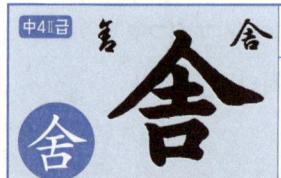

집, 가옥 / 屋(집 옥) / house / 舍 shè / シャ

상형 집은 사람[人]에 길한[吉] 좋은 곳이다.
舍兄(사형) 편지 등에서 형이 아우에게 이르는 말
舍叔(사숙) 舍監(사감) 舍利(사리)

혀 설(舌)부 [6舌2 총8획]

집 **사**

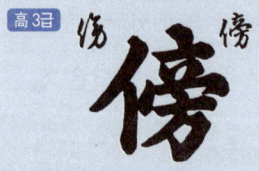

곁, 옆, 기대다 / beside / 傍 páng / ボウ(かたわら)

형성 사람 인(亻)+곁 방(旁)자로 사람의 양쪽 또는 '곁'을 뜻한다.
傍系(방계) 직계에서 갈라진 친척 부치. 傍若無人(방약무인) 傍觀(방관) 傍證(방증)

사람 인(人)부 [2人10 총12획]

곁, 기댈 **방**

열다, 인도하다 / open / 啓 qǐ / ケイ(ひらく)

형성 집대문 호(戶)+칠 복(攵:손)+입 구(口)자로 손으로 문을 '연다'를 뜻한다.
啓告(계고) 아룀. 啓奏(계주) 啓導(계도) 啓蒙(계몽)

입 구(口)부 [3口8 총11획]

열 **계**

112 甲帳對楹 갑장대영

아름다운 휘장은 큰 기둥을 두르고 있다.

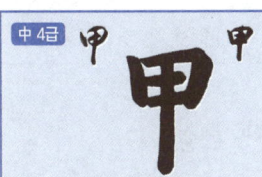

갑옷 갑 [中 4급]
- 갑옷, 첫째 천간
- 영 armor 중 甲 jiǎ 일 コウ(よろい)
- 상형 거북의 등딱지 모양을 본뜬 글자이다.
- 甲板(갑판) 큰 배에 철판·나무를 깐 평평한 바닥.
- 甲富(갑부) 甲紗(갑사) 甲蟲(갑충)
- 밭 전(田)부 [5田0 총5획]

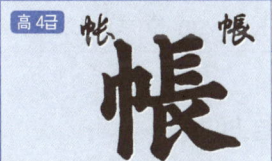

휘장 장 [高 4급]
- 휘장, 장막, 장부
- 영 curtain 중 帐 zhàng 일 チョウ(とばり)
- 형성 수건 건(巾)+길 장(長)자로 베로써 길게 둘러서 무엇을 가리우는 '장막'이란 뜻이다.
- 帳幕(장막) 둘러치는 막. 帳殿(장전) 帳簿(장부) 通帳(통장)
- 수건 건(巾)부 [3巾8 총11획]

대답할 대 [中 6급]
- 대하다, 대답하다, 마주보다
- 영 reply 중 对 duì 일 対 タイ(こたえる)
- 회의 많은 사람들이 앉아 양[羊]같이 온순하게 법도[寸]에 따라 서로 '마주보다'의 뜻이다.
- 對應(대응) 맞서서 서로 응함. 對局(대국) 對答(대답) 對備(대비)
- 마디 촌(寸)부 [3寸11 총14획]

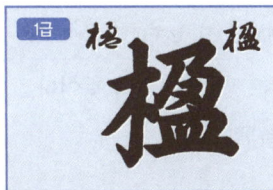

기둥 영 [1급]
- 기둥, 맞선 모양, 채(가옥을 세는 단위)
- 영 pillar 중 楹 yíng 일 エイ(はしら)
- 형성 나무 목(木)+영(盈)이 합하여 이루어졌다.
- 楹方柱(영방주) 돌기둥 위에 세운 방주. 楹内(영내) 楹聯(영련) 楹棟(영동)
- 나무 목(木)부 [4木9 총13획]

※동방삭 – 중국 한무제의 측근이자 문인. 삼천갑자(18만년) 동방삭으로 유명하다.

113 肆筵設席 사연설석

자리를 베풀고 돗자리를 베푸니 연회하는 좌석이다.

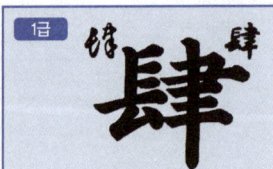

1급 肆	베풀다, 방자하다, 악장 이름　　영licentious 중肆 sì 일シ(ほしまま)
	형성 길 장변(镸=長)+붓 율(聿)부가 합하여 이루어졌다.
	肆毒(사독) 독한 성미를 함부로 부림. 肆力(사력) 肆廛(사전) 肆惡(사악)
붓 율(聿)부 [6聿7 총13획]	肆肆肆肆肆肆肆肆肆肆肆肆
베풀 사	肆 肆 肆 肆 肆

1급 筵	대자리, 좌석, 곳, 연회　　영mat 중筵 yán 일エン(むしろ)
	형성 대 죽(竹)+연(延)이 합하여 이루어졌다.
	恩筵(은연) 임금이 베푸는 잔치. 筵奏(연주) 筵官(연관) 筵上(연상)
대 죽(竹)부 [6竹7 총13획]	筵筵筵筵筵筵筵筵筵筵筵筵
대자리 연	筵 筵 筵 筵 筵

中4Ⅱ급 設	베풀다, 늘어놓다　유施(베풀 시)　　영give 중设 shè 일セツ(もうける)
	형성 말씀 언(言)+칠 수(殳)자로 사람을 시켜 일을 하도록하는 '베풀다'의 뜻이다.
	設令(설령) 그렇다 하더라도. 設置(설치) 設計(설계) 設備(설비)
말씀 언(言)부 [7言4 총11획]	設設設設設設設設設設設
베풀 설	設 設 設 設 設

中6급 席	자리, 차지하고 있는 곳　유座(자리 좌)　　영seat 중席 xí 일セキ(むしろ·せき)
	형성 무리 서(庶) 밑에 수건 건(巾)자로 여러 사람이 앉을 수 있는 '자리'의 뜻이다.
	席藁(석고) 자리를 깔고 엎드림. 席捲(석권) 席次(석차) 首席(수석)
수건 건(巾)부 [3巾7 총10획]	席席席席席席席席席席
자리 석	席 席 席 席 席

114 敲瑟吹笙 고슬취생

비파를 치고 저를 부니 잔치하는 풍류이다.

敲 북 고

中3II급 · 북 고(鼓)부 [13鼓0 총13획]

북, 북치다, 휘두르다 — 영 drum · 중 鼓 gǔ · 일 コ(つづみ)

회의 支(지-대나무가지)+ 주(효)의 합자로 대나무가지로 북을 친다는 뜻으로 후에 직접 북을 뜻하게 된다.
鼓動(고동) 심장의 혈액 순환에 따르는 울림. 鼓儀(고의) 鼓人(고인)

瑟 비파 슬

준1(2)급 · 구슬 옥변(王)부 [4王9 총13획]

비파, 거문고, 쓸쓸하다, 곱다 — 영 Korean-harp · 중 瑟 sè · 일 シツ(おおごと)

형성 거문고 금(琴)+빽빽이 붙을 필(必)자로 줄의 수효가 많은 '거문고'의 뜻이다.
瑟居(슬거) 쓸쓸한 살림. 瑟瑟(슬슬) 琴瑟(금슬) 琴瑟之樂(금슬지락)

吹 불 취

中3II급 · 입 구(口)부 [3口4 총7획]

불다, 충동하다 — 영 blow · 중 吹 chuī · 일 スイ(ふく)

회의 입 구(口)+하품할 흠(欠)자로 입을 벌려 어떤 물건에 입김을 부는 것을 뜻한다.
吹毛求疵(취모구자) 흉터를 찾으려고 털을 헤친다는 의미.
吹入(취입) 鼓吹(고취) 吹打(취타)

笙 생황 생

?? · 대 죽(竹)부 [6竹5 총11획]

생황, 땅 이름 — 영 split-bamboo · 중 笙 shēng · 일 ソウ(たかむしろ)

형성 대 죽(竹)+생(生)이 합하여 이루어졌다.
笙簧(생황) 아악에 쓰는 관악기의 하나. 笙歌(생가) 笙簫(생소) 巢笙(소생)

115 陞階納陛 승계 납폐

문무백관이 계단을 올라 임금께 납폐하는 절차이니라.

1급 陞

오르다, 나아가다, 관위가 오르다 영 rise 중 陞 shēng 일 ショウ(のぼる)

형성 좌부변(阝=阜)+승(升)이 합하여 이루어졌다.

陞卿圖(승경도) 조선 시대 때 서당의 생도들이 하던 놀이의 하나.
陞六(승륙) 陞補試(승보시) 陞任(승임)

언덕 부(좌부방) 阜(阝)부 [3阝7 총10획]

오를 **승**

高 4급 階

섬돌, 층계 유 段(층계 단) 영 stairs, steps 중 阶 jiē 일 カイ

형성 언덕 부(阝)+다 개(皆)자로 언덕을 오르려면 '층계'따라 올라야 한다는 뜻이다.

階段(계단) 층계. 階梯(계제) 階級(계급) 階層(계층)

언덕 부(좌부방) 阜(阝)부 [3阝9 총12획]

섬돌 **계**

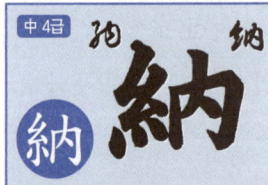

中 4급 納

바치다, 받아들이다 반 出(낼 출) 영 receive 중 纳 nà 일 ノウ(おさめる)

형성 실 사(糸)+안 내(內)자로 실을 당겨 창고에 계속 '들이다'의 뜻이다.

納吉(납길) 신랑집에서 신부집에 혼인날을 받아 보냄.
納得(납득) 納付(납부) 納入(납입)

실 사(糸)부 [6糸4 총10획]

바칠 **납**

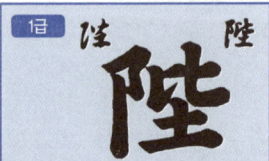

1급 陛

섬돌, 섬돌 곁에 시립하다, 사물의 형용 영 steps to the throne 중 陛 bì 일 ヘイ(きざはし)

형성 좌부변(阝=阜)+비(坒)가 합하여 이루어졌다.

陛下(폐하) 황제나 황후 또는 태황태후나 황태후에 대한 공대말.
丹陛(단폐) 辭陛(사폐) 陛見(폐현)

언덕 부(좌부방) 阜(阝)부 [3阝7 총10획]

섬돌 **폐**

116 弁轉疑星 변전의성

많은 사람들의 관(冠)에서 번쩍이는 구슬이 별인가 의심할 정도이다.

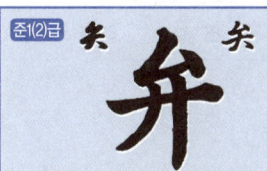

준1(2)급	고깔. 관. 급하다.	영 conical cap 중 弁 biàn 일 ベン
	상형 스물입발(廾)+관의 모양(厶)의 합자로 '고깔'을 뜻한다.	
	武弁(무변) 무관이 쓰던 고깔. 弁冕(변면) 弁裳(변상) 弁言(변언)	

스물입발(廾)부 [3廾2 총5획]

고깔 변

高 4급	구르다, 옮기다	영 turn 중 转 zhuǎn 일 転 テン(ころぶ)
	형성 수레 거(車)+오로지 전(專)자로 수레바퀴가 둥글게 돌아간다는 것으로 '구르다'의 뜻이다.	
	轉勤(전근) 근무하는 직장을 옮김. 轉落(전락) 轉學(전학) 轉送(전송)	

수레 거(車)부 [7車11 총18획]

구를 전

高 4급	의심하다, 의심	영 doubt 중 疑 yí 일 ギ(うたがう)
	회의 칼[匕]과 화살[矢], 일이 어찌될지 몰라서 노심초사하고 있는 모습을 나타낸다.	
	疑懼(의구) 의심하여 두려워함. 疑問(의문) 疑心(의심) 疑訝(의아)	

짝 필(疋)부 [5疋9 총14획]

의심할 의

中4Ⅱ급	별, 세월, 희뜩희뜩하다	영 star 중 星 xīng 일 セイ·ッョウ(ほし)
	형성 날 일(日)+날 생(生)자로 해와 같이 빛을 발하는 '별'의 뜻이다.	
	星群(성군) 별무리. 星霜(성상) 星雲(성운) 晨星(신성)	

날 일(日)부 [4日5 총9획]

별 성

117 右通廣內 우통광내

오른편에 광내가 통하니 광내는 나라 비서를 두는 집이다.

中7급 右

오른쪽, 숭상하다 반 左(왼 좌) 영 right 중 右 yòu 일 ユウ(みぎ)

회의 감싸듯이 물건을 쥔 손모양이다.

右武(우무) 무를 숭상함. 右袒(우단) 右傾(우경) 右前(우전)

입 구(口)부 [3口2 총5획]

오른, 숭상할 **우**

中6급 通

통하다, 오가다 영 go through 중 通 tōng 일 ツ(とおす)

형성 쉬엄쉬엄갈 착(辶)+골목길 용(甬)자로 골목길을 나와 큰길로 가니 사방으로 '통한다'의 뜻이다.

通過(통과) 들르지 않고 지나감. 通達(통달) 通告(통고) 通禁(통금)

쉬엄쉬엄갈 착(책받침) 辶(辶)부 [4辶7 총11획]

통할 **통**

中5급 廣

넓다, 퍼지다 영 broad 중 广 guǎng 일 広 コウ(ひろい)

형성 집 엄(广)+누를 황(黃)자로 땅처럼 큰 집으로 '넓다'를 뜻한다.

廣農(광농) 농업을 발전시킴. 廣野(광야) 廣告(광고) 廣域(광역)

엄호(广)부 [3广12 총15획]

넓을 **광**

中7급 內

안, 속, 대궐 반 外(바깥 외) 영 inside 중 内 nèi 일 内 ナイ(うち)

회의 멀 경(冂)+들 입(入)자로 집 안으로 들어오므로 '안'을 뜻한다.

內艱(내간) 어머니의 상사. 內申(내신) 內面(내면) 內服(내복)

들 입(入)부 [2入2 총4획]

안 **내**

118 左達承明 좌달승명

왼편에는 승명이 이어지니 승명은 사기(史記)를 교열하는 곳이다.

中 7급 왼쪽, 왼손 ㉠右(오른 우) 영left 중左 zuǒ 일サ(ひだり)

회의·형성 왼손 좌(屮)+장인 공(工)자로 목수가 자를 쥘 때는 왼손이므로 '왼쪽'의 뜻이다.

左記(좌기) 왼쪽에 적음. 左邊(좌변) 左傾(좌경) 左右(좌우)

장인 공(工)부 [3工2 총5획]

왼 **좌**

中 4Ⅱ급 통달하다, 보내다 ㉠到(이를 도) 영succeed 중达 dá 일タツ(さとる)

형성 새끼양 달(羍)+쉬엄쉬엄갈 착(辶)자로 새끼양이 어미 양에게로 찾아가므로 '이르다'의 뜻이다.

達人(달인) 학문이나 기예 등에 뛰어난 사람. 達觀(달관) 達辯(달변) 達成(달성)

쉬엄쉬엄갈 착(책받침) 辵(辶)부 [4辶9 총13획]

통달할 **달**

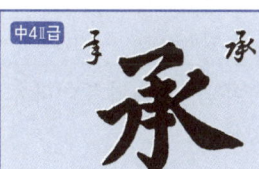

中 4Ⅱ급 잇다, 받들다 ㉠繼(이을 계) 영support 중承 shéng 일ショウ(うける)

회의·형성 줄 승(丞)+손 수(手)자로 임금이 주는 부절을 두 손으로 '받들다'를 뜻한다.

承繼(승계) 뒤를 이음. 承命(승명) 承諾(승낙) 承服(승복)

손 수(재방변) 手(扌)부 [4手4 총8획]

이을 **승**

中 6급 밝다, 밝히다 ㉠朗(밝을 랑) ㉡暗(어두울 암) 영light 중明 míng 일メイ(あかり)

회의 해 일(日)+달 월(月)자로 해는 낮, 달은 밤에 밝게 비춰주므로 '밝다'의 뜻이다.

明鑑(명감) 밝은 거울. 明鏡止水(명경지수) 明堂(명당) 明朗(명랑)

날 일(日)부 [4日4 총8획]

밝을 **명**

119 旣集墳典 기집분전

이미 전과 분을 모아두었으니 삼분은 삼황의 글이고 오전은 오제의 글이다.

없을 무(이미기방)(旡)부 [4旡7 총11획]

이미, 본디 　　　　　영 already　중 旣 jì　일 旣 キ(すでに)

형성 이미 기(旡)+고소할 핍(皀)자로 실컷 먹었다는 데서 끝났음을 뜻하는 '이미'를 뜻한다.
旣刊(기간) 이미 출간함. 旣決(기결) 旣述(기술) 旣約(기약)

旣旣旣旣旣旣旣旣旣旣

이미 기

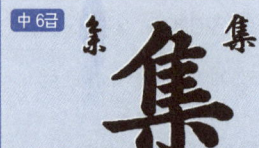

새 추(隹)부 [8隹4 총12획]

모이다, 모으다　반 散(흩을 산)　영 assemble　중 集 jí　일 シユウ(あつまる)

회의 새 추(隹)+나무 목(木)자로 나무 위에 새가 떼지어 앉아 있으므로 '모이다'의 뜻이다.
集計(집계) 계산함. 集團(집단) 集結(집결) 集會(집회)

集集集集集集集集集集集集

모일 집

흙 토(土)부 [3土12 총15획]

무덤. 크다. 둑. 언덕　　영 mound　중 坟 fén　일 フン(はか)

형성 흙 토(土)+꾸밀 비(賁)자로 흙으로 꾸며 봉긋하게 솟은 '무덤, 봉분'의 뜻이다.
墳上(분상) 무덤에서, 둥글게 흙을 쌓아 올린 부분.
墳土(분토)　墳墓(분묘)　墳塋(분영)

墳墳墳墳墳墳墳墳墳墳

무덤 분

여덟 팔(八)부 [2八6 총8획]

법, 규정　유 法(법 법)　영 law　중 典 diǎn　일 テン

회의 책 책(冊)+성씨 기(丌)자로 모든 이에게 소중하고 규범이 될 만한 것인 '책'의 뜻이다.
典據(전거) 바른 증거. 典當(전당)　古典(고전)　法典(법전)

典典典典典典典典

법 전

120 亦聚群英 역취군영

또한 여러 영웅을 모으니 분전을 강론하여 치국의 도를 밝혔다.

中3II급

또, 또한 　　영 also　중 亦 yì　일 エキ・ヤク(また)

회의 큰 대(大)+여덟 팔(八)자로, 똑같은 사물이 양쪽에 있는 것으로 '또'를 뜻한다.

亦是(역시) 마찬가지로.　此亦(차역)　亦然(역연)　亦可(역가)

돼지해머리(亠)부 [2亠4 총6획]

또 역

준1(2)급

모으다, 모이다, 무리　　영 gather　중 聚 jù　일 シュウ(あつまる)

형성 취할 취(取)+많은 사람의 뜻인 귀 이(耳)를 합해 많은 사람을 '모으다'의 뜻이다.

聚室(취실) 아내를 얻음.　聚落(취락)　聚斂(취렴)　聚集(취집)

귀 이(耳)부 [6耳8 총14획]

모을 취

高4급

무리, 떼　유 衆(무리 중)　　영 crowd　중 群 qún　일 グン(むら)

형성 임금 군(君)+양 양(羊)자로 임금 같은 지도자와 양같이 따르는 백성이 '무리'이다.

群居(군거) 무리를 지어 삶.　群賢(군현)　群島(군도)　群落(군락)

양 양(羊)부 [6羊7 총13획]

무리 군

中6급

꽃부리, 재주가 뛰어나다　유 特(특별할 특)　영 elite　중 英 yīng　일 エイ(はなぶさ)

형성 풀 초(艹)+가운데 앙(央)자로 풀꽃의 아름다운 가운데를 나타내어 '꽃부리'의 뜻이다.

英佛(영불) 영국과 프랑스.　英傑(영걸)　英國(영국)　英語(영어)

풀 초(초두) 艸(艹)부 [4艹5 총9획]

꽃부리 영

121 杜藁鍾隷 두고종례

초서를 처음으로 쓴 두고와 예서를 쓴 종례의 글로 비치되었다.

준2급 杜

나무 목(木)부 [4木3 총7획]

막을 두

막다, 팔베나무, 지레. 몽둥이　　영 shut　중 杜 dù　일 ト(ふさぐ)

형성 나무 목(木)+흙 토(土)자로 나무로 막다의 뜻이다.
杜絶(두절) 교통·통신 등이 끊어져 막힘.
杜鵑(두견)　杜絶(두절)　杜門不出(두문불출)

고3Ⅱ급 藁

초두머리(艹)부 [4艹15 총19획]

볏짚 고

볏짚, 초고, 마르다　　영 straw　중 藁 gǎo　일 コウ(わら)

형성 초두머리(艹(=艸)—풀, 풀의 싹)부+호→고(蒿)가 합하여 '볏짚'을 뜻한다.
藁工品(고공품) 짚으로 만든 새끼·가마니 같은 물건을 통틀어 이르는 말.
藁本(고본)　藁細工(고세공)

중3(4)급 鍾

쇠 금(金)부 [8金12 총20획]

쇠북, 시계 종

쇠북, 술병, 종. 시계　　영 bell, clock　중 钟 zhōng　일 ショウ(かね)

형성 鐘(종)과 같은 자로 쇠 금(金:광물·금속·날붙이)부+중(重)으로 이루어졌다.
鍾子(종자) 간장이나 고추장 따위를 담아 상에 놓는 작은 그릇.
鍾路(종로)　茶鍾(다종)

고1(3)급 隷

미칠 이(隶)부 [8隶8 총16획]

글씨 례

글씨, 종. 노복. 부리다　　영 slave　중 隶 lì　일 レイ(しもべ)

회의 붙잡을 이(隶)+ 어찌 내(奈)자로 죄인이나 이민족을 붙잡아 종으로 삼는 것을 뜻한다.
隷下(예하) 딸림, 또는 딸린 사람.　隷屬(예속)　隷臣(예신)　奴隷(노예)

122 漆書壁經 칠서벽경

하나라 영제가 돌벽에서 발견한 서골과 공자가 발견한 육경도 비치되어 있다.

漆 옷칠할 칠
[高3급] 물 수(삼수변) 水(氵)부 [3氵11 총14획]

옻, 옻칠하다 · 영 lacguer · 중 漆 qī · 일 シツ(うるし)

형성 물 수(氵)+옻나무 칠(桼)자로 액체인 '옻나무 칠'을 뜻한다.
漆夜(칠야) 아주 캄캄한 밤. 漆板(칠판) 漆器(칠기) 漆木(칠목)

漆漆漆漆漆漆漆漆漆漆漆

書 글 서
[中6급] 가로 왈(日)부 [4日6 총10획]

글, 책 ㊤ 冊(책 책) · 영 writing · 중 书 shū · 일 ショ(かく)

형성 붓 율(聿)+가로 왈(日)자로 성현의 말씀 이야기를 붓으로 적는 '책'의 뜻이다.
書簡(서간) 편지. 書庫(서고) 書架(서가) 書堂(서당)

書書書書書書書書書書

壁 바람벽 벽
[高4Ⅱ급] 흙 토(土)부 [3土13 총16획]

바람벽, 진터 · 영 wall · 중 壁 bì · 일 ヘキ(かべ)

형성 임금[君]과 고생하는[辛] 백성들 사이를 흙[土]으로 추위나 적을 물리치려고 돌흙으로 쌓은 '벽'이다.
壁壘(벽루) 성채. 壁欌(벽장) 壁報(벽보) 壁紙(벽지)

壁壁壁壁壁壁壁壁壁壁壁

經 지날 경
[中4Ⅱ급] 실 사(糸)부 [6糸7 총13획]

지나다, 경서 ㊤ 過(지날 과) · 영 pass · 중 经 jīng · 일 経 ケイ(たていと)

형성 실 사(糸)+물줄기 경(巠)자로 실이 물줄기처럼 이어지므로 '날줄'의 뜻이다.
經國(경국) 나라를 경륜함. 經年(경년) 經過(경과) 經歷(경력)

經經經經經經經經經經經經

※칠서 – 종이가 없던 옛날 대쪽에 글자를 새기고 그 위에 옻칠을 한 글자.

123 府羅將相 부라장상
마을 좌우에 장수와 정승이 벌려 있었다.

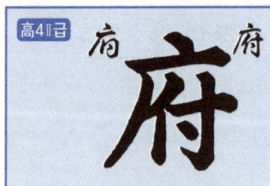

高4Ⅱ급 府

마을, 관청　　　영 warehouse　중 府 fǔ　일 フ(やくしょ)

형성 집 엄(广)+줄 부(付)자로 일을 처리하고 흉년 들면 곡식 나눠주는 '관청'의 뜻이다.
府庫(부고) 문서나 재화·기물 등을 넣어두는 곳. 府君堂(부군당) 府君(부군)

엄호(广)부 [3广5 총8획]

마을 **부**

高4Ⅱ급 羅

벌리다, 그물, 늘어서다　유 列(벌릴 렬)　영 net　중 罗 luó　일 ラ

회의 그물 망(罒)+맬 유(維)자로 실로 그물을 만들어 새를 잡기 위해 '벌려' 놓다.
羅網(나망) 새 잡는 그물. 羅城(나성)　新羅(신라)　網羅(망라)

그물 망(罒/皿/网)부 [5皿14 총19획]

벌릴 **라**

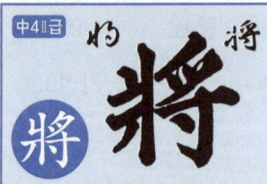

中4Ⅱ급 將

장수, 장차　반 卒(군사 졸)　영 general　중 将 jiàng　일 将 ショウ(はた)

형성 조각널 장(爿)+고기 육(月=肉)과 마디 촌(寸)자로 여러 재물과 씨족을 거느린 '장수'를 뜻한다.
將官(장관) 원수.　將器(장기)　將校(장교)　將軍(장군)

마디 촌(寸)부 [3寸8 총11획]

장수 **장**

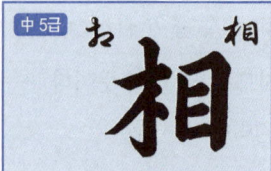

中5급 相

서로, 바탕　　　영 mutually　중 相 xiàng　일 ショウ(あい)

회의 나무 목(木)+눈 목(目)자로 눈으로 나무의 성장을 '서로'의 뜻이다.
相見(상견) 서로 봄. 相公(상공)　相關(상관)　相談(상담)

눈 목(目)부 [5目4 총9획]

서로 **상**

124 路俠槐卿 노협괴경

길에 고위 고관인 삼공구경의 마차가 열지어 궁전으로 들어가는 모습이다.

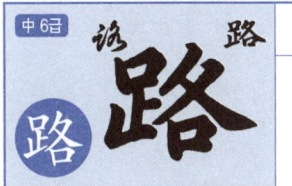

中 6급 | 길 로

길, 연줄 유 道(길 도) 영 road 중 路 lù 일 ロ(じ)

형성 발 족(足)+각각 각(各)자로 사람이 각각 다니는 '길'을 뜻한다.

路面(노면) 길바닥. 路邊(노변) 路幅(노폭) 路線(노선)

발 족(足)부 [7足6 총13획]

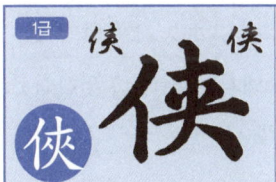

1급 | 의기로울 협

끼다, 의기롭다, 가볍다 영 side 중 侠 jiā, gā 일 キ(はさむ)

형성 사람 인변(亻=人)+협(夾)으로 이루어지며 협기(俠氣)의 뜻

俠勇(협용) 호협한 기개와 용맹. 俠侍(협시) 俠士(협사) 俠女(협녀)

사람 인변(亻)부 [2亻7 총9획]

1(2)급 | 회화나무 괴

회나무, 삼공의 자리, 풀 이름 영 pagoda tree 중 槐 huái 일 カイ(えんじゅ)

형성 나무 목(木)+둥근 덩어리 귀(鬼)자로 나무줄기가 굽어져 옹두리가 생긴 '회나무'를 뜻한다.

槐木(괴목) 회화나무. 槐位(괴위) 槐花(괴화)

나무 목(木)부 [4木10 총14획]

高 3급 | 벼슬 경

벼슬, 존칭 영 sir 중 卿 qīng 일 ケイ(くげ)

회의 두 사람이(卯) 음식(皀)을 사이에 두고 마주 보고 있는 모양, 즉 풍족한 녹봉을 받는 '벼슬아치'를 뜻한다.

樞機卿(추기경) 로마 교황(敎皇)의 (最高)고문(顧問). 上卿(상경) 卿相(경상) 公卿(공경)

병부절(卩/巴)부 [2卩10 총12획]

※ 夾→俠으로도 씀. ※ 槐=삼공(三公), 卿=구경(九卿)

125 戶封八縣 호봉팔현

한나라가 천하를 통일하고 여덟 고을 민호를 주어 공신을 봉하였다.

戶

지게, 지게문, 집 　　　영 door 　중 户 hù 　일 コ(と)

상형 두 짝으로 된 문의 한 짝인 '지게문'을 본뜬 글자이다.

戶口(호구) 호수와 인구. 戶別(호별) 戶當(호당) 戶主(호주)

戶戶戶戶

집 호(戶)부 [4戶0 총4획]

지게 호

封

봉하다, 흙더미 쌓다 　　영 seal up 　중 封 fēng 　일 ホウ·フウ(ほおずる)

회의 흙 토(土)+마디 촌(寸)자로 영토를 주어 제후를 삼은 데서 '봉하다'를 뜻한다.

封祿(봉록) 제후가 받는 봉미.　封土(봉토)　封蠟(봉랍)　封墳(봉분)

封封封封封封封封封

마디 촌(寸)부 [3寸6 총9획]

봉할 봉

八

여덟, 여덟째 　　　영 eight 　중 八 bā 　일 ハチ·ハツ(やっつ)

지사 두 손을 네 손가락씩 펴서 들어보이는 모양을 본뜬 글자로 '여덟'을 뜻한다.

八方美人(팔방미인) 어느 모로 보나 아름다운 미인.　八旬(팔순)　八角(팔각)　八景(팔경)

八八

여덟 팔(八)부 [2八0 총2획]

여덟 팔

縣

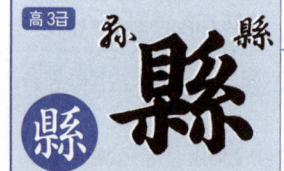

고을, 매달다, 떨어지다 　　영 town 　중 县 xiàn 　일 ケン(あがた)

형성 실 사(糸)+매달 교(県)자로 목을 베어 나무에 거꾸로 매다는 뜻과 경작지로 '고을'을 뜻한다.

州縣(주현) 주와 현.　郡縣(군현)　縣監(현감)　縣官(현관)

縣縣縣縣縣縣縣縣縣縣縣

실 사(糸)부 [6糸10 총16획]

고을 현

126 家給千兵 가급천병

제후 나라에 일천 군사를 주어 그의 집을 호위시켰다.

中 7급

집, 가정 유 宅(집 택)   영 house 중 家 jiā 일 カ·ケ(いえ)

회의 움집 면(宀)+돼지 시(豕)자로 돼지는 새끼를 많이 낳으므로 사람이 모여사는 '집'을 뜻한다.
家系(가계) 한 집안의 혈통. 家奴(가노) 家具(가구) 家内(가내)

갓머리(宀)부 [3宀7 총10획]

집 **가**

中 5급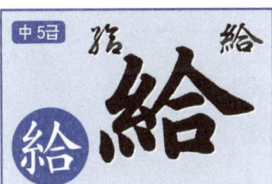

주다, 넉넉하다 유 與(줄 여)   영 give 중 给 gěi 일 キュウ(たまう)

형성 실 사(糸)+합할 합(合)자로 실이 길게 이어지듯이 물건을 계속 주므로 '주다'를 뜻한다.
給料(급료) 노력에 대한 보수. 給仕(급사) 給水(급수) 給食(급식)

실 사(糸)부 [6糸6 총12획]

줄 **급**

中 7급 千

천, 천 번   영 thousand 중 千 qiān 일 セン(ち)

지사 사람 인(亻)+한 일(一)자로 엄지손가락을 펴서 백을 나타내고 몸으로 '천'을 나타낸다.
千古(천고) 먼 옛날. 千里眼(천리안) 千年(천년) 千秋(천추)

열 십(十)부 [2十1 총3획]

일천 **천**

中 5급

군사, 병사 반 將(장수 장)   영 soldier 중 兵 bīng 일 ヘイ(つわもの)

회의 도끼 근(斤)+맞잡을 공(廾)자로 두 손에 무기를 가진 사람으로 '군사'의 뜻이다.
兵戈(병과) 싸움에 쓰는 창이란 뜻으로 무기를 뜻함.
兵亂(병란) 兵力(병력) 兵法(병법)

여덟 팔(八)부 [2八5 총7획]

군사 **병**

127 高冠陪輦 고관배련

높은 관을 쓰고 연을 모시니 제후의 예로 대접했다.

中6급 | 高
높다, 위 ⊕低(낮을 저) | 영 high | 중 高 gāo | 일 コウ(たかい)

상형 성 위에 높이 세워진 망루누각과 드나드는 문을 본뜬 글자이다.
高潔(고결) 고상하고 깨끗함. 高額(고액) 高級(고급) 高空(고공)

높을 고(高)부 [10高0 총10획]

높을 고

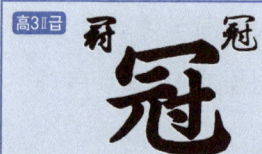

高3Ⅱ급 | 冠
갓, 관, 벗, 어른 | 영 crown | 중 官 guān | 일 カン(かんむり)

형성 덮을 멱(冖)+으뜸 원(元)+마디 촌(寸)자로 '관을 쓰다'를 뜻한다.
冠網(관망) 갓과 망건. 冠絕(관절) 冠禮(관례) 冠詞(관사)

덮을 멱(민갓머리)(冖)부 [2冖7 총9획]

갓 관

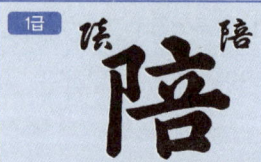

1급 | 陪
모시다, 돕다, 더하다 | 영 assist | 중 陪 péi | 일 バイ

형성 언덕 부(阝·阜)+가를 부(咅)자로 '모시다, 돕다, 더하다' 뜻이다.
陪乘(배승) 높은 사람을 모시고 탐. 陪敦(배돈) 陪席(배석) 陪行(배행)

좌부변(阝)부 [3阝8 총11획]

모실 배

1급 | 輦
손수레, 끌다, 나르다 | 영 royal carriage | 중 輦 niǎn | 일 レン(てぐるま)

회의 반(扶)+ 수레 거(車)자로 사람이 수레 앞에서 끌다의 뜻이다.
輿輦(여련) 예전에 임금이 타는 수레를 이르던 말.
京輦(경련) 鳳輦(봉련) 副輦(부련)

수레 거(車)부 [7車8 총15획]

손수레 련

128 驅轂振纓 구곡진영

수레를 몰며 갓끈이 떨치니 임금출행에 제후의 위엄이 있다.

高3급	驅
말 마(馬)부 [10馬11 총21획]	
몰 구	

몰다, 빨리 달리다 영 drive 중 驱 qū 일 駆 ク(かける)

형성 말 마(馬)+지경 구(區)자로 말을 구분하기 위하여 채찍으로 때려서 모는 것을 뜻한다.

驅迫(구박) 못 견디게 학대함. 驅步(구보) 苟免(구면) 苟生(구생)

1급	轂
수레 거(車)부 [7車10 총17획]	
바퀴통, 밀 곡	

바퀴통, 수레, 밀다 영 hub 중 毂 gǔ 일 コク(こしき)

형성 수레 거(車)+곡(殼)이 합하여 이루어졌다.

推轂(추곡) 남의 뒤를 밀어 주어 앞으로 나아가게 함.
轂擊(곡격) 轂轉(곡전) 輦轂(연곡)

高3Ⅱ급	振
손 수(재방변) 手(扌)부 [3扌7 총10획]	
떨칠, 진동할 진	

떨치다, 진동하다 영 tremble 중 振 zhèn 일 シン(ふるう)

형성 손 수(扌)+별 진(辰)자로 용기를 북돋워 떨치게 하는 것을 뜻한다.

振動(진동) 흔들리어 움직임. 振貸法(진대법) 振男(진남) 堅振(견진)

1급	纓
실 사(糸)부 [6糸17 총23획]	
갓끈 영	

갓끈, 장식끈, 가슴걸이 영 chin-strip 중 缨 yīng 일 イ(かんむりのひも)

형성 실 사(糸)+ 영(嬰)이 합하여 이루어졌다.

纓子(영자) 벼슬아치의 갓끈을 다는 데 쓰는 고리.
珠纓(주영) 簪纓世族(잠영세족) 簪纓宦族(잠영환족)

129 世祿侈富 세록치부

대대로 녹이 사치하고 부하니 제후 자손이 세세 관록이 무성하여라.

世 세상 세
- 中7급
- 세상, 대, 세대
- 영 generation 중 世 shì 일 セ・セイ(と)
- 지사 서른 해를 하나[一]로 곧 30년을 1세로 친다는 뜻이다.
- 世代(세대) 한 세대를 30년으로 잡음. 世孫(세손) 世間(세간) 世界(세계)
- 한 일(一)부 [1—4 총5획]

祿 녹 록
- 高3급
- 녹(급료), 복(행복), 곡식
- 영 fortune 중 禄 lù 일 ロク(さいわい)
- 형성 보일 시(示)+근본 록(彔)자로 신의 선물, 왕에게서 받은 '공물'을 뜻한다.
- 國祿(국록) 나라에서 주는 급료. 祿俸(녹봉) 俸祿(봉록) 祿米(녹미)
- 보일 시(示)부 [5示8 총13획]

侈 사치할 치
- 1급
- 사치하다, 거만하다, 크다
- 영 luxury 중 侈 chǐ 일 シ(おごる)
- 형성 사람 인변(亻=人)+다(多)가 합하여 이루어졌다.
- 侈濫(치람) 사치한 것이 분수에 넘쳐 지나침. 侈件(치건) 侈心(치심) 侈傲(치오)
- 사람 인변(亻)부 [2亻6 총8획]

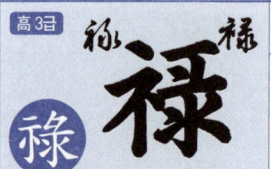

富 부자 부
- 中4Ⅱ급
- 부자, 넉넉하다 반 貧(가난할 빈)
- 영 rich 중 富 fù 일 フウ(とみ)
- 회의·형성 집 면(宀)+찰 복(畐)자로 집안에 재물이 가득하므로 '넉넉하다'를 뜻한다.
- 富國(부국) 재물이 풍부한 나라. 富者(부자) 富強(부강) 富農(부농)
- 갓머리(宀)부 [3宀9 총12획]

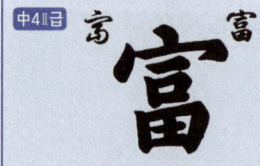

130 車駕肥輕 거가비경

수레의 말은 살찌고 몸의 의복은 가볍게 차려져 있다.

中 7급 車

수레, 수레의 바퀴   영 cart   중 车 jū chē   일 シャ(くるま)

상형 외바퀴차의 모양을 본뜬 글자이다.

車馬費(거마비) 교통비.   車駕(거가)   車馬(거마)   車輛(차량)

수레 거(車)부 [7車0 총7획]

수레 거

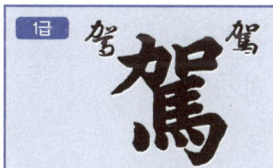

1급 駕

멍에, 수레, 임금 수레   영 wagon   중 驾 jià   일 ガ(のる)

형성 더할 가(加)+말 마(馬)자로 '탈것'을 뜻한다.

駕御(가어) 말을 길들여 마음대로 부림.   駕說(가세)   凌駕(능가)   駕六(가륙)

말 마(馬)부 [10馬5 총15획]

멍에 가

高3 II급 肥

살찌다, 기름지다   영 fat   중 肥 féi   일 ヒ(こえる)

회의 고기 육(月)+꼬리 파(巴)자로 육체가 살찐 것을 뜻한다.

肥鈍(비둔) 너무 살이 쪄 행동이 굼뜸.   肥大(비대)   肥滿(비만)   肥沃(비옥)

고기 육(육달월) 肉(月)부 [4月4 총8획]

살찔 비

中 5급 輕

가볍다, 적다   **반** 重(무거울 중)   영 light   중 轻 qīng   일 軽 ケイ(かるい)

형성 수레 거(車)+물줄기 경(巠)자로 물줄기처럼 가볍게 달리는 수레로 '가볍다'의 뜻이다.

輕妄(경망) 말이나 행동이 방정맞음.   輕犯(경범)   輕減(경감)   輕量(경량)

수레 거(車)부 [7車7 총14획]

가벼울 경

131 策功茂實 책공무실
공을 꾀함에 무성하고 충실하려라.

高3ⅡⅡ급 策 대 죽(竹)부 [6竹6 총12획]	꾀, 꾀함, 계책　　　　　　　　영 plan　중 策 cè　일 サク(はかりごと)
	형성 대 죽(竹)+가시 책(朿)자로 대나무 채찍, 또는 문자를 적는 대쪽의 뜻을 나타낸다.
	策動(책동) 은밀히 꾀를 써서 행동함.　策命(책명)　策略(책략)　策定(책정)
꾀 **책**	策策策策策策策策策策策策

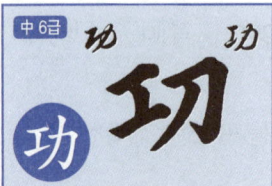

中6급 功 힘 력(力)부 [2力3 총5획]	공로, 일　　반 過(허물 과)　　　　영 merits　중 功 gōng　일 コウ(いさお)
	형성 장인 공(工)+힘 력(力)자로 힘써 만들어 '공을 세우다'의 뜻이다.
	功過(공과) 공로와 허물.　功名(공명)　功德(공덕)　功勞(공로)
공 **공**	功功功功功

中3ⅡⅡ급 茂 풀 초(초두) 艸(艹)부 [4艸5 총9획]	무성하다, 우거지다　　　　　영 flourishing　중 茂 máo　일 モ(しげる)
	형성 풀 초(艹)+무성할 무(戊)자로 풀이 뒤덮고 우거져 '무성한 것'을 뜻한다.
	茂盛(무성) 초목이 아주 잘 자라나 잎이 무성한 것을 나타냄. 茂勳(무훈)　茂林(무림)　茂盛(무성)
무성할 **무**	茂茂茂茂茂茂茂茂茂

中5급 實 갓머리(宀)부 [3宀11 총14획]	열매, 결실하다　유 果(실과 과)　　　영 fruit　중 实 shí　일 実 ジツ(みのる)
	회의 집 면(宀)+꿸 관(貫)자로 집안에 꿴 재물이 가득 찼으므로 '열매'의 뜻이다.
	實果(실과) 먹을 수 있는 초목의 열매.　實習(실습)　實感(실감)　實力(실력)
열매 **실**	實實實實實實實實實實實實實實

132 勒碑刻銘 늑비각명

비를 세워 이름을 새겨서 그 공을 찬양하며 후세에 전하였다.

1급 勒

굴레, 억누르다, 억지로 하다
영 bridle 중 勒 lè 일 ロク(くつわ)

형성 힘 력(力)+혁(革)이 합하여 이루어졌다.

彌勒堂(미륵당) 미륵불을 모셔 놓고 비는 집이나 단.
彌勒(미륵) 彌勒佛(미륵불) 彌勒菩薩(미륵보살)

힘 력(力)부 [2力9 총11획]

굴레 **륵**

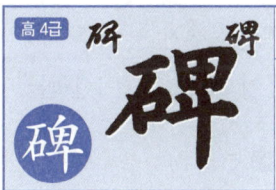

高4급 碑

비석, 돌기둥
영 monument 중 碑 bēi 일 ヒ(いしぶみ)

회의·형성 돌 석(石)+낮을 비(卑)자로 돌을 작게 깎아 글을 새겨 무덤 밑에 두는 '비석'의 뜻이다.

碑石(비석) 돌로 만든 비. 紀念碑(기념비) 碑臺(비대) 碑銘(비명)

돌 석(石)부 [5石8 총13획]

비석 **비**

中4급 刻

새기다, 깎다
영 carve 중 刻 kè 일 コク(ざむ)

회의·형성 핵(亥)+칼 도[刂]자로 딱딱한 씨에 글을 써넣는 것으로 '새기다'의 뜻이다.

刻苦(각고) 고생을 이겨내면서 애를 씀. 刻字(각자) 刻印(각인) 刻薄(각박)

칼 도(刀/刂)부 [2刀6 총8획]

새길 **각**

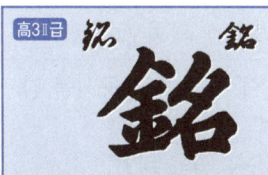

高3II급 銘

새기다, 기록하다
영 engrave 중 铭 míng 일 メイ

형성 쇠 금(金)+이름 명(名)자로 금속에 이름을 새기는 것을 뜻한다.

銘心(명심) 마음에 새김. 銘旌(명정) 銘記(명기) 感銘(감명)

쇠 금(金)부 [8金6 총14획]

새길 **명**

133 磻溪伊尹 반계이윤

문왕은 반계에서 강태공을 맞고 은왕은 신야에서 이윤을 맞이하였다.

준1(2)급 磻

강 이름, 물이름, 주살돌 추 / 영 river / 중 磻 pán / 일 ハン(やのね)

형성 돌 석(石)+화살을 시위에 메길 번(番)자로 주살에 다는 돌의 뜻이다.
磻溪(반계)섬서성(陝西省)의 동남쪽으로 흘러 위수(渭水)로 흘러드는 강.
磻溪隨錄(반계수록) 磻溪伊尹(반계이윤)

돌 석(石)부 [5石12 총17획]

磻磻磻磻磻磻磻磻磻磻

강이름 반

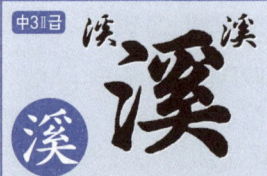

中3II급 溪

시내, 산골짜기 / 영 stream / 중 溪 xī / 일 ケイ(たに)

형성 물 수(氵)+어찌 해(奚:가는 끈)자로 실이 이어지듯 물이 계속 흐르는 '시냇물'을 뜻한다.
溪谷(계곡) 물이 흐르는 골짜기. 深溪(심계) 溪流(계류) 溪友(계우)

물 수(삼수변) 水(氵)부 [3氵10 총13획]

溪溪溪溪溪溪溪溪溪溪溪溪

시내 계

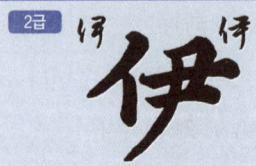

2급 伊

저(저 사람), 이(이것) / 영 he, she / 중 伊 yī / 일 イ

형성 사람 인(亻·人)+ 다스릴 윤(尹)자로 다스리는 사람을 뜻한다.
伊呂(이려) 은(殷)나라의 명상 이윤(伊尹)과 주(周)나라의 명상 여상(呂尙).
伊時(이시) 伊人(이인) 伊伐翰(이벌한)

사람 인변(亻)부 [2亻4 총6획]

伊伊伊伊伊

저 이

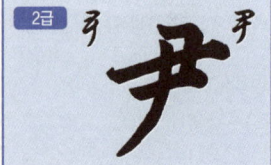

2급 尹

다스리다, 바로잡다, 벼슬이름 / 영 govern / 중 尹 yǐn / 일 イン

회의 윤(尹)은 오른 손과 뚫을 곤(丨)부로 이루어진 자로 손에 자를 들고 공사를 감독하는 사람. 즉 '바로 잡다, 다스리다'의 뜻이다.
尹祭(윤제) 종묘의 제사에 쓰는 포(脯). 尹司(윤사) 府尹(부윤) 판윤(判尹)

주검시엄(尸)부 [3尸1 총4획]

尹尹尹尹

다스릴 윤

134 佐時阿衡 좌시아형

위급한 때에 돕는 아형이니 아형은 상나라 재상의 칭호이다.

[高3급] 佐
사람 인(人)부 [2人5 총7획]
도울 **좌**

돕다, 도움 영 assist 중 佐 zuǒ 일 サ(たすける)

형성 사람 인(亻)+왼손 좌(左)자로 돕는 '사람, 또 돕다'를 뜻한다.
輔佐官(보좌관) 곁에서 돕는 관리. 佐平(좌평) 輔佐(보좌) 反佐(반좌)

佐佐佐佐佐佐佐

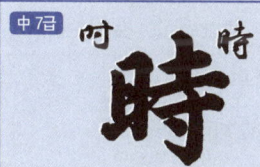

[中7급] 時
날 일(日)부 [4日6 총10획]
때, 시간 **시**

때, 시간, 철 영 time 중 时 shí 일 ジ(とき)

형성 날 일(日)+절 사(寺)자로 절에서 종을 쳐서 '시간'을 뜻한다.
時急(시급) 매우 급함. 時勢(시세) 時間(시간) 時計(시계)

時時時時時時時時時時

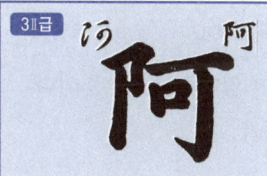

[3Ⅱ급] 阿
좌부변(阝)부 [3阝5 총8획]
언덕 **아**

언덕, 구릉, 물가 영 hill 중 阿 ē 일 ア(おか)

형성 언덕 부(阝)+옳을 가(可)자로 산의 굽은 곳과 '언덕'을 뜻한다.
阿膠(아교) 갖풀. 阿丘(아구) 阿附(아부) 阿諂(아첨)

阿阿阿阿阿阿阿阿

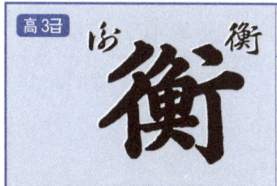

[高3급] 衡
갈 행(行)부 [6行10 총16획]
저울대 **형**

저울대, 저울 영 scale beam 중 衡 héng 일 コウ(はかり)

형성 뿔 각(角)+클 대(大)+다닐 행(行)자로 쇠뿔에 잡아맨 나무를 의미했으나 변하여 '저울대'를 뜻한다.
衡平(형평) 평균. 銓衡(전형) 衡陽(형양) 均衡(균형)

衡衡衡衡衡衡衡衡衡衡

衡衡衡衡衡

135 奄宅曲阜 엄택곡부

주공이 큰 공이 있는 고로 노나라에 봉한 후 곡부에다 궁전을 세웠다.

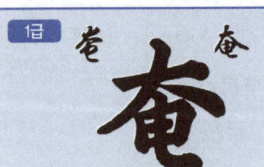

1급

문득, 가리다, 크다, 하품하다 영 cover 중 奄 yān 일 エン(おおう)

회의 큰대(大)+ 전(电)의 합자로 넓고 크게 덮음의 뜻이다.
奄奄(엄엄) 숨이 곧 끊어지려고 하거나 몹시 약한 모양.
奄有(엄유) 奄蔡(엄채) 奄忽(엄홀)

큰대(大)부 [3大5 총8획]

奄奄奄奄奄奄奄奄

문득 엄

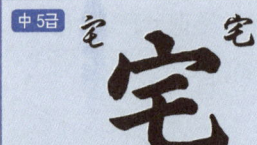

中 5급

집, 대지(垈地) 영 house 중 宅 zhái 일 タク(すまい)

형성 집 면(宀)+맡길 탁(託)자로 집에 의지하고 사는 '집'을 뜻한다.
宅內(댁내) 남의 집을 높여서 일컫는 말. 住宅(주택) 宅地(택지)

갓머리(宀)부 [3宀3 총6획]

宅宅宅宅宅宅

집 택

中 5급

굽다, 굽히다 유 直(곧을 직) 영 bent 중 曲 qǔ 일 キョク(まげる)

상형 대나무나 싸리로 만든 바구니 윗부분의 모양은 굴곡이 있어 '굽다'의 뜻이다.
曲禮(곡례) 자세한 예식. 曲水(곡수) 曲目(곡목) 曲藝(곡예)

가로 왈(曰)부 [4曰2 총6획]

曲曲曲曲曲

굽을 곡

준1(2)급

언덕, 크다, 성하다 영 hill 중 阜 fù 일 フ(おか)

상형 산의 측면 단층의 모양을 본뜬 자로 '언덕'의 뜻이다.
阜螽(부종) 메뚜기. 阜康(부강) 阜陵(부릉) 阜蕃(부번)

언덕 부(좌부방) 阜(阝)부 [8阜0 총8획]

阜阜阜阜阜阜阜阜

언덕 부

136 微旦孰營 미단숙영

주공의 단이 아니면 어찌 큰 궁전을 세웠으리요.

高3Ⅱ급 微

작다, 적다
영 tiny 중 微 wēi 일 ビ(かすか)

형성 움직이는 모양이 희미하여 '적다, 작다'를 뜻한다.
微功(미공) 작은 공로. 微官(미관) 微動(미동) 微妙(미묘)

微微微微微微微微微微微微微

두인변(彳)부 [3彳10 총13획]

작을 미

高3Ⅱ급 旦

아침, 일찍
영 morning 중 旦 dàn 일 タン

지사 날 일(日)과 한 일(一) 자로 해가 지평선 위로 떠오르는 '아침'을 뜻한다.
旦旦(단단) 공손하고 성실한 모양. 旦望(단망) 旦暮(단모) 旦夕(단석)

旦旦旦旦旦

날 일(日)부 [4日1 총5획]

아침 단

高3급 孰

누구, 어느, 무엇
영 who 중 孰 shú 일 ジュク(いずれ)

회의 누릴 향(享)+둥글 환(丸)자로 잘 익힘의 뜻을 가차하여 의문의 조사로 쓰인다.
孰哉(숙재) 누구이겠느냐? 孰若(숙약) 孰能禦之(숙능어지) 孰知(숙지)

孰孰孰孰孰孰孰孰孰孰孰

아들 자(子)부 [3子8 총11획]

누구 숙

高4급 營

경영하다, 짓다
영 manage 중 营 yíng 일 営エイ(いとなむ)

형성 법[呂]에 합당하게 열심히 일하니 불꽃[火火]처럼 화려하게 '경영하다'의 뜻이다.
營農(영농) 농업을 경영함. 營業(영업) 營利(영리) 經營(경영)

營營營營營營營營營營營營

불 화(火/灬)부 [4火13 총17획]

경영할 영

※ 微→未(아닐 미)로 쓴 곳도 있음.

137 桓公匡合 환공광합

제나라 환공은 바르게 하고 모두었으니 초를 물리치고 난을 바로잡았다.

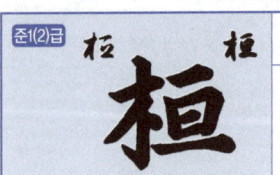

준1(2)급 굳세다, 머뭇거리다, 모감주나무 영 vigorous 중 桓 Huán 일 カン

형성 나무 목(木)+두를 환(亘)자로 '굳세다, 머뭇거리다'의 뜻이다.

盤桓(반환) 머뭇거리며 그 자리를 떠나지 않음. 桓桓(환환) 桓公(환공) 桓因(환인)

나무 목(木)부 [4木6 총10획]

굳셀 **환**

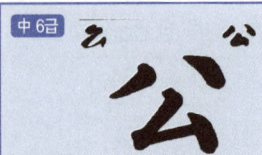

中6급 공변되다, 공공(公共) 반 私(사사 사) 영 public 중 公 gōng 일 コウ(おおやけ)

지사·회의 여덟 팔(八)+사 사(厶)자로 사사롭지 않게 '공평하다'의 뜻이다.

公告(공고) 널리 세상에 알림. 公道(공도) 公金(공금) 公主(공주)

여덟 팔(八)부 [2八2 총4획]

공변될 **공**

1급 바르다, 구원하다, 두려워하다 영 straight 중 匡 kuāng 일 キョウ(ただす)

형성 튼입구몸(匚)+ 왕(王)자로 '굽히다'의 뜻이다.

匡困(광곤) 가난한 사람을 도와줌. 匡勵(광려) 匡定(광정) 匡坐(광좌)

튼입구몸(匚)부 [2匚4 총6획]

바를, 구원할 **광**

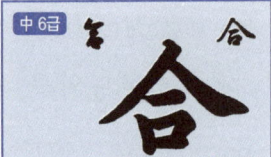

中6급 합하다, 들어맞다 반 離(떠날 리) 영 unite 중 合 hé 일 ゴウ(あう)

회의 모을 집(集)+입 구(口)자로 여러 사람의 입에서 나오는 말을 '합하다'의 뜻이다.

合格(합격) 규격이나 격식의 기준에 맞음. 合設(합설) 合計(합계) 合唱(합창)

입 구(口)부 [3口3 총6획]

합할 **합**

138 濟弱扶傾 제약부경

약한 나라를 구제하고 기울어지는 제신을 도와서 붙들어 주었다.

濟 [高4Ⅱ급]

건너다, 구제하다　㈜ 救(구원할 구)　㈎ cross　㈐ 济 jì　㈑ 済 サイ(すます)

형성 물 수(氵)+가지런할 제(齊)자로 여러 사람이 줄지어 서서 물을 '건너다'의 뜻이다.

濟度(제도) 물을 건넘. 濟衆(제중) 經濟(경제) 救濟(구제)

물 수(삼수변) 水(氵)부 [3氵14 총17획]

건널, 구제할 **제**

弱 [中 6급]

약하다, 쇠약해지다　㈜ 強(강할 강)　㈎ weak　㈐ 弱 ruò　㈑ ジャク(よわい)

상형 새끼새의 두 날개가 나란히 펼쳐진 모양을 본뜬 글자로 '약하다'를 뜻한다.

弱骨(약골) 골격이 약함. 弱勢(약세) 弱冠(약관) 弱點(약점)

활 궁(弓)부 [3弓7 총10획]

약할 **약**

扶 [中3Ⅱ급]

돕다, 부축하다　㈎ assist　㈐ 扶 fú　㈑ フ(たすける)

형성 손 수(扌)+지아비 부(夫)자로 사나이가 손을 뻗어 '돕는 것'을 뜻한다.

扶養(부양) 혼자 살아갈 능력이 없는 사람의 생활을 돌봄.
扶助(부조)　扶支(부지)　挾扶(협부)

손 수(재방변) 手(扌)부 [3扌4 총7획]

도울 **부**

傾 [高 4급]

기울다, 위태롭게 하다　㈎ incline　㈐ 倾 qīng　㈑ ケイ(かたむく)

회의·형성 사람 인(亻)+기울 경(頃)자로 사람의 몸이 '기울다'의 뜻이다.

傾聽(경청) 주의를 기울여 열심히 들음. 傾斜(경사) 傾度(경도) 傾注(경주)

사람 인(人)부 [2人11 총13획]

기울 **경**

139 綺回漢惠 기회한혜

한나라 때 네 현인의 한 사람인 기(綺)가 한나라 혜제를 회복시켰다.

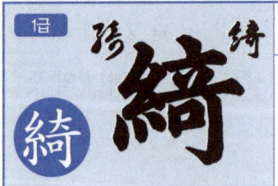

1급

실 사(糸)부 [6糸8 총14획]

비단 기

비단, 무늬, 아름답다　　영 thin silk　중 绮 qǐ　일 キ(あやぎぬ)

형성 실 사(糸)+기(奇)가 합하여 이루어졌다.
綺羅(기라) 곱고 아름다운 비단. 또는 그 옷.
綺想曲(기상곡)　綺紈(기환)　綺紈公子(기환공자)

中4Ⅱ급

큰입구몸(口)부 [3口3 총6획]

돌다 회

돌다, 돌아오다, 돌이키다　　영 return　중 回 huí　일 カイ·エ(めぐる)

지사 물건이 회전하는 모양으로 빙빙 '돎'을 본뜬 글자이다.
回甲(회갑) 나이 61세.　回顧錄(회고록)　回軍(회군)　回答(회답)

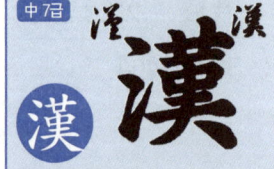

中7급

물 수(삼수변) 水(氵)부 [3氵11 총14획]

한수 한

한수(漢水), 은하수, 한민족　　중 汉 hàn　일 カン(かん)

회의·형성 중국의 한족은 황하강[氵]의 황토 진흙[堇]밭을 중심으로 발전해갔다.
漢文(한문) 중국의 문장.　漢陽(한양)　漢江(한강)　漢詩(한시)

高4Ⅱ급

마음 심(심방변) 心(忄/㣺)부 [4心8 총12획]

은혜 혜

은혜, 혜택　유 恩(은혜 은)　　영 favor　중 惠 huì　일 ケイ·エ(めぐむ)

회의 삼갈 전(專)+마음 심(心)자로 말과 행동을 삼가고 어진 마음으로 베푸는 '은혜'를 뜻한다.
惠聲(혜성) 인자하다는 소문.　惠示(혜시)　惠澤(혜택)　惠存(혜존)

140 說感武丁 설감무정

부열이 들에서 역사하매 무정의 꿈에 감동되어 곧 정승에 되었다.

說

中5급

말씀, 달래다　㈜話(말씀 화)　영speak　중说 shuō　일セツ(とく)

회의 말씀 언(言)+기쁠 태(兌)자로 자기의 뜻을 '말하다'의 뜻이다.

說破(설파) 상대방의 이론을 뒤집어 깨뜨림.　說敎(설교)　却說(각설)　說話(설화)

말씀 언(言)부 [7言7 총14획]

말씀, 달랠 설

感

中6급

느끼다, 깨닫다　영feel　중感 gǎn　일カン(かんずる)

형성 다 함(咸)+마음 심(心)자로 사람의 마음을 '느끼다'의 뜻이다.

感覺(감각) 느끼어 깨달음.　感激(감격)　感謝(감사)　感懷(감회)

마음 심(심방변) 心(忄/㣺)부 [4心9 총13획]

느낄 감

武

中4Ⅱ급

호반(虎班), 굳세다　㈝文(글월 문)　영military　중武 wǔ　일ブ(たけしい)

형성 창 과(戈)+그칠 지(止)자로 무기를 들고 침략을 미연에 방어하는 '군사'의 뜻이다.

武術(무술) 무도의 기술.　武勇(무용)　武功(무공)　武器(무기)

그칠 지(止)부 [4止4 총8획]

호반 무

丁

中4급

장정, 넷째 천간, 고무래　영rake, adult　중丁 dīng　일テイ(ひのと)

상형 고무래 못(釘) 모양을 본뜬 글자로 이것을 사용하는 '장정'의 뜻이다.

丁夜(정야) 축시(丑時).　丁憂(정우)　白丁(백정)　壯丁(장정)

한 일(一)부 [1一1 총2획]

장정 정

141 俊乂密勿 준예밀물

준걸과 재사가 조정에 모여 빽빽하더라.

俊 준걸 준

- 高3급
- 사람 인(人)부 [2人7 총9획]
- 준걸, 준수하다
- 영 superior / 중 俊 jùn / 일 シユン(さといも)
- 형성: 사람 인(亻)+갈 준(夋)자로 재주가 '나다, 뛰어나다'의 뜻을 나타낸다.
- 俊德(준덕) 덕이 높은 선비. 俊傑(준걸) 俊秀(준수) 俊才(준재)

乂 어질 예

- 1급
- 삐침별(丿)부 [1丿1 총2획]
- 어질다, (풀을)베다, 징계하다
- 영 mow, rule / 중 乂 yì / 일 ガイ(かる)
- 회의: 풀을 좌우(左右)로 후려쳐 쓰러트림을 뜻한다.
- 保乂(보예) 조선 세종 때의 보태평(保太平) 열한 곡 가운데 다섯째 곡.
- 俊乂(준예) 재주와 슬기가 아주 뛰어난 사람.

密 빽빽할 밀

- 中4II급
- 갓머리(宀)부 [3宀8 총11획]
- 빽빽하다, 자세하다
- 영 dense, secret / 중 密 mì / 일 ミツ(ひそか)
- 형성: 빽빽할 밀(宓)+뫼 산(山)자로 산에 나무가 '빽빽하다'는 뜻이다.
- 密使(밀사) 은밀하게 보내는 밀사. 密室(밀실) 密告(밀고) 密林(밀림)

勿 말 물

- 中3II급
- 쌀 포(勹)부 [2勹2 총4획]
- 말다, 기(旗)
- 영 crud off / 중 勿 wù / 일 モツ・モチ(なかれ)
- 상형: 활시위를 통겨서 불길한 것을 떨쳐 버리는 모양으로 가차되어 '~하지 말라'를 뜻한다.
- 勿忘草(물망초) 지칫과에 딸린 여러해살이풀.
- 勿失好機(물실호기) 勿論(물론) 勿驚(물경)

142 多士寔寧 다사식녕

준걸과 재사가 조정에 많으니 국가가 태평함이라.

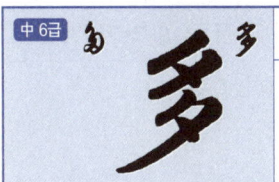

中6급 多

많다, 많아지다 ⑪少(적을 소) 영many 중多 duō 일タ(おおい)

회의 저녁 석(夕) 둘을 겹쳐 놓은 자로 일수(日數)가 '많다'의 뜻이다.
多感(다감) 감수성이 많음. 多年(다년) 多角(다각) 多量(다량)

저녁 석(夕)부 [3夕3 총6획]

많을 **다**

中5급 士

선비, 사내 ⑨兵(병졸 병) 영scholar 중士 shì 일シ

회의 열 십(十)+한 일(一)자로 하나를 듣고 배우면 열을 깨우치는 사람이 '선비'의 뜻이다.
士林(사림) 훌륭한 선비들의 세계. 士族(사족) 士氣(사기) 士兵(사병)

선비 사(士)부 [3士0 총3획]

선비 **사**

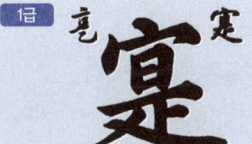

1급 寔

이, 이것, 참으로, 방치하다, 두다 영true 중寔 shí 일ショク(まこと)

형성 갓머리(宀)+시(是)이 합하여 이루어졌다.
大南寔錄(대남식록) 베트남 최후의 왕조인 완조(阮朝)의 실록.
寔景(식경) 매우 좋은 경치.

갓머리(宀)부 [3宀9 총12획]

이 **식**

高3Ⅱ급 寧

편안하다, 차라리 영peaceful 중宁 nìng 일ネイ(むしろ)

형성 움집 면(宀)+마음 심(心)+그릇 명(皿)+못 정(丁)자로, 집안에 먹을 것이 많아 '편안함'을 뜻한다.
寧日(영일) 나날이 편안함. 寧察(영찰) 晏寧(안녕) 丁寧(정녕)

갓머리(宀)부 [3宀11 총14획]

편안할 **녕**

143 晉楚更霸 진초갱패

진과 초가 다시 으뜸이 되어 초나라 장왕이 패왕이 되니라.

준1(2)급 | 晉
날 일(日)부 [4日6 총10획]

진나라, 나아가다, 꽂다 　　영 advance　중 晋 jìn　일 シン(すすむ)

회의 날 일(日)+ 至(진)의 합자로 해가 솟아 만물이 나아간다는 뜻이다.

晉山(진산) 주지가 되어 새 절에 들어가는 일.　晉接(진접)

晉晉晉晉晉晉晉晉晉晉

나라 **진** | 晉 晉 晉 晉 晉

준1(2)급 | 楚
나무 목(木)부 [4木9 총13획]

나라이름, 가시나무, 회초리 　　영 brier　중 楚 chǔ　일 ソ(いばら)

형성 수풀 림(林)+ 신맛 초(酢 : 疋)자로 자극을 가진 가시나무를 뜻한다.

楚在(초재) 어떤 범위의 밖에 존재함.　楚撻(초달)　棘(초극)　楚囚(초수)

楚楚楚楚楚楚楚楚楚楚

나라 **초** | 楚 楚 楚 楚 楚

中 4급 | 更
가로 왈(曰)부 [4曰3 총7획]

다시, 고치다, 바꾸다 　　영 again　중 更 gēng　일 コウ(さら)

형성 밝을 병(丙)+칠 복(攵)자로 밝은 길로 나아가도록 '고쳐준다'는 뜻이다.

更生(갱생) 거의 죽을 지경에서 다시 살아남.　更新(갱신)　갱지(更紙)

更更更更更更更

다시, 바꾸다 **갱** | 更 更 更 更 更

2급 | 霸
덮을 아(襾)부 [6襾13 총19획]

으뜸, 두목, 우두머리 　　영 chief　중 霸 bà　일 ハ(はたがしら)

형성 덮을 아(襾=西, 襾)+朝(패)가 합하여 이루어진 자로 제후의 '우두머리'의 뜻이다.

霸權(패권) 어떤 분야에서 으뜸자리의 권력.

霸氣(패기)　霸者(패자)　霸權主義(패권주의)

霸霸霸霸霸霸霸霸霸霸霸霸霸霸

으뜸 **패** | 霸 霸 霸 霸 霸

144 趙魏困橫 조위곤횡

조와 위는 횡에 곤하니 육군때에 진나라를 섬기자 함을 횡이라 하니라.

준1(2)급

달릴 주(走)부 [7走7 총14획]

나라 조

조나라, 찌르다, 성씨 　　영 pierce　중 趙 zhà　일 チョウ(さす)

형성 달릴 주(走)+오므릴 초(肖)자로 빨리 '달아나다'의 뜻이다.

趙璧(조벽) 옛날의 보옥(寶玉)의 이름. 趙俗조속 趙光一(조광일)

준1(2)급

귀신 귀(鬼)부 [10鬼8 총18획]

나라 위

위나라, 높다, 빼어나다 　　영 lofty　중 魏 Wèi　일 ギ(たかい)

형성 귀신 귀(鬼)+ 맡길 위(委)자로 '높다, 빼어나다'의 뜻이다.

魏闕(위궐) 높고 큰 문이란 뜻으로 대궐의 정문.
魏志(위지)　魏武帝(위무제)　魏書(위서)

中 4급

큰입구몸(囗)부 [3囗4 총7획]

곤할 곤

곤하다, 괴로움, 어렵다 　　영 distress　중 困 kùn　일 コン(こまる)

회의 에울 위(囗)+나무 목(木)자로 갇힌 나무는 자라기 '곤란하다'는 뜻이다.

困境(곤경) 곤란한 처지.　困窮(곤궁)　困辱(곤욕)　困惑(곤혹)

高3Ⅱ급

나무 목(木)부 [4木12 총16획]

가로 횡

가로, 방지하다 　　영 width　중 橫 héng　일 オウ(よこ)

형성 나무 목(木)+누를 황(黃)자로 대문의 빗장을 가로 끼우는 것을 뜻한다.

橫斷(횡단) 가로 끊음.　橫隊(횡대)　橫領(횡령)　橫步(횡보)

145 假途滅虢 가도멸괵

길을 빌려 괵국을 멸하니 진헌공이 우국길을 빌려 괵국을 멸하였다.

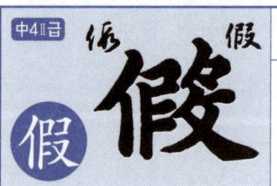

中4Ⅱ급 거짓, 빌리다　반 眞(참 진)　영 false　중 假 jiǎ　일 仮 カ・ケ(かり)

형성 사람 인(亻)+빌릴 가(叚)로 허물이 있고 바르지 못한 사람은 일을 '거짓되게 함'을 뜻한다.

假令(가령) 가정하여 말할 때 쓰는 말. 假想(가상) 假橋(가교) 假髮(가발)

사람 인(人)부 [2人9 총11획]

거짓 가

高3Ⅱ급 길, 도로　영 road　중 途 tú　일 ト・ズ(みち)

형성 쉬엄쉬엄갈 착(辶)+조짐 조(兆)자로 슬금슬금 갈라져 달아나는 것을 뜻한다.

途上(도상) 길을 가고 있는 동안. 途中(도중) 前途(전도)

쉬엄쉬엄갈 착(책받침) 辵(辶)부 [4辵7 총11획]

길 도

高3Ⅱ급 멸하다, 멸망하다　유 亡(셀 계)　영 ruin　중 灭 miè　일 メツ(ほろびる)

형성 물 수(氵)+꺼질 멸(烕)자로 물이 다하여 없어지므로 '멸망하다'의 뜻이다.

滅種(멸종) 종자가 모두 없어짐. 滅菌(멸균) 滅亡(멸망) 滅族(멸족)

물 수(삼수변) 水(氵)부 [3氵10 총13획]

멸할 멸

1급 나라 이름, 범 발톱 자국　영 state　중 虢 guó　일 カク(くに)

형성 취할 률(孚)+범호(虎)가 합하여 이루어졌다.

假道滅虢(가도멸괵) 다른 나라의 길을 임시로 빌려 쓰다가 마침내 그 나라를 쳐서 없앰.
虢國夫人(괵국 부인) 당나라 현종(玄宗)의 비(妃)인 양귀비(楊貴妃)의 언니.

범호엄(虍)부 [6虍9 총15획]

나라 괵

146 踐土會盟 천토회맹

진나라 문공이 제후를 천토에 모아 맹세하고 협천자영을 제후로 봉하였다.

高3Ⅱ급	밟다	영 tread 중 践 jiàn 일 セン(ふむ)

형성 발 족(足)+해칠 잔(戔)자로 발로 짓밟아 '해치다, 밟다'를 뜻한다.
實踐(실천) 실행에 옮김. 踐祚(천조) 踐履(천리) 句踐(구천)

踐踐踐踐踐踐踐踐踐踐踐

발족(足)부 [7足8 총15획]

밟을 천 — 踐 踐 踐 踐 踐

中8급	흙, 토양 유 地(땅 지)	영 soil, earth 중 土 tǔ 일 ト・ド(つち)

상형 초목의 새싹이 땅위로 솟아오르며 자라는 모양을 본뜬 글자이다.
土窟(토굴) 땅속으로 판 굴. 土砂(토사) 土建(토건)

土 土 土

흙 토(土)부 [3土0 총3획]

흙 토 — 土 土 土 土 土

中6급	모이다, 모임 유 社(모일 사)	영 meet 중 会 huì 일 会 カイ(あう)

회의 모을 집(集)+거듭 증(曾)자로 더하여 '모으다'의 뜻이다.
會見(회견) 서로 만나 봄. 會堂(회당) 會同(회동) 會議(회의)

會會會會會會會會會會會會會

가로 왈(曰)부 [4曰9 총13획]

모일 회 — 會 會 會 會 會

高3Ⅱ급	맹세, 약속	영 oath 중 盟 méng 일 メイ(ちかう)

형성 밝을 명(明)+그릇 명(皿)자로 제후들이 희생의 피를 담아 마시며 결의하던 것으로 '맹세'를 뜻한다.
盟契(맹계) 굳은 언약. 盟邦(맹방) 盟約(맹약) 盟兄(맹형)

明 明 明 明 明 明 明 明 盟 盟 盟

그릇 명(皿)부 [5皿8 총13획]

맹세 맹 — 盟 盟 盟 盟 盟

147 何遵約法 하준약법

소하는 한고조와 더불어 약법삼장(約法三章)을 만들어 준행하였다.

사람 인(人)부 [2人5 총7획]
어찌 하

어찌, 무엇, 누구 　　　영 how　중 何 hé　일 カ·グ(した)

형성 사람 인(亻)+옳을 가(可)자로 '어찌, 무엇'을 뜻한다.
何故(하고) 어째서, 무슨 연유로.　何如間(하여간)　何必(하필)　如何(여하)

쉬엄쉬엄갈 착(책받침) 辵(辶)부 [4辵12 총16획]
좇을 준

좇다, 순종함 　　　영 follow　중 遵 zūn　일 ジュン

형성 쉬엄쉬엄갈 착(辶)+어른 존(尊)자로 웃어른을 존경하고 따르는 것을 뜻한다.
遵守(준수) 좇아 지킴.　遵法(준법)　遵行(준행)　恪遵(각준)

실 사(糸)부 [6糸3 총9획]
맺을 약

맺다, 묶다 　　　영 bind　중 約 yuē　일 ヤク(おおむれ)

형성 실 사(糸)+작을 작(勺)자로 실로 작은 매듭을 '맺다'의 뜻이다.
約略(약략) 대강. 또는 대게.　約束(약속)　約款(약관)　公約(공약)

물 수(삼수변) 水(氵)부 [3氵5 총8획]
법 법

법, 방법　윤 律(법칙 률), 規(법 규) 　　　영 law　중 法 fǎ　일 ホウ(のり)

회의 물 수(氵)+갈 거(去)자로 물이 평평하게 흘러가듯 옳고 그름을 가리는 '법'을 뜻한다.
法則(법칙) 모든 현상들의 원인과 결과.　法益(법익)　法鼓(법고)　法規(법규)

148 韓弊煩刑 한폐번형

한비는 진왕을 달래 형벌을 펴다가 그 형벌에 죽는다.

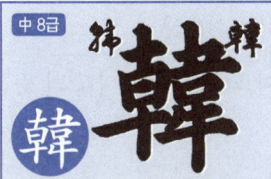

中8급

나라 이름, 삼한, 성 　　　　영Korea 중韩 hán 일カン(から)

형성 군사들이 성둘레를 지키는 해돋는 쪽의 '나라'를 뜻한다.

韓人(한인) 우리나라 사람. 韓國(한국) 韓方(한방) 韓紙(한지)

韓韓韓韓韓韓韓韓韓韓韓韓

가죽 위(韋)부 [9韋8 총17획]

나라 **한**

韓 韓 韓 韓 韓

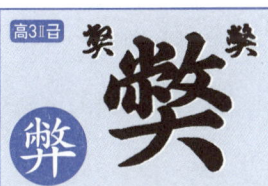

高3Ⅱ급

해지다, 폐단 　　　　영wear out 중弊 bì 일ヘイ

형성 받들 공(廾)+해질 폐(敝)자로 옷이 해져서 두 손으로 가리는 나쁜 일, 즉 '폐단'을 뜻한다.

弊家(폐가) 자기 집의 겸칭. 弊習(폐습) 弊端(폐단) 弊風(폐풍)

弊弊弊弊弊弊弊弊弊弊弊弊

손맞잡을 공(밑스물입)(廾)부 [3廾12 총15획]

해질 **폐**

弊 弊 弊 弊 弊

高2급

번거롭다, 성가시다, 귀찮다 　　　　영trouble some 중烦 fán 일ハン(わずらわしい)

회의 불 화(火)+머리 혈(頁)자로 열이 있어서 두통이 나는 것에서 번거로운 것을 뜻한다.

煩悶(번민) 번거롭고 답답하여 괴로워함. 煩渴(번갈) 煩急(번급) 煩雜(번잡)

煩煩煩煩煩煩煩煩煩煩煩

불 화(火)부 [4火9 총13획]

번거로울 **번**

煩 煩 煩 煩 煩

中4급

형벌, 형벌을 주다 　　　　영punishment 중刑 xíng 일ケイ(のり)

형성 우물 정(井)+칼 도(刂)자로 죄인을 형틀에 매달고 칼로 위엄을 보이므로 '형벌'의 뜻이다.

刑期(형기) 형에 처하는 시기. 刑典(형전) 刑罰(형벌) 刑事(형사)

刑刑刑刑刑刑

칼 도(刀/刂)부 [2刀4 총6획]

형벌 **형**

刑 刑 刑 刑 刑

149 起翦頗牧 기전파목

백기와 왕전은 진나라 장수요 염파와 이목은 조나라 장수였다.

中4Ⅱ급

달아날 주(走)부 [7走3 총10획]

일어날 **기**

일어나다, 일어서다　반 伏(엎드릴 복)　영 rise　중 起 qǐ　일 キ(おきる)

형성 달릴 주(走)+몸 기(己)자로 달아나려면 몸을 일으켜야 되므로 '일어나다'의 뜻이다.

起立(기립) 일어섬. 起伏(기복) 起床(기상) 起用(기용)

起起起起起起起起

起 起 起 起 起

1급

깃 우(羽)부 [6羽9 총15획]

자를 **전**

자르다, 화살, 가위　영 cut, shear　중 翦 jiǎn　일 セン(きる)

형성 깃 우(羽)+ 전(前)이 합하여 이루어졌다.

翦髮機(전발기) 머리털을 깎는 데 쓰이는 금속 용구.
翦定(전정)　翦定枝(전정지)　翦板(전판)

翦翦翦翦翦翦翦翦翦翦翦翦翦

翦 翦 翦 翦 翦

高3급

머리 혈(頁)부 [9頁5 총14획]

자못 **파**

자못, 조금　영 partial　중 頗 pō　일 ハ(すこぶる)

회의·형성 머리 혈(頁)+가죽 피(皮)자로 머리가 기우는 모양에서 '치우치다'를 뜻한다.

偏頗(편파) 한쪽으로 치우침. 頗多(파다) 阿諛偏頗(아유편파)

頗頗頗頗頗頗頗頗頗頗頗

頗 頗 頗 頗 頗

高4Ⅱ급

소 우(牛)부 [4牛4 총8획]

칠 **목**

치다, 기르다　영 pasture　중 牧 mù　일 ボク(まき)

형성 소 우(牛)+칠 복(攵)자로 손에 회초리를 들고 소를 '치다'는 뜻이다.

牧民(목민) 백성을 다스림.　牧者(목자)　牧草(목초)　牧師(목사)

牧牧牧牧牧牧牧牧

牧 牧 牧 牧 牧

150 用軍最精 용군최정

군사 쓰기를 가장 정교히 하였다.

中6급 用

쓰다, 쓰이다　유 費(쓸 비)　영 use, employ　중 用 yòng　일 ヨウ(もちいる)

형성 점 복(卜)+가운데 중(中)자로 옛날 점을 쳐서 맞으면 반드시 '시행하다'의 뜻이다.

用件(용건) 볼일.　用處(용처)　用器(용기)　用品(용품)

쓸 용(用)부 [5用0 총5획]

쓸 용

用用用用用

中8급 軍

군사, 전투　영 military·district　중 军 jūn　일 グン(いくさ)

회의 수레 거(車)+ 쌀 포(勹)자로 전차를 둘러싸고 있는 '군사'란 뜻이다.

軍官(군관) 군인과 관리.　軍紀(군기)　軍歌(군가)　軍犬(군견)

수레 거(車)부 [7車2 총9획]

군사 군

軍軍軍軍軍軍軍軍軍

中5급 最

가장, 제일　영 most, best　중 最 zuì　일 サイ(もっとも)

회의 무릅쓸 모(曰:冒)와 취할 취(取)자로 위험을 무릅쓰고 적의 귀를 베는 것이 '가장'이란 뜻이다.

最古(최고) 가장 오래됨.　最惡(최악)　最强(최강)　最善(최선)

가로 왈(曰)부 [4曰8 총12획]

가장 최

最最最最最最最最最最最最

最最最最最

中4Ⅱ급 精

정하다, 정미하다, 찧다　유 誠(정성 성)　영 detailed　중 精 jīng　일 セイ

형성 쌀 미(米)+푸를 청(靑)자로 쌀이 푸른 빛이 나도록 '깨끗하다'의 뜻이다.

精潔(정결) 깨끗하고 조촐함.　精勤(정근)　精巧(정교)　精氣(정기)

쌀 미(米)부 [6米8 총14획]

정할 정

精精精精精精精精精精精

151 宣威沙漠 선위사막

장수로서 그 위엄은 멀리 사막에까지 퍼졌다.

宣 베풀 선

高 4급 | 갓머리(宀)부 [3宀6 총9획]

베풀다, 펴다, 밝히다 · 영 give · 중 宣 xuān · 일 セン(のたまう)

형성 궁궐에서 임금이 정치를 펼치는 것으로 '베풀다'의 뜻이다.

宣敎(선교) 가르침을 넓힘. 宣傳(선전) 宣明(선명) 宣布(선포)

威 위엄 위

中 4급 | 계집 녀(女)부 [3女6 총9획]

위엄, 세력 · 영 dignity · 중 威 wēi · 일 イ(たけし)

형성 큰도끼 월(戌)+계집 녀(女)자로 큰도끼로 약한 여자를 위협하는데서 '위엄'의 뜻이다.

威力(위력) 다른 사람을 위압하는 세력. 威嚴(위엄) 威勢(위세) 威容(위용)

沙 모래 사

高 3급 | 물 수(삼수변) 水(氵)부 [3氵4 총7획]

모래, 모래벌판 · 영 sand · 중 沙 shā · 일 サ(すな)

형성 물 수(氵)+적을 소(少)자로 물 속의 작은 돌인 '모래'를 뜻한다.

沙器(사기) 사기 그릇. 沙鉢(사발) 沙工(사공) 沙果(사과)

漠 사막 막

高 3급 | 물 수(삼수변) 水(氵)부 [3氵11 총14획]

사막, 아득하다 · 영 desert · 중 漠 mò · 일 バク(ひろい)

형성 물 수(氵)+없을 막(莫)자로 물이 없는 벌판, '사막'을 뜻한다.

漠漠(막막) 소리가 들릴 듯 말 듯 멂. 沙漠(사막) 漠然(막연) 索漠(삭막)

152 馳譽丹青 치예단청

그 이름은 생전뿐 아니라 죽은 후에도 전하기 위하여 초상을 기린각에 그렸다.

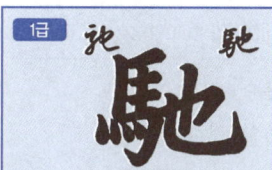

1급 | 달리다, 분주, 지나가다 | 영 run 중 馳 chí 일 チ(はせる)

형성 말 마(馬)+어조사 야(也)자로 말이 들을 넘실거리게 하면서 '달린다'는 뜻이다.
馳獵(치렵) 말을 달려 사냥질함. 馳到(치도) 馳報(치보)

말 마(馬)부 [10馬3 총13획]

달릴 치

高3Ⅱ급 | 명예, 영예, 기리다, 칭찬하다 | 영 fame 중 譽 yù 일 ヨ(ほまれ)

형성 말씀 언(言)+줄 여(與)자로 말로써 사람을 칭찬하는 것으로 '명예'를 뜻한다.
榮譽(영예) 자랑스러움. 譽聞(예문) 榮譽(영예) 出藍之譽(출람지예)

말씀 언(言)부 [7言14 총21획]

명예 예

中3Ⅱ급 | 붉다, 정성스럽다 | 영 red 중 丹 dān 일 タン(あか)

지사 단사(丹砂)를 채굴하는 우물(井)을 가리켜 갱도 밑바닥에 나타나는 붉은 빛깔의 '광석'을 뜻한다.
丹粧(단장) 화장. 얼굴을 곱게 꾸밈. 丹田(단전) 丹書(단서) 丹心(단심)

점 주(丶)부 [1丶3 총4획]

붉을 단

中8급 | 푸르다, 푸른 빛 | 영 blue 중 青 qīng 일 セイ(あおい)

회의 날 생(生)+붉을 단(丹)자로 초목의 싹이 나올 때는 자라면서 '푸르다'의 뜻이다.
靑盲(청맹) 뜨고도 보지 못하는 눈. 靑松(청송) 靑果(청과) 靑年(청년)

푸를 청(靑)부 [8靑0 총8획]

푸를 청

153 九州禹跡 구주우적

하우씨가 구주를 분별하니 기, 연, 청, 서, 양, 옹, 구주이다.

아홉 구

- 中8급
- 아홉, 아홉 번, 많다
- 영 nine 중 九 jiǔ 일 キユウ·ク(ここのつ)
- 지사 열 십(十)자의 열에서 하나 떨어져 나갔으므로 '아홉'을 뜻한다.
- 九曲(구곡) 아홉 굽이. 九十春光(구십춘광) 九氣(구기) 九族(구족)
- 새 을(乙)부 [1乙1 총2획]

고을 주

- 中5급
- 고을, 행정 구역
- 유 郡(고을 군)
- 영 county 중 州 zhōu 일 シコ(す·しま)
- 상형 강 가운데 모래가 쌓여 만들어진 섬의 모습으로 '고을'의 뜻이다.
- 州縣(주현) 주와 현. 州郡(주군) 州閭(주려) 坡州(파주)
- 개미허리(내 천) 巛(川)부 [3川3 총6획]

하우씨 우

- 2급
- 하우씨, 우임금
- 중 禹 Yǔ 일 ウ(ゆるむ)
- 상형 짐승발자국 유(内)+ 구(九)자로 파풍류 일종의 모양을 본뜬 글자이다.
- 禹步(우보) 황소걸음. 禹門(우문) 禹域(우역) 禹跡(우적)
- 짐승발자국유(内)부 [5内4 총9획]

자취 적

- 高3II급
- 자취, 발자취
- 영 traces 중 跡 jī 일 セキ(あと)
- 형성 발 족(足)+또 역(亦:쌓여 겹치다)자로 쌓여 포개진 발자국, 즉 '자취'를 뜻한다.
- 足跡(족적) 어떤 여정을 지나온 흔적. 史跡(사적) 潛跡(잠적) 足球(족구)
- 발 족(足)부 [7足6 총13획]

154 百郡秦幷 백군진병

진시황이 천하에 봉군하는 법을 폐하고 일백 군을 두었다.

百 [中7급]

일 백, 100, 많다 영 hundred 중 百 bǎi 일 ヒャク(もも)

형성 한 일(一)+흰 백(白)자로 머리카락이 하얗게 센 사람은 '많다'는 뜻이다.

百家(백가) 많은 집. 百方(백방) 百官(백관) 百姓(백성)

흰 백(白)부 [5白1 총6획]

일백 **백**

郡 [中6급]

고을, 행정 구역의 하나 유 邑(고을 읍) 영 country 중 郡 jùn 일 グン(こおり)

형성 임금 군(君)+고을 읍(邑)자로 임금의 명을 받아 다스리는 '고을'을 뜻한다.

郡民(군민) 군의 백성. 郡守(군수) 郡界(군계) 郡內(군내)

고을 읍(우부방) 邑(阝)부 [3阝7 총10획]

고을 **군**

秦 [준1(2)급]

진나라, 벼 이름, 성씨 영 Qin 중 秦 qín 일 シン(はた)

회의 벼 화(禾)+ 찧을 용(舂)자로 벼가 뻗어 우거지다의 뜻이다.

秦始皇(진시황) 6국을 멸하고 천하를 통일한 진나라 황제.
秦律(진율) 秦聲(진성) 秦始皇(진시황)

벼 화(禾)부 [5禾5 총10획]

나라 **진**

幷 [2급]

아우르다, 나란히 하다, 다투다 영 merge 중 幷 bìng 일 ヘイ(あむせる)

형성 사람 인(亻·人)+아우를 병(幷)로서 사람이 늘어서다, 사람을 아우르다의 뜻이다.

幷直(병직) 여러 사람이 함께 하는 일직이나 숙직. 幷享(병향) 幷付(병부) 幷坐(병좌)

방패 간(干)부 [3干5 총8획]

아우를 **병**

155 嶽宗恒岱 악종항대

오악은 동 태산, 서 화산, 남 형산, 북 항산, 중 숭산이니 항산과 태산이 조종이라.

1급 嶽

큰 산, 오악의 총칭, 관직명 영 great mountain 중 岳 yuè 일 ガク(たけ)

형성 뫼 산(山)+악(獄)자로 큰 산을 뜻한다.

山嶽人(산악인) 등산을 즐기거나 잘하는 사람. 喬嶽(교악) 嶽干(악간) 嶽氣(악기)

뫼 산(山)부 [3山14 총17획]

산마루 악

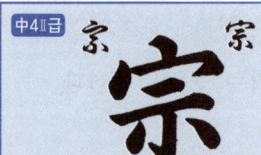

중4II급 宗

마루, 일의 근원, 으뜸 영 ancestral 중 宗 zōng 일 ソウ(むね)

회의 집 면(宀)+보일 시(示)자로 집에 신을 모신 '사당'을 뜻한다.

宗統(종통) 본가의 계통. 宗兄(종형) 宗家(종가) 宗團(종단)

갓머리(宀)부 [3宀5 총8획]

마루 종

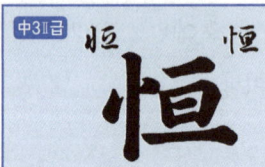

중3II급 恒

항상, 늘 영 constant 중 恒 héng 일 コウ(つね)

형성 마음 심(忄)+뻗칠 긍(亙)자로 마음이 변치 않는 것으로 '항상'을 뜻한다.

恒久(항구) 변함없이 오램. 恒常(항상) 恒星(항성) 永恒(영항)

마음 심(심방변) 心(忄/㣺)부 [3忄6 총9획]

항상 항

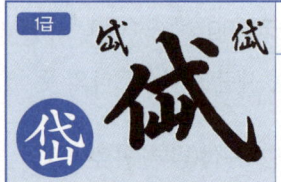

1급 岱

뫼, 태산, 크다, 큼직하다 영 name of a mountain 중 dài 일 タイ

형성 뫼 산(山)+대(代)가 합하여 이루어졌다.

岱宗(대종) 태산(泰山)의 다른 이름.

뫼 산(山)부 [3山5 총8획]

뫼 대

156 禪主云亭 선주운정

운과 정은 천자를 봉선하고 제사하는 곳이니 운정은 태산에 있다.

禪

[高3급] 고요할 선

보일 시(示)부 [5示12 총17획]

고요하다, 봉선 영 abdicate 중 禪 chán 일 ゼン(ゆずる)

형성 보일 시(示)+홀로 단(單)자로 단을 설치하여 하늘을 제사하는 것으로 '고요하다, 참선'을 뜻한다.
禪家(선가) 참선하는 사람. 禪僧(선승) 禪房(선방) 禪師(선사)

主

[中7급] 임금 주

점 주(丶)부 [1丶4 총5획]

임금, 주인, 소유자 반 客(손 객) 영 lord 중 主 zhǔ 일 ショウ(うける)

상형 촛불이 타는 모양을 본뜬 글자로 등불은 방 안의 가운데 있으므로 '주인'의 뜻이다.
主客(주객) 주인과 손. 主管(주관) 主動(주동) 主力(주력)

云

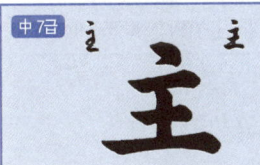

[中3급] 이를, 말할 운

두 이(二)부 [2二2 총4획]

이르다, 말하다 영 say 중 云 yún 일 ウン(いう)

상형 구름이 피어오르는 모양을 본떠 가차하여 '말하다, 이어'를 뜻한다.
或云(혹운) 어떠한 사람이 말하는 바. 云爲(운위) 云云(운운) 紛云(분운)

亭

[高3Ⅱ급] 정자 정

돼지해머리(亠)부 [2亠7 총9획]

정자, 역말, 곧다 영 arbour 중 亭 tíng 일 テイ(あずまや)

형성 사람 인(亻)+정자 정(亭)자로 사람이 잠시 머무르는 '정자'를 뜻한다.
亭子(정자) 산수가 좋은 곳에 지은 아담한 건물. 江亭(강정) 亭子(정자) 亭育(정육)

157 雁門紫塞 안문자새

안문은 봄기러기 북으로 가는 고로 안문이고 흙이 붉은 고로 자색이라 하였다.

기러기 | 영 wild goose | 중 雁 yàn | 일 ガン(かり)

형성 기슭 엄(厂)+사람 인(亻)+새 추(隹)자로 '기러기'를 뜻한다.

雁毛(안모) 기러기털. 雁行(안행) 家雁(가안) 雁門紫塞(안문자색)

새 추(隹)부 [8隹4 총12획]

기러기 **안**

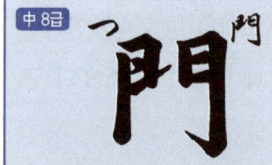

문, 문간, 집 | 영 door | 중 门 mén | 일 モン(かど)

상형 두 개의 문짝을 달아놓은 모양을 본뜬 글자로 '집 안'을 뜻한다.

門客(문객) 집안에 있는 식객. 門限(문한) 門前(문전) 門中(문중)

문 문(門)부 [8門0 총8획]

문 **문**

붉다, 자줏빛(보랏빛), 색깔 | 영 purple | 중 紫 zǐ | 일 シ(むらさき)

형성 실 사(糸)+이 차(此)자로 자줏빛으로 물들인 '실'을 뜻한다.

紫色(자색) 보라색. 紫水晶(자수정) 紫桃(자도) 紫朱(자주)

실 사(糸)부 [6糸5 총11획]

붉을 **자**

변방, 변경, 요새 | 영 block | 중 塞 sài | 일 サイ(とりで)

회의·형성 흙으로 막다, 또는 외적의 침입을 막는 '요새'를 뜻한다.

塞外(새외) 성채의 바깥. 邊塞(변색) 要塞(요새) 壅塞(옹색)

흙 토(土)부 [3土10 총13획]

변방 **새**

※ 塞(변방 새, 막힐 색)

158 鷄田赤城 계전적성

계전은 옹주에 있는 고을이고 적성은 기주에 있는 고을이다.

鷄
- 새 조(鳥)부 [11鳥10 총21획]
- 닭 계
- 닭
- 영 cock   중 鸡 jī   일 鷄 ケイ(にわとり)
- 형성 어찌 해(奚)+새 조(鳥)자로 새벽을 알리는 '닭'을 뜻한다.
- 鷄冠(계관) 닭의 볏. 鷄卵(계란) 鷄肋(계륵) 鷄鳴(계명)

田
- 밭 전(田)부 [5田0 총5획]
- 밭 전
- 밭, 경지 구획 이름
- 영 field   중 田 tián   일 デン(た)
- 형성 가로와 세로로 구획된 농토를 위에서 본 모양을 본뜬 글자이다.
- 田結(전결) 논밭의 조세. 田獵(전렵) 田畓(전답) 田園(전원)

赤
- 붉을 적(赤)부 [7赤0 총7획]
- 붉을 적
- 붉다, 붉은빛
- 영 red   중 赤 chì   일 セキ(あか)
- 회의 큰 대(大)+불 화(火)자로 크게 타는 불은 그 빛이 '붉다'는 뜻이다.
- 赤裸裸(적나라) 있는 그대로 드러냄. 赤貧(적빈) 赤旗(적기) 赤色(적색)

城
- 흙 토(土)부 [3土6 총9획]
- 성 성
- 성, 재, 도읍
- 영 castle   중 城 chéng   일 ジョウ(しろ)
- 회의·형성 흙 토(土)+이룰 성(成)자로 흙을 높게 쌓아 백성이 모여 살게 만든 '성'을 뜻한다.
- 城砦(성채) 성과 진지. 城址(성지) 城郭(성곽) 城內(성내)

159 昆池碣石 곤지갈석

곤지는 운남 곤명현에 있고 갈석은 부평현에 있다.

昆 [1급]
말, 뒤, 자손, 같이, 함께
영 eldest brother 중 昆 kūn 일 コン(あに)

회의 날 일(日)+비(比)자로 해 밑에 사람이 많이 줄섰다는 뜻이다.
昆布(곤포) 다시마. 갈조류 다시맛과의 하나.
昆布湯(곤포탕) 昆季(곤계) 後昆(후곤)

날 일(日)부 [4日4 총8획]

昆昆昆昆昆昆昆昆

맏 곤 昆 昆 昆 昆 昆

池 [高3Ⅱ급]
못, 해자(垓字)
영 pond 중 池 zhí 일 チ(いけ)

형성 물 수(氵)+또 야(也)자로 꾸불꾸불한 모양의 물웅덩이, 즉 '못'을 뜻한다.
池魚(지어) 못에 사는 물고기. 池塘(지당) 池魚籠鳥(지어농조) 池上(지상)

물 수(삼수변) 水(氵)부 [4水2 총6획]

池池池池池池

못 지 池 池 池 池 池

碣 [1급]
선 돌, 둥근 비석, 우뚝 선 돌
영 stone monument 중 碣 jié 일 ケツ(いしぶみ)

형성 돌석(石)+갈(曷)이 합하여 이루어졌다.
墓碣銘(묘갈명) 무덤 앞에 세우는 둥그스름한 작은 비석에 새기는 글.
碣斗(갈두) 碑碣(비갈) 石碣(석갈)

돌 석(石)부 [5石9 총14획]

碣碣碣碣碣碣碣碣碣碣

선돌 갈 碣 碣 碣 碣 碣

石 [中 6급]
돌, 돌로 만든 악기 반 玉(구슬 옥)
영 stone 중 石 shí 일 セキ(いし)

회의·형성 'ㅁ'는 언덕 아래 굴러 있는 돌멩이 곧 '돌'을 나타낸다.
石間水(석간수) 바위틈에서 솟는 샘물. 石工(석공) 石磬(석경) 石燈(석등)

돌 석(石)부 [5石0 총5획]

石石石石石

돌 석 石 石 石 石 石

160 鉅野洞庭 거야동정

거야는 태산 동편에 있는 광야, 동정호는 호남성에 있는 중국의 호수이다.

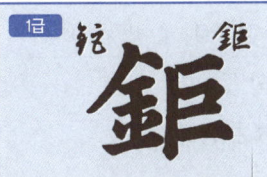

1급 鉅

크다, 강하다, 높다 　　　영 large　중 jù　일 きょ·こ(おおきい)

형성 쇠 금(金)+거(巨)가 합하여 이루어졌다.
前鉅筋(전거근) 가슴 옆에 있는 톱날 모양의 넓은 근육.
鉅公(거공)　鉅狡(거교)　鉅漁(거어)

쇠 금(金)부 [8金5 총13획]

클 거

鉅 鉅 鉅 鉅 鉅 鉅 鉅 鉅 鉅 鉅 鉅

鉅 鉅 鉅 鉅 鉅

中 6급 野

들, 교외　반 與(더불 여) 　　영 field　중 野 yě　일 ヤ(の)

형성 마을 리(里)+줄 여(予)자로 마을의 논밭에서 농사를 지어들이는 '들'을 뜻한다.
野蠻(야만) 문화가 미개함.　野行(야행)　野球(야구)　野談(야담)

마을 리(里)부 [7里4 총11획]

들 야

野 野 野 野 野 野 野 野 野 野 野

野 野 野 野 野

中 7급 洞

고을, 구멍, 마을, 깊다　　　영 village　중 洞 dòng　일 ドウ(ほら)

형성 물 수(氵)+한 가지 동(同)자로 물로 움푹 패여 사람이 한데 모여사는 '마을'을 뜻한다.
洞窟(동굴) 깊고 넓은 큰 굴.　洞天(동천)　洞口(동구)　洞察(통찰)

물 수(삼수변) 水(氵)부 [3氵6 총9획]

고을 동

洞 洞 洞 洞 洞 洞 洞 洞 洞

洞 洞 洞 洞 洞

中 6급 庭

뜰, 마당, 집안 　　　영 garden　중 庭 tíng　일 テイ(にわ)

형성 집 엄(广)+조정 정(廷)자로 지붕을 덮은 조정의 뜰을 뜻하였으나 뒤에 백성의 '뜰'을 뜻한다.
庭球(정구) 테니스.　庭園(정원)　家庭(가정)　法庭(법정)

엄호(广)부 [3广7 총10획]

뜰 정

庭 庭 庭 庭 庭 庭 庭 庭 庭 庭

庭 庭 庭 庭 庭

161 曠遠綿邈 광원면막

산, 벌판, 호수 등이 아득하고 멀리 그리고 널리 줄지어 있음을 말한다.

1급 曠

비다, 공허하다, 넓다, 밝다 영 empty 중 旷 kuàng 일 コウ(むなしい)

형성 날 일(日)+넓을 광(廣)자로서 '밝다, 비다, 공허하다'의 뜻이다.

曠野(광야)광활한 들. 허허벌판. 曠年(광년) 曠闊(광활) 曠古(광고)

曠曠曠曠曠曠曠曠曠曠曠

날 일(日)부 [4日15 총19획]

빌, 넓다 **광** 曠 曠 曠 曠 曠

中6급 遠

멀다, 선조 반 近(가까울 근) 영 far 중 远 yuǎn 일 エン(とおい)

회의·형성 쉬엄쉬엄갈 착(辶)+옷치렁거릴 원(袁)자로 긴 옷을 입고 '먼' 길을 쉬엄쉬엄간다.

遠近(원근)멀고 가까움. 遠景(원경) 遠隔(원격) 遠大(원대)

遠遠遠遠遠遠遠遠遠遠遠

쉬엄쉬엄갈 착(책받침) 辶(辶)부 [4辶10 총14획]

멀 **원** 遠 遠 遠 遠 遠

高3II급 綿

솜, 풀솜 영 cotton 중 绵 miǎn 일 メン(わた)

회의 비단 백(帛)+이을 계(系)자로 끊임없이 하얗게 이어진 '솜'을 뜻한다.

綿綿(면면) 길이 이어진 모양. 綿密(면밀) 綿絲(면사) 綿球(면구)

綿綿綿綿綿綿綿綿綿綿綿

실 사(糸)부 [6糸8 총14획]

솜 **면** 綿 綿 綿 綿 綿

1급 邈

멀다, 업신여기다, 아득하다 영 far 중 邈 miǎo 일 マク(とおい)

형성 책받침(辶=辵)+모(貌)이 합하여 이루어졌다.

邈邈調(막막조) 고려 속악의 7조 가운데 우조에서 가장 높은 악조.
邈遠(막원) 邈然(막연)

邈邈邈邈邈邈邈邈邈邈邈邈邈邈邈

책받침(辶)부 [4辶14 총18획]

멀 **막** 邈 邈 邈 邈 邈

162 巖岫杳冥 암수묘명

큰 바위와 메뿌리가 묘연하고 아득함을 말한다.

中3Ⅱ급

바위, 가파르다, 언덕　　영 rock　중 岩 yán　일 岩 ガン(いわ)

회의·형성 뫼 산(山)+굳셀 엄(嚴)자로 산에 높이 솟은 험준한 '바위'를 뜻한다.

巖穴(암혈) 바위굴.　巖盤(암반)　巖壁(암벽)　巖山(암산)

뫼 산(山)부 [3山20 총23획]

바위 암

1급

뫼뿌리, 암혈, 산봉우리, 산꼭대기　　영 orifice　중 峀 xiù　일 シュウ(いわあな)

형성 메산(山)+ 유(由)가 합하여 이루어졌다.

巖岫杳冥(암수묘명) 큰 바위와 메 뿌리가 묘연하고 아득함을 말함.

뫼 산(山)부 [3山5 총8획]

뫼뿌리 수

1급

아득하다, 어둡다, 멀다, 깊숙하다　　영 remote　중 杳 yǎo　일 ヨウ(はるか)

회의 나무 목(木) 밑에 日(일)이 있어 일출(日出) 전과 일몰(日沒)후의 어두움의 뜻이다.

杳冥(묘명) 어둠침침하고 아득함.　杳然(묘연) 그윽하고 멀어서 눈에 아물아물함.

나무 목(木)부 [4木4 총8획]

아득할 묘

高3급

어둡다, 깊숙하다　　영 dark　중 冥 míng　일 メイ(くらい)

회의 덮을 멱(冖)+해 일(日)+들 입(入)자로 덮어서 빛이 없는 상태의 뜻이다.

冥冥(명명) 어두운 모양.　冥途(명도)　冥福(명복)　冥想(명상)

덮을 멱(민갓머리)(冖)부 [2冖8 총10획]

어두울 명

※ 峀→岫(산봉우리 수)로도 쓰임.

163 治本於農 치본어농

다스리는 것은 농사를 근본으로 하니 중농 정치를 이른다.

中4Ⅱ급 | 다스리다, 병 고치다　㉰ 政(다스릴 정)　영 govern　중 治 zhì　일 ジ(おさめる)

형성 물 수(氵)+기를 이(台)자로 하천에 인공을 가하여 '다스리다'의 뜻이다.

治世(치세) 세상을 다스림.　治亂(치란)　治療(치료)　治山(치산)

물 수(삼수변) 水(氵)부 [3氵5 총8획]

다스릴 치

中6급 | 근본, 근원　㉰ 根(뿌리 근)　영 origin　중 本 běn　일 ホン(もと)

지사 나무[木]의 밑뿌리[一]로 모든 일에 '근본' 뿌리이다.

本家(본가) 본집.　本夫(본부)　本能(본능)　本來(본래)

나무 목(木)부 [4木1 총5획]

근본 본

中3급 | 어조사 어　　영 in·particle　중 於 yú　일 オ(おいて)

회의 까마귀 모양을 본뜬 글자로, 가차하여 어조사로 쓰인다.

於焉間(어언간) 어느덧.　於中間(어중간)　於焉間(어언간)　於焉(어언)

모 방(方)부 [4方4 총8획]

늘 어

中7급 | 농사, 농사짓다　　영 farming　중 农 nóng　일 ノウ

형성 굽을 곡(曲)+별 신(辰)자로 농부가 밭일할 때는 별을 보며 일하므로 '농사'를 뜻한다.

農耕(농경) 논밭을 경작함.　農功(농공)　農家(농가)　農夫(농부)

별 진(辰)부 [7辰6 총13획]

농사 농

164 務茲稼穡 무자가색

때맞춰 심고 힘써 일하며 많은 수익을 거둔다.

中4Ⅱ급

힘쓰다, 일   영 exert   중 务 wù   일 ム(つとめる)

형성 창[矛]으로 적을 치듯[攵] 힘써 '힘쓰다'를 뜻한다.

務望(무망) 간절히 바람. 務實力行(무실역행) 服務(복무) 業務(업무)

힘 력(力)부 [2力9 총11획]

힘쓸 무

高3급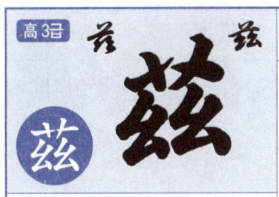

이, 여기, 검다   영 this   중 兹 zī   일 シ·ジ(ここ)

회의 검을 현(玄)을 둘을 써서 검다는 모양, '이, 여기'를 뜻한다.

來茲(내자) 올해의 바로 다음 해. 今茲(금자) 龜茲(구자) 茲宮(자궁)

검을 현(玄)부 [5玄5 총10획]

이 자

1급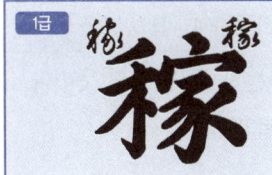

심다, 익은 벼 이삭, 베지 아니한 벼   영 plant, sow   중 稼 jià   일 カ(うえつけ)

형성 벼 화(禾)+가(家)자로 잘 여문 볍씨, 즉 '곡식'의 뜻이다.

稼動(가동) 사람이 움직여 일함. 기계 따위를 움직여 일하게 함.
稼動力(가동력) 稼動率(가동률) 稼事(가사)

벼 화(禾)부 [5禾10 총15획]

심을 가

1급

거두다, 거둘 곡식, 농사   영 harvest   중 穑 sè   일 ショク(とりいれ)

형성 벼 화(禾)+색(嗇)이 합하여 이루어졌다.

稼穡(가색) 벼나 보리, 밀 따위의 주식이 되는 곡물을 재배하는 농업을 이르던 말.
穡經(색경) 李穡(이색)

벼 화(禾)부 [5禾13 총18획]

거둘 색

165 俶載南畝 숙재남묘

봄이 오면 비로소 남양의 밭에서 농작물을 배양한다.

비로소, 비롯하다, 뛰어나다	영 begin 중 俶 chù 일 シュク(はじめる)
형성 사람 인변(亻=人)+ 숙(叔)이 합하여 이루어졌다.	
俶獻(숙헌) 새로 거둔 물건을 처음으로 바침. 俶載南畝(숙재남묘) 俶裝(숙장)	

사람 인변(亻)부 [2亻8 총10획]

비로소 **숙**

싣다, 타다	영 load 중 载 zài 일 サイ(のせる)
형성 수레 거(車)자로 해할 재(才+戈)와 덧방을 댄 수레에 짐을 싣는다는 뜻이다.	
記載(기재) 기록함. 載貨(재화) 揭載(게재)	

수레 거(車)부 [7車6 총13획]

실을 **재**

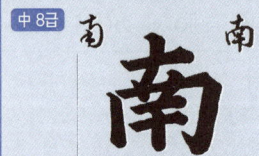

남녘, 남으로 향하다 반 北(북녘 북)	영 south 중 南 nán 일 ナン(みなみ)
형성 싹나올 철(屮)+멀 경(冂)자로 나무가 무성해서 뻗어가는 곳은 '남쪽'의 뜻이다.	
南國(남국) 남쪽에 위치한 나라. 南方(남방) 南極(남극) 南部(남부)	

열 십(十)부 [2十7 총9획]

남녘 **남**

이랑, 논밭·집터 따위의 면적 단위	영 ridge 중 亩 mǔ 일 ボウ(あぜ)
형성 밭 전(田)+매(每)가 합하여 이루어졌다.	
畝溝(묘구) 고랑. 두둑한 땅과 땅 사이에 길고 좁게 들어간 곳.	
頃畝法(경무법) 畝背(묘배) 畔畝(반묘)	

밭 전(田)부 [5田5 총10획]

이랑 **묘**

※畝(이랑 무/묘)

166 我藝黍稷 아 예 서 직

나는 기장과 피를 심는 일에 열중하겠다.

我 나 아

[중3II급] 창 과(戈)부 [4戈3 총7획]

나, 나의, 우리
- 영 I·we
- 중 我 wǒ
- 일 ガ (わ·われ)

상형 손 수(扌)+창 과(戈)자로 톱니날인 창의 모양을 가리켰으나 가차하여 '나'를 뜻한다.

我國(아국) 우리 나라. 我輩(아배) 我軍(아군) 我執(아집)

藝 재주 예

[중4II급] 풀 초(초두) 艸(艹)부 [4艹15 총19획]

재주, 기예 유 術(재주 술)
- 영 art, skill
- 중 艺 yì
- 일 芸 ゲイ (わざ)

회의·형성 풀 초(艹)+심을 예(埶)+이를 운(云)자로 초목을 심고 가꾸는 데는 '재주'가 필요하다.

藝人(예인) 배우처럼 기예를 업으로 하는 사람. 藝能(예능) 藝名(예명) 藝術(예술)

黍 기장 서

[1급] 기장 서(黍)부 [12黍0 총12획]

기장, 무게의 단위, 술그릇
- 영 millet
- 중 黍 shǔ
- 일 ショ (きび)

회의 곡식을 나타내는 禾(화)+우(雨)의 생략형이 합하여 이루어져 곡식에 물(雨)를 더하여 기장을 나타낸다.

黍穀(서곡) 조·수수·옥수수 따위의 잡곡. 黍稷(서직) 黍皮(서피) 黍皮契(서피계)

稷 피 직

[1급] 벼 화(禾)부 [5禾10 총15획]

피, 기장, 오곡, 곡신, 빠르다
- 영 millet
- 중 稷 jì
- 일 シヨク (きび)

형성 벼 화(禾)+날카로울 측(畟)로서 농업에서의 주요한 곡식, '기장'을 뜻한다.

稷神(직신) 곡식을 맡은 신. 稷雪(직설) 社稷(사직) 稷唐(직당)

167 稅熟貢新 세숙공신

곡식이 익으면 부세하여 국용을 준비하고 신곡으로 종묘에 제사를 올린다.

中4II급

벼 화(禾)부 [5禾7 총12획]

세금 세

세금, 징수하다　　　영 tax　중 税 shuì　일 ゼイ

형성 벼 화(禾)+기쁠 태(兑)자로 벼를 수확하게 된 기쁨을 감사드리기 위해 거두는 '세금'의 뜻이다.

稅金(세금) 조세로 바치는 돈. 稅政(세정)　稅入(세입)　租稅(조세)

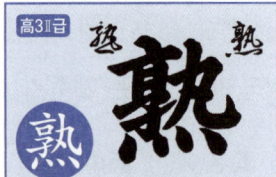

高3II급

불 화(火/灬)부 [4火11 총15획]

익을 숙

익다, 익숙하다　　　영 ripe　중 熟 shú　일 ジュク(みのる)

형성 불 화(灬)+누구 숙(孰)자로 어떤 음식이든 불로 '익히는 것'을 뜻한다.

熟客(숙객) 단골 손님.　熟卵(숙란)　熟達(숙달)　熟眠(숙면)

高3II급

조개 패(貝)부 [7貝3 총10획]

바칠 공

바치다, 천거하다　　　영 tribute　중 贡 gòng　일 コウ·ク(みつぐ)

형성 바칠 공(工)+조개 패(貝)자로 재물을 바치는 것으로, 즉 '공물'을 뜻한다.

貢物(공물) 백성이 궁에 바치는 토산물.　貢納(공납)　貢緞(공단)　貢獻(공헌)

中6급

도끼 근(斤)부 [4斤9 총13획]

새 신

새롭다, 새로　반 舊(예 구)　영 new　중 新 xīn　일 シン(あたらしい)

회의 설 립(立)+나무 목(木)+도끼 근(斤)자로 나무를 도끼로 베어내면 '새롭다'의 뜻이다.

新舊(신구) 새것과 묵은 것.　新紀元(신기원)　新刊(신간)　新曲(신곡)

168 勸賞黜陟 권상출척

농민의 의기를 앙양키 위하여 열심인 자는 상주고 게으리한 자는 출석하였다.

힘 력(力)부 [2力18 총20획]

권할 권

권하다, 힘쓰다 　영 advise　중 劝 quàn　일 勧 カン(すすめる)

형성 황새 관(雚)+힘 력(力)자로 황새처럼 부지런히 힘써 일하도록 '권하다'의 뜻이다.

勸農(권농) 농사를 권장함. 勸告(권고) 勸告(권고) 勸士(권사)

勸勸勸勸勸勸勸勸勸勸勸勸勸勸勸勸勸勸勸勸

勸 勸 勸 勸 勸

조개 패(貝)부 [7貝8 총15획]

상줄 상

상 주다, 상　반 罰(벌할 벌)　영 reward　중 赏 shǎng　일 ショウ(ほめる)

형성 숭상할 상(尚)+조개 패(貝)로 공을 세운 사람에게 '상주다'의 뜻이다.

賞罰(상벌) 상과 벌. 賞讚(상찬) 賞金(상금) 賞狀(상장)

賞賞賞賞賞賞賞賞賞賞賞賞賞賞賞

賞 賞 賞 賞 賞

검을 흑(黑)부 [12黑5 총17획]

물리칠 출

물리치다, 떨어뜨리다　영 expel　중 黜 chù　일 チュツ(しりぞける)

형성 검을 흑(黑)+ 날 출(出)자로서 벌을 주어 '물리치다'의 뜻이다.

黜免(출면) 관직을 금나두게 함.　黜放(출방)　黜刺(출자)　黜退(출퇴)

黜黜黜黜黜黜黜黜黜黜黜黜

黜 黜 黜 黜 黜

언덕 부(좌부방) 阜(阝)부 [3阝7 총10획]

오를 척

오르다, 올리다, 나아가다　영 go up　중 陟 zhì　일 チョク(のぼる)

회의 언덕 부(阝·阜)+ 걸을 보(步)자로서 높은 곳으로 오르다의 뜻이다.

陟升(척승) 높은데 올라감.　陟降(척강)　陟罰(척벌)　陟岵(척호)

陟陟陟陟陟陟陟陟陟陟

陟 陟 陟 陟 陟

3단계 한석봉 천자문 쓰기교본

Part III

3단계 한석봉 쓰기교본 Part III 3단계

- 제169~178구 : 수양(修養)
- 제179~196구 : 한거(閑居)
- 제197~200구 : 신독(愼獨)
- 제201~206구 : 식사(食事)
- 제207~216구 : 안락(安樂)
- 제217~220구 : 제사(祭祀)
- 제221~228구 : 잡사(雜事)
- 제229~234구 : 기교(技巧)
- 제235~250구 : 경계(警戒)

169 孟軻敦素 맹가돈소

맹자는 그 모친의 교훈을 받아 자사문하에서 배웠다.

[高3II급] 맏, 처음, 성 　영 first　중 孟 mèng　일 モウ(ばじめ)

형성 아들 자(子)+그릇 명(皿)자로 처음의 아들 '맏자식'을 뜻한다.
孟冬(맹동) 음력 10월의 별칭.　孟夏(맹하)　孔孟(공맹)　孟母(맹모)

孟子子子子孟孟孟孟

아들 자(子)부 [3子5 총8획]

맏, 성 맹

[준1(2)급] 수레가 가기 힘들다, 가기 힘들다, 굴대　영 unlucky　중 軻 kē　일 カ

형성 수레 거(車)+옳을 가(可)자로서 굴대를 이어 붙인 수레가 나아가기 힘든 모양에서 불우한 것을 뜻한다.
軻峨(가아) 높은 모양.　轗軻(감가)　軻丘(가구)

軻軻軻軻軻軻軻軻軻軻軻軻

수레 거(車)부 [7車5 총12획]

수레 가

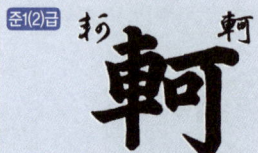

[高3급] 도탑다, 정성　영 cordial　중 敦 dūn　일 トン(あつい)

형성 누릴 향(享)+칠 복(攵)자로 두툼한 질그릇의 모양에서 '인정이 깊고 많은 것'을 뜻한다.
敦篤(돈독) 인정이 두터움.　敦諭(돈유)　敦厚(돈후)

敦敦敦敦敦敦敦敦敦敦敦敦

칠 복(등글월문)攴(攵)부 [4攵8 총12획]

도타울 돈

[中4II급] 희다, 바탕　유 質(바탕 질)　영 white　중 素 sù　일 ソ(しろい)

형성 실[糸]을 처음 짰을 때[𡗗]의 '바탕'은 흰색이다.
素飯(소반) 고기 없는 밥.　素扇(소선)　素望(소망)　素描(소묘)

素素素素素素素素素素

실 사(糸)부 [6糸4 총10획]

흴 소

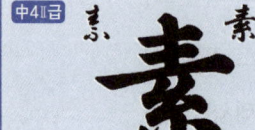

170 史魚秉直 사어병직

사어라는 사람은 위나라 태부였으며 그 성격이 매우 강직하였다.

中5급 | 역사, 사기, 문인 | 영 history　중 史 shǐ　일 シ(ふみ)

회의 가운데 중(中)+또 우(又)자로 손으로 올바른 사실을 기록하는 '사기'의 뜻이다.
史記(사기) 역사(歷史)를 기록한 책. 史蹟(사적) 史料(사료) 女史(여사)

史史史史史

입 구(口)부 [3口2 총5획]

역사 **사** | 史 史 史 史 史

中5급 | 물고기, 고기, 성 | 영 fish　중 鱼 yú　일 ギョ(さかな)

회의·형성 물고기의 모양을 본뜬 글자이다.
魚物(어물) 물고기의 총칭. 魚貝(어패) 魚卵(어란) 魚雷(어뢰)

魚魚魚魚魚魚魚魚魚魚魚

물고기 어(魚)부 [11魚0 총11획]

물고기 **어** | 魚 魚 魚 魚 魚

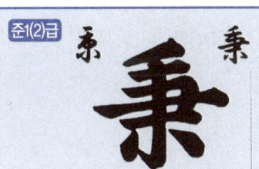

준1(2)급 | 잡다, 자루 | 영 grasp　중 秉 bǐng　일 ヘイ(とる)

회의 또 우(又)+ 벼 화(禾)자로서 벼를 손으로 잡는 모양에서, '잡다'를 뜻한다.
秉權(병권) 권력을 잡음. 秉鉞(병월) 秉彝(병이) 秉燭(병촉)

秉秉秉秉秉秉秉秉

벼 화(禾)부 [5禾3 총8획]

잡을 **병** | 秉 秉 秉 秉 秉

中7급 | 곧다, 바른 길　凹 曲(굽을 곡) | 영 straight　중 直 zhí　일 チョク(なお)

회의 열[十]개의 눈[目]은 아무리 작게 굽은[ㄴ]것도 바로 알 수 있으므로 '곧다'의 뜻이다.
直諫(직간) 바른 말로 윗사람에게 충간함. 直立(직립) 直角(직각) 直感(직감)

直直直直直直直直

눈 목(目)부 [5目3 총8획]

곧을 **직** | 直 直 直 直 直

171 庶幾中庸 서기중용

어떠한 일이나 한쪽으로 기울어지게 일하면 안 된다.

庶

[高3급]

여러, 무리, 바라다   영 multitude   중 庶 shù   일 ショ(もろもろ)

회의 집 엄(广)+스물 입(廿)+불 화(灬)자로 불이 있는 곳에 사람이 많다는 데서 '여러'의 뜻으로 쓰인다.

庶幾(서기) 희망함.   庶母(서모)   庶民(서민)   庶子(서자)

엄호(广)부 [3广8 총11획]

庶庶庶庶庶庶庶庶庶庶庶

여러 서

庶 庶 庶 庶 庶

幾

[中3급]

몇, 자주, 기미   영 some   중 几 jǐ   일 キ(いくばく)

회의 작을 요(幺)두 개+지킬 수(戍)자로 작은 수의 군대가 지키는 것으로, 즉 '몇, 어찌'를 뜻한다.

幾回(기회) 몇 번.   幾微(기미)   幾何(기하)   萬幾(만기)

작을 료(幺)부 [3幺9 총12획]

幾幾幾幾幾幾幾幾幾幾幾幾

몇 기

幾 幾 幾 幾 幾

中

[中8급]

가운데, 안, 사이   영 middle   중 中 zhōng   일 チユウ(なか)

지사 사물의 복판을 꿰뚫은 모양에서 '가운데'를 뜻하다.

中間(중간) 한가운데.   中年(중년)   中國(중국)   中央(중앙)

뚫을 곤(丨)부 [1丨3 총4획]

中 中 中 中

가운데, 사이 중

中 中 中 中 中

庸

[高3급]

떳떳하다   영 common   중 庸 yōng   일 ヨウ(つね·もちいる)

회의·형성 고칠 경(庚)+쓸 용(用)자로 절굿공이 등 무거운 것을 들거나 사용하는 것을 뜻한다.

庸劣(용렬) 어리석고 둔함.   庸人(용인)   庸言(용언)   中庸(중용)

엄호(广)부 [3广8 총11획]

庸庸庸庸庸庸庸庸庸庸庸

떳떳할 용

庸 庸 庸 庸 庸

172 勞謙謹勅 노겸근칙
근로하고 겸손하며 삼가고 신칙하면 중용의 도에 이른다.

中5급 勞 힘 력(力)부 [2力10 총12획]	수고롭다, 애쓰다　㊌使(하여금 사)　㊇fatigues　㊅劳 láo　㊊労 ロウ(いたわる)
	㊏ 밝을 형(熒)+힘 력(力)자로 밤에 불을 켜놓고 열심히 '수고롭다'의 뜻이다.
	勞困(노곤) 일한 뒤끝의 피곤함.　勞力(노력)　勞苦(노고)　勤勞(근로)
수고할 로	勞勞勞勞勞勞勞勞勞勞勞

高3Ⅱ급 謙 말씀 언(言)부 [7言10 총17획]	겸손하다, 사양하다　㊇humble　㊅谦 qiān　㊊ケン(へりくだる)
	㊎ 말씀 언(言)+단정할 겸(兼)자로 단정한 언동으로 '겸손함'을 뜻한다.
	謙遜(겸손) 남 앞에서 자신을 낮춤.　謙讓(겸양)　謙稱(겸칭)　過謙(과겸)
겸손할 겸	謙謙謙謙謙謙謙謙謙謙謙謙

高3급 謹 말씀 언(言)부 [7言11 총18획]	삼가다, 조심하다　㊇respectful　㊅谨 jǐn　㊊キン(つつしむ)
	㊎ 말씀 언(言)+진흙 근(堇)자로 말을 바르게 하는 것으로, 즉 '삼가다'를 뜻한다.
	謹嚴(근엄) 삼가고 엄숙함.　謹愼(근신)　謹弔(근조)　謹呈(근정)
삼갈 근	謹謹謹謹謹謹謹謹謹謹謹謹

1급 勅 힘 력(力)부 [2力7 총9획]	칙서, 타이르다, 삼가다　㊇imperial command　㊅敕 chì　㊊チョク(みことのり)
	㊎ 힘력(力)+속(束)자로 훈계하여 바르게 '하다'의 뜻이다.
	勅令(칙령) 예전에, 임금의 명령을 이르던 말. 勅使(칙사)　勅任(칙임)　勅旨(칙지)
칙서 칙	勅勅勅勅勅勅勅勅勅

173 聆音察理 영음찰리

소리를 듣고 그 거동을 살피니 조그마한 일이라도 주의하여야 한다.

1급 귀 이(耳)부 [6耳5 총11획] — 들을 령

듣다, 깨닫다, 나이 　　　영 hear　중 聆 líng　일 レイ(きく)

형성 귀 이(耳)+령(令)이 합하여 이루어졌다.
瞻聆(첨령) 뭇사람이 보고 듣는 일.
聆音察理(영음찰리) 소리를 듣고 그 거동을 살피니, 조그마한 일이라도 주의하여야 함.

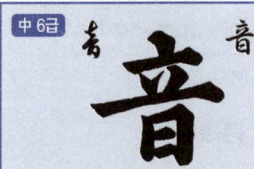

中6급 소리 음(音)부 [9音0 총9획] — 소리 음

소리, 음악 　동 聲(소리 성) 　　영 sound　중 音 yīn　일 オン(おと)

지사 땅[一]에 서서[立] 말하는 입[曰]의 모양에서 모든 소리를 뜻한다.
音律(음률) 소리·음악의 가락.　音聲(음성)　雜音(잡음)　騷音(소음)

中4Ⅱ급 갓머리(宀)부 [3宀11 총14획] — 살필 찰

살피다, 알다 　동 省(살필 성) 　　영 watch　중 察 chá　일 サツ

형성 집 면(宀)+제사 제(祭)자로 집에서 제사지낼 때 제상을 자세히 '살피다'는 뜻이다.
察色(찰색) 혈색을 살펴서 병을 진찰함.　察知(찰지)　監察(감찰)　考察(고찰)

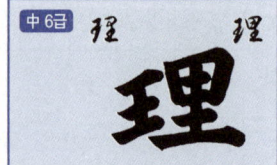

中6급 구슬 옥(玉/王)부 [4王7 총11획] — 다스릴 리

다스리다, 바루다, 깨닫다 　　영 regulate　중 理 lǐ　일 リ(おさめる)

형성 구슬 옥(玉)+마을 리(里)자로 옥은 주름에 따라 잘 '다스리다'의 뜻이다.
理念(이념) 이성의 판단으로 얻은 최고의 개념.　理性(이성)　理想(이상)　理解(이해)

174 鑑貌辨色 감모변색

모양과 거동으로 그 마음속을 분별할 수 있다.

鑑 거울 감

[高3II급] 쇠 금(金)부 [8金14 총22획]

거울, 본보기
- 영 mirror 중 鑑 jiàn 일 カン(かがみ)
- 형성 쇠 금(金)+살필 감(監)자로 비추어 보는 쇠, 즉 '거울'을 뜻한다.
- 鑑別(감별) 감정하여 좋고 나쁨을 가림. 鑑賞(감상) 鑑識(감식) 鑑定(감정)

貌 모양 모

[高3II급] 발없는벌레 치(갖은돼지시변)(豸)부 [7豸7 총14획]

모양, 얼굴
- 영 appearance 중 貌 mào 일 ボウ(かたち)
- 회의·형성 벌레 치(豸)+모양 모(皃)자로 사람이나 동물의 대략적인 '모양'을 뜻한다.
- 美貌(미모) 아름다운 얼굴. 外貌(외모) 貌樣(모양) 容貌(용모)

辨 분별 변

[高3급] 매울 신(辛)부 [7辛9 총16획]

분별하다, 나누다
- 영 distinguish 중 辨 biàn 일 ベン(わきまえる)
- 형성 둘의 언쟁을 잘라 중지시키는 모습으로 '분별'을 뜻한다.
- 辨理(변리) 판별하여 변리함. 辨濟(변제) 辨明(변명) 辨償(변상)

色 빛 색

[中7급] 빛 색(色)부 [6色0 총6획]

빛, 빛깔, 낯
- 영 color 중 色 sè 일 ショク(いろ)
- 회의 사람 인(亻)+꼬리 파(巴)자로 사람의 얼굴에 나타난 것이 '낯빛'의 뜻이다.
- 色界(색계) 색의 세계, 화류계. 色魔(색마) 色感(색감) 色盲(색맹)

3단계(제169~250구) | 191

175 貽厥嘉猷 이궐가유

도리를 지키고 착함으로 자손에 좋은 것을 끼쳐야 한다.

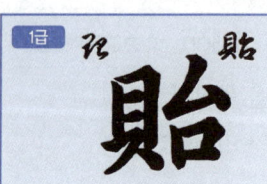

1급 貽

끼치다, 주다, 검은 조개 이름 영 leave over 중 貽 yí 일 イ(のこす)

형성 조개 패(貝)+이(台)가 합하여 이루어졌다.

貽惱(이뇌) (남에게)괴로움을 끼침. 貽憂(이우) 貽弊(이폐) 贈貽(증이)

조개 패(貝)부 [7貝5 총12획]

貽 貽 貽 貽 貽 貽 貽 貽 貽 貽

끼칠 이 | 貽 | 貽 | 貽 | 貽 | 貽

高3급 厥

그, 그 사람, 숙이다 영 that 중 厥 jué 일 ケツ(それ)

회의·형성 집 엄(厂)+상기 궐(欮)자로 '그, 그것'을 뜻한다.

厥角(궐각) 이마를 땅에 대고 절을 함. 厥女(궐녀) 厥冷(궐랭) 厥者(궐자)

민엄 호(厂)부 [2厂10 총12획]

厥 厥 厥 厥 厥 厥 厥 厥 厥 厥 厥

그 궐 | 厥 | 厥 | 厥 | 厥 | 厥

1급 嘉

아름답다, 좋다, 기리다 영 beautiful 중 嘉 jiā 일 カ(よい)

형성 북 고(壴: 鼓의 획 줄임)+더할 가(加)자로서 '칭찬하다'의 뜻이다.

嘉禮(가례) 경사스러운 일을 위한 예식. 嘉納(가납) 嘉辰(가신) 嘉事(가사)

입 구(口)부 [3口11 총14획]

嘉 嘉 嘉 嘉 嘉 嘉 嘉 嘉 嘉 嘉 嘉

아름다울 가 | 嘉 | 嘉 | 嘉 | 嘉 | 嘉

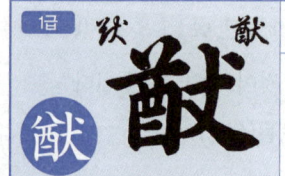

1급 猷

꾀, 길, 따르다 영 wit, trick 중 猷 yóu 일 ユウ

형성 큰대(大)+추(酋)가 합하여 이루어졌다.

鴻猷(홍유) 어떤 일을 이루기 위해 넓고 크게 세우는 계획.
高猷(고유) 大猷(대유) 帝猷(제유)

개 견(犬)부 [4犬9 총13획]

猷 猷 猷 猷 猷 猷 猷 猷 猷 猷 猷 猷

꾀 유 | 猷 | 猷 | 猷 | 猷 | 猷

176 勉其祗植 면기지식

착한 것으로 자손에 줄 것을 힘써야 좋은 가정을 이룰 것이다.

勉 힘쓸 면
힘 력(力)부 [2力7 총9획]

힘쓰다, 권하다 　　영 exert　중 勉 miǎn　일 ベン(つとめる)

형성 면할 면(免)+힘 력(力)자로 고생을 면하려면 힘써 일해야 되므로 '힘쓰다'의 뜻이다.
勉勵(면려) 스스로 애써 노력함.　勉學(면학)　勤勉(근면)　勸勉(권면)

其 그 기
여덟 팔(八)부 [2八6 총8획]

그, 그것, 어조사 　　영 it　중 其 qí　일 キ(その)

상형 곡식을 까부는 키(甘)와 그 키를 얹는 대(臺)를 그린 것이다. 뒤에 '그'의 뜻으로 가차되었다.
其實(기실) 사실은.　其間(기간)　其他(기타)　其人(기인)

祗 공경할 지
보일 시(示)부 [5示5 총10획]

공경하다, 삼가다, 조사, 뿐, 오직 　　영 modesty　중 祗 zhī　일 シ(つつしむ)

형성 보일 시(示=礻)+저(氐)가 합하여 이루어졌다.
祗迎(지영) 백관(百官)이 임금의 환행(還幸)을 공경하여 맞던 일.
祗受(지수)　祗支(지지)　祗侯(지후)

植 심을 식
나무 목(木)부 [4木8 총12획]

심다, 식물 　　영 plant　중 植 zhí　일 ショク(うつす)

형성 나무 목(木)+곧을 직(直)자로 나무나 식물은 곧게 세워 '심다'의 뜻이다.
植木(식목) 나무를 심음.　植毛(식모)　植物(식물)　植樹(식수)

177 省躬譏誡 성궁기계

나무람과 경계함이 있는가 염려하며 몸을 살피라.

中6급	살피다, 깨닫다 유察(살필 찰) 영abbreviate 중省shěng 일セイ(かえりみる)
	회의 적을 소(少)+눈 목(目)자로 아주 작은 것까지 자세히 보는 것으로 '살피다'의 뜻이다. 省察(성찰) 깊이 생각함. 省墓(성묘) 反省(반성) 省略(생략)
눈 목(目)부 [5目4 총9획]	省省省省省省省省省
살필 **성**	省 省 省 省 省

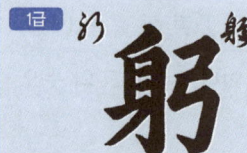

1급	몸, 신체, 몸소 행하다 영body 중躬gōng 일キュウ
	형성 身은 납 신(申)+사람 인(人)으로서 '몸'을 뜻한다. 躬耕(궁경) 직접 자기가 농사를 지음. 躬儉(궁검) 躬桑(궁상)
몸 신(身)부 [7身3 총10획]	躬躬躬躬躬躬躬躬躬躬
몸 **궁**	躬 躬 躬 躬 躬

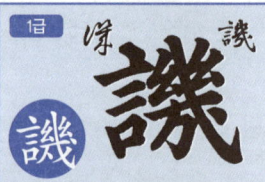

1급	나무라다, 간하다, 원망하다 영fine jade 중譏jī 일キ(たま)
	형성 말씀 언(言)+기(幾)가 합하여 이루어졌다. 譏刺(기자) 허물을 헐어 비웃고 비꼼. 헐뜯음. 譏察(기찰) 譏察軍官(기찰군관) 譏察捕校(기찰포교)
말씀 언(言)부 [7言12 총19획]	譏譏譏譏譏譏譏譏譏譏譏譏
나무랄, 원망할 **기**	譏 譏 譏 譏 譏

1급	경계하다, 훈계, 명검의 이름 영warn 중诫jie 일カイ(いましめる)
	형성 말씀 언(言)+계(戒)가 합하여 이루어졌다. 誡命(계명) 어떤 사회나 집단에 속한 사람들이 꼭 지키도록 요구된 규정. 誡勉(계면) 四誡命(사계명) 十誡(십계)
말씀 언(言)부 [7言7 총14획]	誡誡誡誡誡誡誡誡誡誡誡誡誡誡
경계할 **계**	誡 誡 誡 誡 誡

178 寵增抗極 총증항극

총애가 더할수록 교만한 태도를 부리지 말고 더욱 조심하여야 한다.

2(1)급 寵

갓머리(宀)부 [3宀16 총19획]

사랑할 총

고이다(사랑하다), 귀여워하다 영love 중宠 chǒng 일チョウ(めぐむ)

회의 집 면(宀)+용 룡(龍)자로서 용신을 모신 존귀한 집으로 '사랑하다'를 뜻한다.

寵愛(총애) 특별히 귀엽게 여겨 사랑함. 寵臣(총신) 寵兒(총아) 寵厚(총후)

中4Ⅱ급 增

흙 토(土)부 [3土12 총15획]

더할 증

더하다, 늚 반減(덜 감) 영increase 중增 zēng 일増 ゾウ(ます)

형성 흙 토(土)+거듭 증(曾)자로 흙 위에 흙을 거듭하니 '더하다'의 뜻이다.

增强(증강) 늘리어 강하게 함. 增員(증원) 增加(증가) 增車(증차)

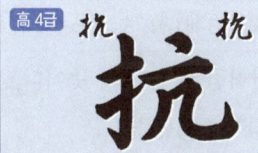

高 4급 抗

손 수(재방변) 手(扌)부 [3扌4 총7획]

저항할 항

저항하다, 막다 영resist 중抗 kàng 일コウ(てむかう)

형성 손 수(扌)+겨룰 항(亢)자로 손으로 적과 겨루어 '대항하다'의 뜻이다.

抗拒(항거) 대항하여 버팀. 抗力(항력) 抗體(항체) 抗議(항의)

中4Ⅱ급 極

나무 목(木)부 [4木9 총13획]

다할 극

다하다, 지극하다 유端(끝 단) 영utmost 중极 jí 일ゴク・キョク(むね)

형성 용마루를 올리는 일은 위험하니 빨리 정성을 다해야 하므로 '지극하다'의 뜻이다.

極上(극상) 아주 좋음. 極光(극광) 極烈(극렬) 極言(극언)

179 殆辱近恥 태욕근치

총애를 받는다고 욕된 일을 하면 머지 않아 위태함과 치욕이 온다.

殆 죽을 사(歹)부 [4歹5 총9획]

위태롭다, 의심하다　영 danger　중 殆 dài　일 タイ(あやうい)

회의·형성 살바른뼈 알(歹)+늙을 태(台)자로 늙은 몸으로 뼈만 앙상해 '위태로운 것'을 뜻한다.

危殆(위태) 위험에 처함.　殆無(태무)　殆半(태반)　不殆(불태)

殆 殆 殆 殆 殆 殆 殆 殆 殆

위태로울 태

殆 殆 殆 殆 殆

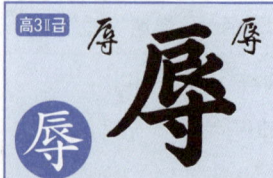

辱 별 진(辰)부 [7辰3 총10획]

욕하다, 욕보이다　영 disgrace　중 辱 rǔ　일 ジョク(はずかしめる)

회의 별 진(辰)+마디 촌(寸)으로 옛날 농사의 때를 어긴 자를 죽이고 욕보인 일로부터 '욕됨'을 뜻한다.

辱說(욕설) 상스러운 말.　侮辱(모욕)　汚辱(오욕)　意欲(의욕)

辱 辱 辱 辱 辱 辱 辱 辱 辱 辱

욕할 욕

辱 辱 辱 辱 辱

近 쉬엄쉬엄갈 착(책받침)辶부 [4辶4 총8획]

가깝다, 가까이하다　반 遠(멀 원)　영 near　중 近 jìn　일 キン(ちかい)

회의·형성 도끼 근(斤)+쉬엄쉬엄갈 착(辶)자로 도끼로 끊은 것처럼 '가깝다'의 뜻이다.

近刊(근간) 가까운 시일 내에 간행함.　近來(근래)　近代(근대)　近方(근방)

近 近 近 近 近 近 近 近

가까울 근

近 近 近 近 近

恥 마음 심(심방변) 心(忄/㣺)부 [4心6 총10획]

부끄럽다, 욕보이다　영 shame　중 耻 chǐ　일 恥 チ(はじ)

형성 귀 이(耳)+마음 심(心)자로 귀가 붉어질 정도로 '부끄러운 것'을 뜻한다.

恥部(치부) 부끄러운 부분.　國恥(국치)　恥事(치사)　恥辱(치욕)

恥 恥 恥 恥 恥 恥 恥 恥 恥 恥

부끄러울 치

恥 恥 恥 恥 恥

180 林皐幸卽 임고행즉

부귀할지라도 겸토하여 산간 수풀에서 편히 지내는 것도 다행한 일이다.

林

중7급 | 나무 목(木)부 [4木4 총8획] | 수풀 림

수풀, 숲 ㊀ 樹(나무 수) · 영 forest · 중 林 lín · 일 リン(はやし)

회의 두 그루의 나무가 서있는 형상으로 나무가 한곳에 많이 모여 있는 '수풀'의 뜻이다.

林立(임립) 숲의 나무들처럼 죽 늘어섬. 林業(임업) 林産(임산) 林野(임야)

皐

준1(2)급 | 흰 백(白)부 [5白6 총11획] | 언덕 고

언덕, 못, 늪, 높다 · 영 hill · 중 皐 gāo · 일 コウ

상형 흰 머리뼈와 네발 짐승의 주검을 본뜬 글자이다.

皐復(고복) 죽은 사람의 혼을 부르는 의식. 皐皐(고고) 皐門(고문) 皐月(고월)

幸

중6급 | 방패 간(干)부 [3干5 총8획] | 다행 행

다행 ㊀ 福(복 복) · 영 fortunate · 중 幸 xìng · 일 コウ(さいわい)

회의 일찍 죽지 않고 장수해 '다행'이란 뜻이다.

幸民(행민) 요행만을 바라고 일을 하지 않은 백성.
幸福(행복) 幸運(행운) 不幸(불행)

卽

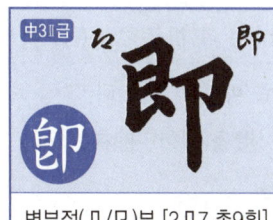

중3Ⅱ급 | 병부절(卩/㔾)부 [2卩7 총9획] | 곧 즉

곧, 즉시, 이제 · 영 namely · 중 即 jí · 일 即 ソク

형성 병부절(卩)+고소할 급(皀)자로 '곧, 즉시'를 뜻한다.

卽刻(즉각) 바로 그때. 卽決(즉결) 卽席(즉석) 卽位(즉위)

181 兩疏見機 양소견기

한나라의 소광과 소수는 기틀을 보아 왕에게 상소하고 낙향했다.

中4Ⅱ급 兩	두, 둘, 짝	영 two 중 两 liǎng 일 両 リョウ

상형 천칭 저울을 본뜬 자로 저울추가 양쪽에 있다 하여 '둘'의 뜻이다.
兩得(양득) 한 가지 일로 두 가지 이득을 얻음. 兩面(양면) 兩班(양반) 兩國(양국)

들 입(入)부 [2入6 총8획]

두 량

高3급 疏	상소하다, 트다	영 sparse 중 疏 shū 일 コツ(たちまち)

회의·형성 짝 필(疋)+흐를 류(㐬)자로 물이 잘 흐르게 한다는 데서 '통하다'를 뜻한다.
疏食(소사) 채식과 곡식. 疏惡(소악) 疏開(소개) 疏遠(소원)

짝 필(疋)부 [5疋7 총12획]

상소할 소

中5급 見	보다, 보이다	영 see, watch 중 见 jiàn 일 ケン(みる)

회의·형성 눈 목(目)+어진사람 인(儿)자로 사람은 눈으로 '보다'의 뜻이다.
見習(견습) 남이 하는 것을 보고 익힘. 見學(견학) 見本(견본) 謁見(알현)

볼 견(見)부 [7見0 총7획]

볼 견

高4급 機	틀, 베틀, 실마리	영 machine 중 机 jī 일 キ(はた)

형성 나무 목(木)+몇 기(幾)자로 베를 짜는 기구의 일종으로 '베틀'를 뜻한다.
機根(기근) 중생의 마음속에 가지고 있던 능력. 機密(기밀) 機會(기회) 機械(기계)

나무 목(木)부 [4木12 총16획]

틀 기

182 解組誰逼 해조수핍

관(冠)의 끈을 풀어 사직하고 돌아가니 누가 핍박하리요.

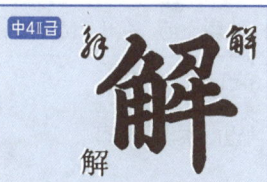

中4Ⅱ급 解 뿔 각(角)부 [7角6 총13획]	풀다, 풀어지다, 흩어지다　　영 explain, solve　중 解 jiě　일 解 カイ(とく)
	회의 뿔 각(角)+칼 도(刀)+소 우(牛)자로 소를 칼로 뿔에 이르기까지 '풀다'의 뜻이다.
	解毒(해독) 독기를 풀어 없앰.　解答(해답)　解明(해명)　解職(해직)
풀 해	解解解角角角解解解解解解

高4급 組 실 사(糸)부 [6糸5 총11획]	짜다, 끈　유 織(짤 직)　　　영 string　중 组 zǔ　일 ソ(くむ)
	형성 실 사(糸)+또 차(且)자로 많은 실을 합치어 베를 '짜다'의 뜻이다.
	組閣(조각) 내각을 조직함.　組紱(조불)　組立(조립)　組織(조직)
짤 조	組組組組組組組組組組組

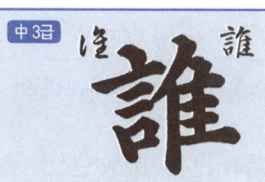

中3급 誰 말씀 언(言)부 [7言8 총15획]	누구, 묻다, 옛　　　　　　영 who　중 谁 shéi　일 スイ(だれ)
	형성 말씀 언(言)+새 추(隹)자로 누구냐고 묻는 것을 뜻한다.
	誰昔(수석) 옛날.　誰某(수모)　誰何(수하)　誰怨誰咎(수원수구)
누구 수	誰誰誰誰誰誰誰誰誰誰誰誰誰

1급 逼 책받침(辶)부 [4辶9 총13획]	핍박하다, 다가오다　　　　　영 press　중 逼 bī　일 ヒツ(せまる)
	형성 쉬엄쉬엄 갈 착(辶·辵)+과 찰 복(畐)자로서 '다가오다, 닥치다'를 뜻한다.
	逼近(핍근) 매우 가까이 닥침.　逼迫(핍박)　逼隣(핍린)　逼眞(핍진)
핍박할 핍	逼逼逼逼逼逼逼逼逼逼逼

183 索居閑處 색거한처

퇴직하여 한가한 곳에서 세상을 보냈다.

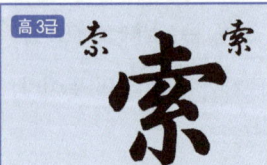

| 高3급 | 찾다, 동아줄, 꼬다 | 영 large rope | 중 索 suǒ | 일 サク(なわ) |

회의 잘 우거진 초목(草木)의 잎이나 줄기로 꼰 '새끼'를 뜻한다.

索居(색거) 무리와 떨어져 쓸쓸히 있음. 索道(색도) 索引(색인) 索出(색출)

索索索索索索索索索索

실 사(糸)부 [6糸4 총10획]

찾을 색   索 索 索 索 索

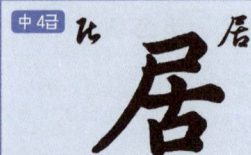

| 中4급 | 살다, 있다 유 住(살 주) | 영 live | 중 居 jū | 일 キョ(いる·おる) |

형성 주검 시(尸)+옛 고(古)로 몸을 일정한 곳에 고정시키므로 '살다'의 뜻이다.

居留(거류) 남의 나라 영토에 머물러 삶. 居敬(거경) 居間(거간) 居士(거사)

居居居居居居居居

주검 시(尸)부 [3尸5 총8획]

살 거   居 居 居 居 居

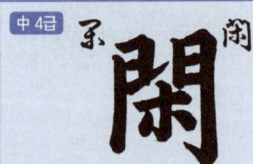

| 中4급 | 한가하다, 등한하다 | 영 leisure, free | 중 閑 xián | 일 カン |

회의 문 문(門)+나무 목(木)자로 문에 나무를 가로질러 출입을 막으니 '한가하다'의 뜻이다.

閑邪(한사) 나쁜 마음이 생기지 않도록 막음. 閑寂(한적) 閑暇(한가) 閑散(한산)

閑閑閑閑閑閑閑閑閑閑閑閑

문 문(門)부 [8門4 총12획]

한가할 한   閑 閑 閑 閑 閑

| 中4Ⅱ급 | 곳, 장소 유 所(바 소) | 영 place, site | 중 处 chù | 일 処 ショ(おる) |

회의 안석 궤(几)+천천히걸을 쇠(夊)자로 걸음을 멈추고 걸상에 앉아 쉬는 '곳'의 뜻이다.

處決(처결) 결정하여 처분함. 處事(처사) 處女(처녀) 處理(처리)

處處處處處處處處處處處

범호 엄(虍)부 [6虍5 총11획]

곳 처   處 處 處 處 處

184 沈默寂寥 침묵적요

세상에 나와서 교제하는 데도 언행에 침착해야 한다.

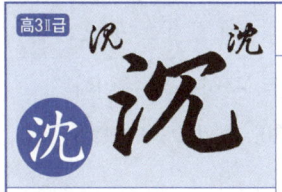

高3Ⅱ급 沈

물 수(삼수변) 水(氵)부 [3水4 총7획]

잠길 **침**

잠기다, 가라앉다
영 sink 중 沈 chén 일 チン(しずむ)

형성 물 수(氵)+머뭇거릴 유(冘)자로 베개에 머리를 안정시키듯이 물에 '잠기는 것'을 뜻한다.

沈默(침묵) 말을 하지 아니함. 沈淪(침륜) 沈澱(침전) 沈着(침착)

中3Ⅱ급 默

검을 흑(黑)부 [12黑4 총16획]

잠잠할 **묵**

잠잠하다, 어둡다
영 quiet, still 중 默 mò 일 モク(しずか)

형성 검을 흑(黑)+개 견(犬)자로 개가 묵묵히 사람을 따라 가는 것으로, 말이 없음을 뜻한다.

默坐(묵좌) 조용히 앉아 있음. 默契(묵계) 默劇(묵극) 默吟(묵음)

高3Ⅱ급 寂

갓머리(宀)부 [3宀8 총11획]

고요할 **적**

고요하다, 쓸쓸함
영 quiet 중 寂 jǐ 일 セキ(さびしい)

형성 움집 면(宀)+어릴 숙(叔)자로 집안이 '조용하다'를 뜻한다.

寂滅(적멸) 사라져 없어짐. 寂靜(적정) 寂寞(적막) 寂然(적연)

1급 寥

갓머리(宀)부 [3宀11 총14획]

고요할 **요**

고요하다, 텅비다, 하늘
영 desolate 중 寥 liáo 일 リョウ(さびしい)

형성 갓머리(宀)+료(翏)가 합하여 이루어졌다.

寥闊(요활) 텅 비고 넓음. 笙歌寥亮(생가요량) 寥寥無聞(요요무문) 寂寥(적요)

185 求古尋論 구고심론

옛 것을 찾아 의논하고 고인을 찾아 토론한다.

求 구할 구
물 수(삼수변) 水(氵)부 [5水2 총7획]

구하다, 찾다, 탐내다 영 obtain, get 중 求 qiú 일 キユウ(もとめる)

상형 옷이 귀했던 시절은 누구나 가죽옷을 구하고자 하므로 '구하다'의 뜻이다.
求乞(구걸) 남에게 곡식·물건을 얻기 위해 청함. 求賢(구현) 求明(구명) 求愛(구애)

古 옛 고
입 구(口)부 [3口2 총5획]

예, 예전 영 old 중 古 gǔ 일 コ(ふるい)

회의 열 십(十)+입 구(口)자로 열 사람의 입으로 말할 만큼 '옛'의 뜻이다.
古宮(고궁) 옛 궁궐. 古來(고래) 古家(고가) 古物(고물)

尋 찾을, 물을 심
마디 촌(寸)부 [3寸9 총12획]

찾다, 찾아보다, 묻다 영 search 중 寻 xún 일 ジン(ひろ)

형성 마디 촌(寸)+또 우(又)+좌, 우(工, 口)자로 두 손을 번갈아 움직여 '찾다'의 뜻.
尋訪(심방) 찾아봄. 尋常(심상) 尋問(심문) 推尋(추심)

論 논할 론
말씀 언(言)부 [7言8 총15획]

논하다, 말하다 유 議(의논할 의) 영 discuss 중 论 lùn 일 ロン

형성 말씀 언(言)+조리세울 륜(侖)자로 생각을 조리있게 '논의하다'를 뜻한다.
論據(논거) 논의 또는 논설의 근거. 論難(논란) 論理(논리) 論說(논설)

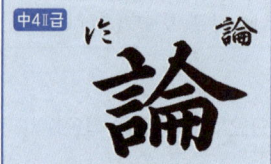

186 散慮逍遙 산려소요

바깥 세상일을 잊어버리고 자연 속에서 한가하게 즐긴다.

中 4급 散
칠 복(등글월문) 攵부 [4攵8 총12획]

흩어지다, 헤어지다　반 集(모일 집)　영 scatter　중 散 sǎn　일 サン(ちらす)

회의 스물 입(卄)+고기 육(月)+칠 복(攵)자로 단단한 힘줄의 고기를 회초리로 치니 '흩어진다'는 뜻이다.

散錄(산록) 붓이 가는 대로 적음.　散步(산보)　散漫(산만)　散髮(산발)

흩어질 산

高 4급 慮
마음 심(심방변) 心(忄/㣺)부 [4心11 총15획]

생각하다, 염려하다, 걱정하다　영 consider　중 虑 lǜ　일 リョ(おもんばかり)

회의 범 호(虍)+생각 사(思)자로 호랑이가 나타날까 '염려하다'를 뜻한다.

考慮(고려) 생각해 둠.　念慮(염려)　憂慮(우려)　慮外(여외)

생각할 려

1급 逍
책받침(辶)부 [4辶7 총11획]

거닐다, 배회하다, 노닐다　영 stroll about　중 逍 xiāo　일 ショウ(ぶらつく)

형성 책받침(辶=辵)+초(肖)가 합하여 이루어졌다.

逍遙(소요) 슬슬 거닐어 돌아다님
逍遙巾(소요건)　逍遙散(소요산)　逍遙學派(소요학파)

거닐 소

高 3급 遙
쉬엄쉬엄갈 착(책받침) 辵(辶)부 [4辵10 총14획]

멀다, 아득하다　영 distant　중 遥 yáo　일 ヨウ(はるか)

형성 쉬엄쉬엄갈 착(辶)+질그릇 요(䍃)자로 흔들흔들 목적 없이 계속 걷는 모양에서 '아득함'을 뜻한다.

遙遠(요원) 아득히 멂.　遙望(요망)　遙昔(요석)　逍遙(소요)

멀 요

187 欣奏累遣 흔주루견

기쁨은 아뢰고 더러움은 보내니

1급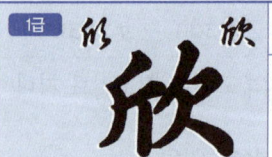
하품 흠(欠)부 [4欠4 총8획]

기뻐하다, 기쁨, 즐기다   영 joy 중 欣 xīn 일 ゴン(よろこぶ)

형성 벨 근(斤)+ 하품 흠(欠)자로서 기쁨 때문에 마음이 들뜬다 하여 '기뻐하다'의 뜻이다.

欣快(흔쾌 기쁘고도 통쾌함. 欣感(흔감) 欣然(흔연) 欣求(흔구)

欣欣欣欣欣欣欣欣

기뻐할, 즐길 **흔**   欣 欣 欣 欣 欣

高3급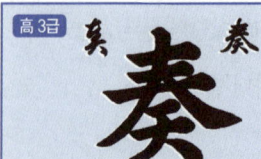
큰 대(大)부 [3大6 총9획]

아뢰다, 연주하다   영 inform 중 奏 zòu 일 ソウ(かなでる)

회의 어떤 물건을 양 손으로 받쳐 권하는 모양을 나타내어 '아뢰다'를 뜻한다.

奏達(주달) 임금에게 아룀. 奏樂(주악) 奏請(주청) 獨奏(독주)

奏奏奏奏奏奏奏奏奏

아뢸 **주**   奏 奏 奏 奏 奏

高3급 累
실 사(糸)부 [6糸5 총11획]

여러, 자주, 포개다   영 tie 중 累 lèi 일 ルイ(かさなる)

형성 실 사(糸)+밭갈피 뢰(畾)자로 실을 차례로 겹쳐 포개는 것으로, 즉 '묶다'를 뜻한다.

連累(연루) 남이 저지른 죄(罪)에 관련(關聯)되는 것. 累卵(누란) 累代(누대) 緣累(연루)

累累累累累累累累累累累

여러 **루**   累 累 累 累 累

高3급
쉬엄쉬엄갈 착(책받침) 辵(辶)부 [4辵10 총14획]

보내다, 파견하다   영 send 중 遣 qiǎn 일 ケン(つかわす)

형성 물건을 보내어 삼가 바치게 하다, 즉 전(轉)하여 보낸다는 데서 '파견하다'를 뜻한다.

派遣(파견) 일정한 임무를 주어 사람을 내보냄. 自遣(자견) 發遣(발견) 理遣(이견)

遣遣遣遣遣遣遣遣遣遣遣遣遣遣

보낼 **견**   遣 遣 遣 遣 遣

188 感謝歡招 척사환초

마음속의 슬픈 것은 없어지고 즐거움만 부른 듯이 오게 된다.

마음 심(心)부 [4心11 총15획]

근심하다, 근심, 슬퍼하다　　영 anxious　중 戚 qī　일 セキ(うれえる)

형성 마음 심(心)부+척(戚)가 합하여 이루어졌다.

感謝歡招(척사환초) 심중의 슬픈 것은 없어지고 즐거움만 부른 듯이 오게 됨.

戚戚戚戚戚戚戚戚戚戚戚戚戚

근심할 척　戚戚戚戚戚

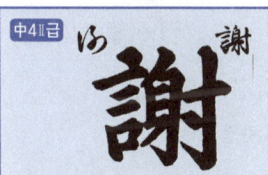
말씀 언(言)부 [7言10 총17획]

사례하다, 사과하다, 사양하다　　영 thank　중 谢 xiè　일 シャ(あやまる)

형성 말씀 언(言)+쏠 사(射)자로 활을 쏘듯이 분명한 의사를 밝히는 '사례하다'를 뜻한다.

謝恩(사은) 은혜에 사례함.　謝禮(사례)　謝過(사과)　謝意(사의)

謝謝謝謝謝謝謝謝謝謝謝謝謝

사례할 사　謝謝謝謝謝

하품 흠(欠)부 [4欠18 총22획]

기뻐하다, 기쁘게 하다　유 喜(기쁠 희) 영 delight　중 欢 huān　일 歓 カン(よろこぶ)

형성 황새 관(雚)+하품 흠(欠)자로 어미 황새가 먹이를 물어오면 새끼들이 '기뻐한다'의 뜻이다.

歡談(환담) 정겹게 말을 주고받음.　歡迎(환영)　歡聲(환성)　歡待(환대)

歡歡歡歡歡歡歡歡歡歡

기뻐할 환　歡歡歡歡歡

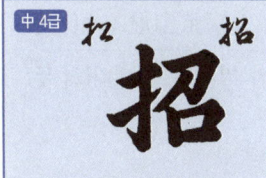
손 수(재방변) 手(扌)부 [3扌5 총8획]

부르다, 초래하다　　영 invite, call　중 招 zhāo　일 ショウ(まねく)

회의 손 수(扌)+부를 소(召)자로 손으로 부른다 하여 '부르다'의 뜻이다.

招來(초래) 불러서 옴.　招請(초청)　招聘(초빙)　招待(초대)

招招招招招招招招

부를 초　招招招招招

189 渠荷的歷 거하적력

개천의 연꽃도 아름다우니 향기를 잡아볼 만하다.

渠 (도랑 거)

1급 / 물 수(삼수변) 水(氵)부 [3氵9 총12획]

- 도랑, 개천, 크다
- 영 ditch 중 渠 qú 일 キョ(みぞ)
- 형성 물 수(氵·水)+곱자 구(榘)자로서 물을 통하게 한 길의 뜻을 말한다.
- 渠水(거수) 땅을 파서 만든 수로(水路). 渠魁(거괴) 渠偃(거언) 渠輩(거배)

渠渠渠渠渠渠渠渠渠渠渠渠

渠 渠 渠 渠 渠

荷 (연꽃 하)

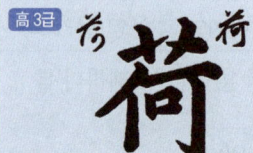

高3급 / 풀 초(초두) 艸(艹)부 [4艸7 총11획]

- 연꽃, 메다, 어깨에 걸메다
- 영 load 중 荷 hé 일 カ(はす)
- 형성 풀 초(艹)+멜 하(何)자로 사람이 물건을 '어깨에 멘 것'을 뜻한다.
- 荷役(하역) 짐을 싣고 내림. 荷電(하전) 荷重(하중) 荷物(하물)

荷荷荷荷荷荷荷

荷 荷 荷 荷 荷

的 (과녁 적)

中5급 / 흰 백(白)부 [5白3 총8획]

- 과녁, 적실하다
- 영 target 중 的 de 일 テキ(まと)
- 형성 흰 백(白)+조금 작(勺)자로 흰판에 목표점을 향해 활을 쏘므로 '과녁'의 뜻이다.
- 的中(적중) 맞아떨어짐. 的實(적실) 目的(목적) 的當(적당)

的的的的的的的的

的 的 的 的 的

歷 (지낼 력)

中5급 / 그칠 지(止)부 [4止12 총16획]

- 지내다, 겪다, 두루
- 영 through 중 历 lì 일 歴 レキ(へる)
- 형성 책력 력(曆)+그칠 지(止)자로 책력과 같이 차례를 따라 걸어가 '지내다'의 뜻이다.
- 歷年(역년) 여러 해를 지냄. 歷代(역대) 歷任(역임) 歷史(역사)

歷歷歷歷歷歷歷歷歷歷

歷 歷 歷 歷 歷

190 園莽抽條 원망추조

동산의 풀은 땅속 양분으로 가지가 뻗고 크게 자란다.

中6급 園

동산, 정원 　　영 garden　중 园 yuán　일 エン(その)

형성 에울 위(囗)+옷치렁거릴 원(袁)자로 과일이 치렁치렁 열린 과수로 에워싼 '동산'이란 뜻이다.

園頭幕(원두막) 밭에서 수확하는 참외, 수박, 호박 등. 園所(원소) 園兒(원아)

큰입구몸(囗)부 [3囗10 총13획]

園園園園園園園園園園園園園

동산 원

1급 莽

풀이 우거지다, 거칠다, 쫓아내다　영 bush　중 莽 mǎng　일 ボウ(くさむら)

형성 초두머리(艹=艸)+놓을 호(犇)자로 풀숲 속에서 개가 토끼를 쫓는다는 뜻이다.

草莽(초망) 풀이 더부룩하게 난 무더기. 灌莽(관망) 莽草(망초) 王莽錢(왕망전)

풀 초(초두) 艸(艹)부 [4艹6 총10획]

莽莽莽莽莽莽莽莽莽莽

풀, 덮다 망

高3급 抽

뽑다, 빼다　　영 abstract　중 抽 chōu　일 チュウ(ぬく)

형성 손 수(扌)+말미암을 유(由)자로 구멍에서 물건을 '뽑아내는 것'을 뜻한다.

抽出(추출) 뽑아냄. 抽籤(추첨)　抽象(추상)　抽身(추신)

손 수(재방변) 手(扌)부 [3手5 총8획]

抽抽抽抽抽抽抽抽

뽑을 추

高4급 條

조목, 가지, 나뭇가지　영 branch　중 条 tiáo　일 条 ジョウ(えだ)

회의 아득할 유(攸)+나무 목(木)자로 흔들리는 나무의 '가지'를 뜻한다.

條理(조리) 일의 순서. 條析(조석)　條項(조항)　條目(조목)

나무 목(木)부 [4木7 총11획]

條條條條條條條條條條條

조목 조

191 枇杷晩翠 비파만취

비파나무는 늦은 겨울에도 그 빛은 푸르다.

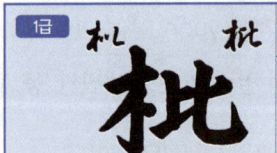

1급 枇	비파나무, 수저, 참빗	영 comb 중 枇 pí 일 ヒ(くし)
나무 목(木)부 [4木4 총8획]	형성 나무 목(木)+비(比)가 합하여 이루어졌다. 枇杷(비파) 비파나무의 열매. 枇房主(비방주) 枇杷葉(비파엽) 枇杷酒(비파주)	
비파나무 비	枇 枇 枇 枇 枇	

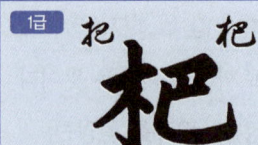

1급 杷	비파나무, 줌통, 자루	영 harrow 중 杷 pá 일 ハ(さらい)
나무 목(木)부 [4木4 총8획]	형성 나무 목(木)+파(巴)가 합하여 이루어졌다. 杷杯(파배) 손잡이가 달린 술잔. 柴杷(시파) 竹杷(죽파) 杷束(파속)	
비파나무 파	杷 杷 杷 杷 杷	

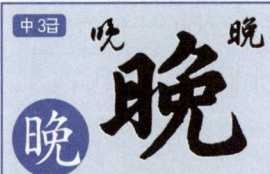

中3급 晩	저물다, 저녁	영 late 중 晩 wǎn 일 バン(おくれる)
날 일(日)부 [4日7 총11획]	형성 날 일(日)+면할 면(免)자로 해가 지상에서 빠져나가 저문 것을 뜻한다. 晩年(만년) 노후. 晩學(만학) 晩秋(만추) 晩霜(만상)	
저물 만	晩 晩 晩 晩 晩	

1급 翠	비취색, 꽁지 살, 물총새	영 green 중 翠 cuì 일 スイ(みどり)
깃 우(羽)부 [6羽8 총14획]	형성 깃 우(羽)+졸(卒)가 합하여 이루어졌다. 翠屛(취병) 꽃나무의 가지를 이리저리 틀어서 문이나 병풍 모양으로 만든 물건. 翠光(취광) 翠壁(취벽) 翠玉(취옥)	
비취색 취	翠 翠 翠 翠 翠	

192 梧桐早凋 오동조조

오동잎은 가을이면 다른 나무보다 먼저 마른다.

梧

[3급] 나무 목(木)부 [4木7 총11획] / 벽오동나무 **오**

벽오동나무, 책상　　　　영 paulownia　중 梧 wú　일 ゴ(あおぎり)

회의·형성 나무 목(木)+우리 오(吾)자로 우리가 여러 재목으로 사용하는 '벽오동나무'를 뜻한다.

梧桐(오동) 벽오동나무. 梧月(오월)　梧下(오하)　支梧(지오)

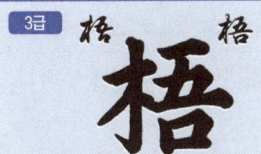

桐

[3급] 나무 목(木)부 [4木6 총10획] / 오동나무 **동**

오동나무　　　　영 valley·cave　중 桐 tóng　일 トウ(ほら)

형성 나무 목(木)+한가지 동(同)자로 나뭇결이 곧고 똑바른 '오동나무'를 뜻한다.

桐梓(동재) 오동나무와 가래나무.　桐油(동유)　絲桐(사동)　油桐(유동)

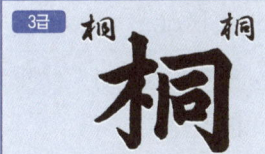

早

 날 일(日)부 [4日2 총6획] / 일찍 **조**

일찍, 새벽, 이르다　　　　영 early　중 早 zǎo　일 ソウ·サツ(はやい)

회의·형성 해가 사람의 머리 위를 비추고 있는 이른 아침이므로 '이르다'의 뜻이다.

早急(조급) 아주 서두름.　早起(조기)　早稻(조도)　早退(조퇴)

凋

[1급] 이수변(冫)부 [2冫8 총10획] / 시들 **조**

시들다, 마음 아파하다　　　　영 weary, fade　중 diāo　일 チョウ(しぼむ)

형성 이수변(冫)+주(周)가 합하여 이루어졌다.

凋枯(조고) 풀 따위가 시들어 마름.　凋落(조락)　凋兵(조병)　凋謝(조사)

※ 凋→彫로 쓰기도 함.

193 陳根委翳 진근위예

가을이 오면 오동뿐 아니라 고목의 뿌리는 시들어 마른다.

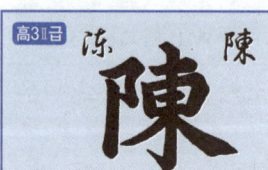

[高3II급] 陳

베풀다, 늘어놓다, 말하다   영arrange 중陈 chén 일チン(つらねる)

형성 언덕 부(阝)+동녘 동(東)자로 땅이름이었으나 펴서 '넓히다, 늘어놓다'를 뜻한다.
陳腐(진부) 오래 되어 있음. 陳述(진술) 陳言(진언) 陳列(진열)

언덕 阜부(좌부방) 阜(阝)부 [阜11 총11획]

陳陳陳陳陳陳陳陳

베풀, 말하다 진   陳 陳 陳 陳 陳

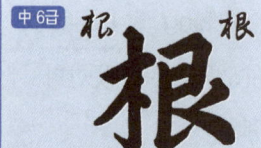

[中6급] 根

뿌리, 사물의 밑부분 유本(근본 본)   영root 중根 gēn 일コン(ね)

형성 나무 목(木)+그칠 간(艮)자로 나무의 뿌리와 밑부분은 '근본'을 뜻한다.
根莖(근경) 뿌리와 같이 생긴 줄기. 根性(근성) 根幹(근간) 根據(근거)

나무 목(木)부 [4木6 총10획]

根根根根根根根根根根

뿌리 근   根 根 根 根 根

[高4급] 委

맡기다, 버리다 유任(맡길 임)   영entrust 중委 wěi 일イ(くわしい)

형성 벼 화(禾)+계집 녀(女)자로 여자는 벼이삭같이 고개를 숙이고 몸을 남자에게 '맡긴다'는 뜻이다.
委棄(위기) 버려둠. 委付(위부) 委任(위임) 委託(위탁)

계집 녀(女)부 [3女5 총8획]

委委委委委委委委

맡길, 버리다 위   委 委 委 委 委

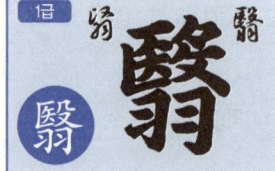

[1급] 翳

가리다, 몸가리개, 방패   영shade 중翳 yì 일エイ(かくれる)

형성 깃 우(羽)+예(殹)가 합하여 이루어졌다.
掩翳(엄예) 막아 가리거나 그늘지게 함. 角膜翳(각막예) 翳屬(예속) 圓翳(원예)

깃 우(羽)부 [6羽11 총17획]

翳翳翳翳翳翳翳翳翳翳翳翳

가릴 예   翳 翳 翳 翳 翳

194 落葉飄颻 낙엽표요

가을이 오면 낙엽이 펄펄 날리며 떨어진다.

중5급 떨어지다, 쓸쓸하다　반 及(미칠 급)　영 fall　중 落 luò　일 ラク(おとす)

회의 풀 초(艹)+낙수 락(洛)자로 초목의 잎이 '떨어지다'를 뜻한다.
落後(낙후) 뒤떨어짐.　落水(낙수)　落葉(낙엽)　落第(낙제)

풀 초(초두) 艹(++)부 [4++9 총13획]

떨어질 **락**

중5급 잎사귀, 세대, 강　영 leaf　중 叶 yè　일 ヨウ(は)

형성 초목에 달려 있는 무성한 '잎사귀'를 뜻한다.
葉書(엽서) 우편엽서.　葉菜(엽채)　葉茶(엽차)　葉錢(엽전)

풀 초(초두) 艹(++)부 [4++9 총13획]

잎사귀 **엽**

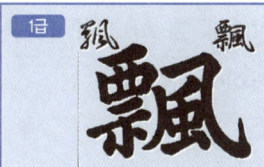

1급 나부끼다, 회오리바람　영 whirlwind　중 飘 piāo　일 ヒョウ

형성 바람 풍(風)+ 불똥 튈 표(票)자로 불똥이 바람에 날아오르는 것으로 '회오리바람'의 뜻이다.
飄零(표령) 나뭇잎이 바람에 나부껴 떨어짐.　飄然(표연)　飄風(표풍)

바람 풍(風)부 [9風11 총20획]

나부낄 **표**

특급 나부끼다, 질풍, 바람에 불려 흔들리다　영 flutter　중 飖 yáo　일 エイ(ひるがえる)

형성 달월(月)+장군부(缶)+바람 풍(風)자로 바람에 나부끼는 뜻이다.
飄颻(표요) (사물이)팔랑팔랑 나부끼거나 날아오르는 모양이 가볍다.

바람 풍(風)부 [9風10 총19획]

나부낄 **요**

195 遊鵾獨運 유곤독운

높이 나는 고니새가 자유로이 홀로 날개를 펴고 하늘을 헤엄치고 있다.

놀, 헤엄칠 유

놀다, 헤엄치다, 깃발, 떠내려가다 　영 swim, float　중 游 yóu　일 ユウ(うかぶ)

형성 쉬엄쉬엄갈 착(辶)+깃술 유(斿)자로 어린이가 깃발을 들고 '놀다'의 뜻이다.
遊覽(유람) 돌아다니며 구경함. 遊戲(유희) 遊星(유성) 遊學(유학)

쉬엄쉬엄갈 착(책받침)(辶)부 [4辶_9 총13획]

곤계 곤

곤계, 댓닭, 큰 물고기　영 name of a bird　중 鹍 kūn

형성 새 조(鳥)+곤(昆)이 합하여 이루어졌다.
정수곤(鄭壽鵾) 주세곤(周世鵾)

새 조(鳥)부 [11鳥8 총19획]

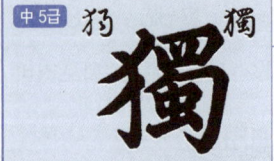

홀로 독

홀로, 혼자　유 孤(외로울 고)　영 alone　중 独 dú　일 独 ドク

형성 개[犭]와 닭[蜀]은 잘 싸우기 때문에 따로따로 '홀로' 두어야 한다.
獨立(독립) 혼자 섬. 獨房(독방) 獨斷(독단) 獨島(독도)

개 견(犬/犭)부 [3犭13 총16획]

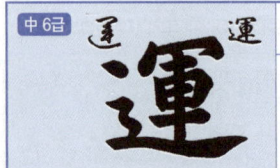

옮길 운

옮기다, 움직이다　영 transport　중 运 yùn　일 ウン(はこぶ)

형성 쉬엄쉬엄갈 착(辶)+군사 군(軍)자로 군사들이 전차를 몰고 병기를 '옮기다'의 뜻이다.
運命(운명) 운수. 運筆(운필) 運柩(운구) 運動(운동)

쉬엄쉬엄갈 착(책받침)(辶)부 [4辶_9 총13획]

鵾→鯤으로 쓰기도 함.

196 凌摩絳霄 능마강소

붉은 노을이 진 하늘을 업신여기는 듯이 선회하고 있다.

1급 凌

업신여기다, 능가하다, 깔보다 　영 despise, exceed　중 凌 líng　일 リョウ(しのぐ)

형성 얼음 빙(冫)+ 언덕 릉(夌)자로 '능가하다'의 뜻이다.
凌駕(능가) 무엇에 비교하여 훨씬 뛰어남.　凌蔑(능멸)　凌遲(능지)

凌凌凌凌凌凌凌凌凌凌

이수변(冫)부 [2冫8 총10획]

업신여길 **릉**

凌 凌 凌 凌 凌

2급 摩

만지다, 닿다, 문지르다, 갈다 　영 rub　중 摩 mó　일 マ(する)

형성 손 수(手)+저릴 마(麻)자로 손으로 비벼 으깨다. 닳게 하기 위해 문지름을 뜻한다.
摩擦(마찰) 두 물건이 서로 닿아서 비빔.　摩滅(마멸)　摩撫(마무)　摩天樓(마천루)

摩摩摩摩摩摩摩摩摩摩

손 수(手)부 [4手11 총15획]

만질 **마**

摩 摩 摩 摩 摩

1급 絳

붉다, 땅 이름, 합치다 　영 red　중 絳 jiàng　일 コウ(あかい)

형성 실 사(糸)+강(夅)이 합하여 이루어졌다.
絳帳(강장) 붉은 빛깔의 휘장.　絳綢(강추)　絳袍(강포)　絳紅(강홍)

絳絳絳絳絳絳絳絳絳絳絳絳

실 사(糸)부 [6糸6 총12획]

붉을 **강**

絳 絳 絳 絳 絳

1급 霄

하늘, 닮다, 밤, 야간 　영 sky　중 霄 xiāo　일 ショウ(そら)

형성 비 우(雨)+닮을 초(肖)가 합하여 이루어졌다.
凌霄花(능소화) 능소화과에 속한 낙엽 활엽 덩굴나무.
霄漢(소한)　霄壤之差(소양지차)　中霄(중소)

霄霄霄霄霄霄霄霄霄霄霄霄霄

비 우(雨)부 [8雨7 총15획]

하늘 **소**

霄 霄 霄 霄 霄

197 耽讀翫市 탐독완시

후한의 왕총은 독서를 즐겨 낙양의 서점에 가서 탐독하였다.

耽

귀 이(耳)부 [6耳4 총10획]

즐길 **탐**

즐기다, 기쁨을 누림, 빠지다　영 enjoy　중 耽 dān　일 タン(ふける)

형성 귀 이(耳)+머무를 유(冘)자로 '즐기다, 빠지다'를 뜻한다.

耽溺(탐닉) 어떤 일을 즐겨서 거기에 빠짐.　耽古(탐고)　耽美(탐미)　耽戀(탐련)

耽耽耽耽耽耽耽耽耽耽

耽 耽 耽 耽 耽

讀

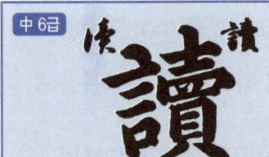

말씀 언(言)부 [7言15 총22획]

읽을 **독**

읽다, 설명함　영 read　중 读 dú　일 読 ドク(よむ)

형성 말씀 언(言)+팔 매(賣)자로 장사꾼들이 물건을 팔 때 소리내어 글을 '읽다'의 뜻이다.

讀者(독자) 책이나 신문 등을 읽는 사람.　讀解(독해)　讀經(독경)　句讀(구두)

讀讀讀讀讀讀讀讀讀讀讀讀讀

讀 讀 讀 讀 讀

翫

깃 우(羽)부 [6羽9 총15획]

가지고놀 **완**

가지고 놀다, 즐거워하다　영 play with　중 玩 wán　일 ガン(もてあそぶ)

형성 깃 우(羽)+원(元)이 합하여 이루어졌다.

褻翫(설완) 가까이 두고 즐기며 구경함.　翫弄(완롱)　翫弄物(완롱물)　翫味(완미)

翫翫翫翫翫翫翫翫翫翫翫翫翫

翫 翫 翫 翫 翫

市

수건 건(巾)부 [3巾2 총5획]

저자 **시**

저자, 장, 시가　영 market　중 市 shì　일 シ(いち)

회의 갈 지(之)+수건 건(巾)자로 생활에 필요한 옷감(巾)을 사기 위해 가야 하는 '시장'의 뜻이다.

市街(시가) 도시의 큰 거리.　市價(시가)　市內(시내)　市立(시립)

市市市市市

市 市 市 市 市

198 寓目囊箱 우목낭상

왕충이 한번 읽으면 잊지 아니하여 글을 주머니나 상자에 둠과 같다고 하였다.

1급 寓

붙어 살다, 머무르다, 핑계, 부탁하다   영 dwell 중 寓 yù 일 グウ(やど)

형성 움집 면(宀)+ 원숭이 우(禺)자로 '가끔'의 뜻이다.

寓生(우생) 남에게 부쳐서 삶. 寓居(우거) 寓食(우식) 寓宗(우종)

갓머리(宀)부 [3宀9 총12획]

붙일 우

中 6급 目

눈, 안구(眼球) 유 眼(눈 안)   영 eye 중 目 mù 일 モク(め)

회의·형성 사람의 눈 모양을 본뜬 글자이다.

目擊(목격) 자기 눈으로 직접 봄. 目前(목전) 目錄(목록) 目禮(목례)

눈 목(目)부 [5目0 총5획]

눈 목

1급 囊

주머니, 주머니에 넣다, 불알   영 sack 중 囊 náng 일 ノウ(ふくろ)

형성 입 구(口)+양(襄)의 생략형이 합하여 이루어졌다.

寢囊(침낭) 솜이나 깃털 따위를 넣어 자루 모양으로 만든 이불.
囊中(낭중) 囊乏(낭핍) 囊子(낭자)

입 구(口)부 [3口19 총22획]

주머니 낭

2급 箱

상자, 곳집   영 box 중 箱 xiāng 일 シヨウ(はこ)

형성 대나무 죽(竹)+넣어둘 상(相)자로 짐 싣는 '대나무 상자'의 뜻이다.

箱子(상자) 물건을 넣어 두기 위하여 나무나 종이 따위로 만든 그릇.
箱弄(상롱) 箱筥(상거) 箱房(상방)

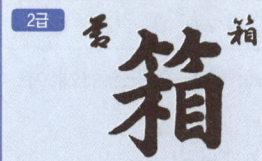

대 죽(竹)부 [6竹9 총15획]

상자 상

199 易輶攸畏 이유유외

매사를 소홀히 하고 경솔함은 군자가 진실로 두려워하는 바이다.

易 — 쉬울, 바꿀 이

쉽다, 바꾸다, 교환 / easy, exchange / 易 yì / エキ(とりかえる)

상형 도마뱀의 머리와 네 발을 본뜬 글자로 도마뱀이 색깔을 쉽게 '바꾸다'를 뜻한다.
易經(역경) 오경의 하나인 주역. 易學(역학) 交易(교역) 難易(난이)

날 일(日)부 [4日4 총8획]

輶 — 가벼울 유

가볍다, 가벼운 수레, 임금의 사자가 타는 수레 / light / 輶 yóu / ユウ(かるい)

형성 수레 거(車)+두목 추(酋)가 합하여 이루어졌다.
易輶攸畏(이유유외) 매사를 소홀히 하고 경솔함은 군자가 진실로 두려워하는 바임.
康輶紀行(강유기행)

수레 거(車)부 [7車9 총16획]

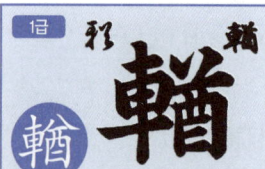

攸 — 바 유

바, 위태하다, 재빠른 모양 / place / 攸 yōu / ユウ(ところ)

회의 사람 인(人)+등글월문(攵=攴)+물 수(水=氵·氺)의 생략형의 합자로 사람을 수중에서 수영시킨다는 뜻이다.
攸司(유사) 그 관청.
攸好德(유호덕) 오복(五福)의 하나. 덕을 좋아하여 즐겨 행하는 일을 이른다.

등글월문(攵)부 [4攵3 총7획]

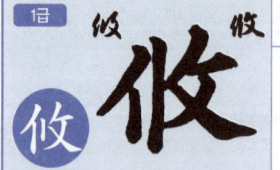

畏 — 두려워할 외

두려워하다, 꺼리다 / fear / 畏 wèi / イ(おそれる)

회의 밭 전(田)+삐침 별(丿)+될 화(化)자로 무서워하며 '조심하다, 황공스럽게 여기다'를 뜻한다.
畏敬(외경) 어려워하고 공경함. 畏懼(외구) 畏友(외우) 畏兄(외형)

밭 전(田)부 [5田4 총9획]

200 屬耳垣牆 속이원장

담장에도 귀가 있다는 말과 같이 경솔히 말하는 것을 조심하라.

屬

[高4급]

붙다, 잇다, 무리 　　　　영 group　중 属 shǔ　일 属 ゾク·ショク

형성 꼬리 미(尾)+벌레 촉(蜀)자로 벌레가 꼬리를 마주하고 교미하므로 '붙다'의 뜻이다.

屬文(속문) 글을 지음. 屬領(속령) 屬性(속성) 屬島(속도)

주검 시(尸)부 [3尸18 총21획]

붙을 속

耳

[中5급]

귀, 뿐, 어조사 　　　　영 ear　중 耳 ěr　일 ジ(みみ)

상형 사람의 귀모양을 본뜬 글자이다.

耳順(이순) 귀가 부드러워짐. 耳明酒(이명주) 耳目(이목) 耳鳴(이명)

귀 이(耳)부 [6耳0 총6획]

귀 이

垣

[1급]

담, 관아, 별자리, 울타리 　　　영 wall　중 垣 yuán　일 エン(かき)

형성 흙 토(土)+선(亘)이 합하여 이루어졌다.

垣牆(원장) 담 대신에 풀이나 나무 따위를 얽어서 집 따위를 둘러막거나 경계를 가르는 물건. 堡垣(보원) 垣衣(원의)

흙 토(土)부 [3土6 총9획]

담 원

牆

[高3급]

담, 토담, 경계 　　　　영 wall　중 墙 qiáng　일 ショウ

회의·형성 조각 장(爿)+곳간 장(嗇)자로 나뭇조각을 세워서 막은 '담장'을 뜻한다.

牆內(장내) 담 안. 外漢(장외한) 牆籬(장리) 肩牆(견장)

조각널 장(장수장변)(爿)부 [4爿13 총17획]

담 장

201 具膳飡飯 구선손반
반찬을 갖추고 밥을 먹으니

中5급 具

갖추다, 차림　유 備(갖출 비)　영 equipped　중 具 jù　일 グ(そなえる)

회의 조개 패(貝→目)+받들 공(廾)의 변형자로 두 손에 돈을 쥐면 무엇이든 '갖추다'의 뜻이다.
具備(구비) 빠짐없이 갖춤.　具色(구색)　具象(구상)　具現(구현)

여덟 팔(八)부 [2八6 총8획]

갖출 **구**

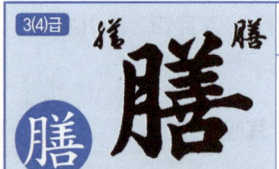

3(4)급 膳

찬, 찬을 올리다, 음식　영 side dishes　중 膳 shàn　일 セン(そなえもの)

형성 고기 육(月・肉)+착할 선(善)자로 '희생 고기, 찬'을 말한다.
膳夫(선부) 궁중의 요리를 만드는 사람.　膳物(선물)　膳賜(선사)　膳官(선관)

고기 육(육달월) 肉(月)부 [4月12 총16획]

반찬 **선**

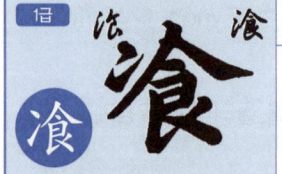

1급 飡

저녁밥, 익힌 음식, 말다, 먹다　영 supper　중 sūn　일 ソン(ゆうめし)

형성 飧(손)의 속자로 대법원 인명용으로는 손이며 밥식(食→밥→손)부+빙(冫)이 합하여 이루어졌다.
耳飡(이손) 귀로 들음.

밥식(食)부 [9食2 총11획]

저녁밥, 먹다 **손**

中3급 飯

밥, 먹다　영 boiled rice　중 飯 fàn　일 ハン(めし)

형성 밥 식(食)+돌이킬 반(反)자로 곡식을 끓여서 만든 '밥'을 뜻한다.
飯床器(반상기) 밥상 하나를 차리는 데 필요한 한 벌의 그릇.
飯顆(반과)　飯床(반상)　飯酒(반주)

밥 식(食)부 [9食4 총13획]

밥 **반**

202 適口充腸 적구충장

훌륭한 음식이 아니라도 입에 맞으면 배를 채운다.

中4급

마치다, 알맞다, 맞다 　　영 suit, fit　중 适 shì　일 テキ(かなう)

형성 뿌리 적(啇)+쉬엄쉬엄갈 착(辶)자로 나무뿌리는 알맞게 뻗어나가므로 '알맞다'는 뜻이다.

適格(적격) 자격이 갖추어짐.　適當(적당)　適應(적응)　適合(적합)

쉬엄쉬엄갈 착(책받침) 辵(辶)부 [4辶_11 총15획]

마침 적

中7급

입, 말하다　　영 mouth　중 口 kǒu　일 コウ(くち)

상형 사람의 입모양을 본뜬 글자이다.

口舌(구설) 입과 혀.　口術(구술)　口徑(구경)　口頭(구두)

입 구(口)부 [3口0 총3획]

입 구

中5급

가득하다, 채우다　유 滿(찰 만)　영 full　중 充 chōng　일 ジュウ(あてる)

회의·형성 기를 육(育)+어진사람 인(儿)자로 아이가 자라 어진 사람이 되므로 '채우다'의 뜻이다.

充當(충당) 모자람을 채움.　充耳(충이)　充滿(충만)　充分(충분)

어진사람 인(儿)부 [2儿4 총6획]

채울 충

高4급

창자, 마음　　영 bowels　중 肠 cháng　일 チョウ(はらわた)

형성 고기 육(月:肉)+빛날 양(昜)자로 햇살을 상징하여 '길다'는 뜻이다.

腸壁(장벽) 장의 벽.　腸癌(장암)　腸骨(장골)　斷腸(단장)

고기 육(육달월) 肉(月)부 [4月9 총13획]

창자 장

203 飽飫烹宰 포어팽재

배부를 때에는 아무리 좋은 음식이라도 그 맛을 모른다.

飽

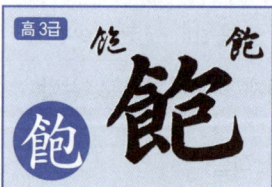

高3급 | 밥 식(食)부 [9食5 총14획] | 배부를 포

배부르다, 물림, 흡족하다 — satiated / 饱 bǎo / ホウ(あきる)

형성: 밥 식(食)+쌀 포(包)자로 음식을 먹어서 배가 부푼 모습으로 '배부르다'를 뜻한다.

飽滿(포만) 음식을 먹어 배가 부른 모습. 飽聞(포문) 飽食(포식) 飽和(포화)

飫

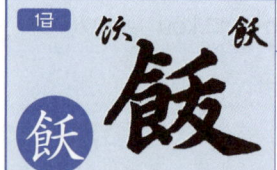

1급 | 밥 식(食)부 [8食4 총12획] | 물릴 어

물리다, 배부르다, 서서 하는 주연 — be fed up / 饫 yù / ヨ(あきる)

형성: 뜻을 나타내는 밥 식변(食=食)과 음을 나타내는 夭(요→어)가 합하여 이루어졌다.

飫聞(어문) 싫증이 나도록 들음. 飫德醉恩(어덕취은)

烹

1급 | 연화발(灬)부 [4灬7 총11획] | 삶을 팽

삶다, 삶아 죽이다, 익힌 음식 — boil, cook / 烹 pēng / ホウ(にる)

회의: 형(亨)+화(灬)자로 솥에 불을 가하여 삶다의 뜻이다.

烹調(팽조) 삶고 지져서 음식을 만듦. 烹卵(팽란) 烹滅(팽멸) 烹割(팽할)

宰

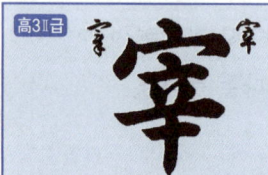

高3II급 | 갓머리(宀)부 [3宀7 총10획] | 재상 재

재상, 벼슬아치, 다스리다 — prime minister / 宰 zǎi / ヨウ(いだく)

형성: 움집 면(宀)+매울 신(辛)자로 제사나 연회를 조리하는 것에서 파생하여 '재상'의 뜻을 나타낸다.

宰夫(재부) 재상. 宰殺(재살) 宰相(재상) 名宰(명재)

204 飢厭糟糠 기염조강

반대로 배가 고플 때에는 겨와 재강도 맛있게 되는 것이다.

주리다, 굶주림 　　영 hunger　중 饥 jī　일 キ(うえる)

형성 밥 식(食)+상 궤(几)자로 음식물이 바닥난 것으로, 즉 '주리다'를 뜻한다.

虛飢(허기) 몹시 배고픈 느낌. 飢餓(기아) 飢饉(기근) 飢渴(기갈)

밥 식(食)부 [9食2 총11획]

주릴 **기**

싫다, 미워하다 　　영 dislike　중 厌 yàn　일 エン(あきる)

형성 굴바위 한(厂)+물릴 염(猒)자로 바위로 가려 '싫어하다, 꺼리다'의 뜻이다.

厭苦(염고) 싫어하고 괴롭게 여김. 厭忌(염기) 厭世(염세) 厭世症(염세증)

민엄호(厂)부 [2厂12 총14획]

싫을 **염**

지게미, 전국, 헐다 　　영 lees　중 糟 zāo　일 ソウ(かす)

형성 쌀 미(米)+조(曹)가 합하여 이루어졌다.

糟粕(조박) 술을 걸러 내고 남은 찌끼. 糟客(조객) 糟甕(조옹) 糟下酒(조하주)

쌀 미(米)부 [6米11 총17획]

재강 **조**

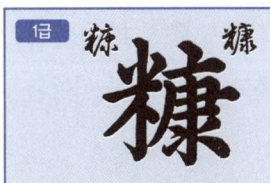

겨, 쌀겨, 매우 작은 것 　　영 chaffs　중 糠 kāng　일 コウ(ぬか)

형성 쌀 미(米)+강(康)이 합하여 이루어졌다.

糠粃(강비) 겨와 쭉정이라는 뜻으로 거친 식사를 비유적으로 이르는 말.
糠粥(강죽) 糠蝦(강하) 糠糟(조강)

쌀 미(米)부 [6米11 총17획]

겨 **강**

205 親戚故舊 친척고구

친은 동성의 친척이고 척은 이성의 친척이요, 고구는 오랜 친구를 말한다.

親

[中6급]

친하다, 사이좋게 지내다 · 영 friendly · 중 亲 qīn · 일 シン(おや·したしい)

형성 설 립(立)+나무 목(木)+볼 견(見)자로 나무처럼 자식을 보살피므로 '어버이'의 뜻이다.

親近(친근) 정의가 아주 가깝고 두터움. 親家(친가) 親舊(친구) 親戚(친척)

볼 견(見)부 [7見9 총16획]

친할 친

戚

[高3II급]

겨레, 친족, 슬퍼하다 · 영 relative · 중 戚 qī · 일 セキ(みうち)

회의·형성 무성할 무(戊)+콩 숙(尗)자로 무성하게 콩이 열매 맺는 것으로 '겨레, 친족'을 뜻한다.

戚黨(척당) 외척과 척족. 戚分(척분) 親戚(친척) 戚臣(척신)

창 과(戈)부 [4戈7 총11획]

겨레 척

故

[中4II급]

연고, 예 · 영 ancient · 중 故 gù · 일 コ(ふるい·ゆえに)

형성 옛 고(古)+칠 복(攵)자로 옛날 일을 들추어 그 까닭을 물으므로 '연고'의 뜻이다.

故友(고우) 옛친구. 故居(고거) 故國(고국) 故事(고사)

칠 복(등글월문)攵(攴)부 [4攵5 총9획]

연고 고

舊

[中5급]

옛, 옛날 · 반 新(새 신) · 영 old · 중 旧 jiù · 일 旧 キュウ(ふるい)

회의·형성 오래된 옛집을 찾아가니 처마에 새[隹]가 둥지를 틀고, 마당에 풀[艹]이 우거지고 마당엔 군데군데 웅덩이[臼]가 패어 있었다.

舊故(구고) 舊面(구면) 舊屋(구옥)

절구 구(臼)부 [6臼12 총18획]

옛 구

206 老少異糧 노소이량

늙은이와 젊은이의 식사가 다르다.

늙을 로(耂/老)부 [6老0 총6획]

늙다, 지치다 | 반 少(젊을 소) | 영 old | 중 老 lǎo | 일 ロウ(おいる)

상형 머리카락이 길고 허리가 굽은 노인이 지팡이를 짚고 서 있는 모양을 본뜬 글자이다.

老境(노경) 늙바탕. 老年(노년) 老將(노장) 老翁(노옹)

老老老老老老

늙을 로

老 老 老 老 老

작을 소(小)부 [3小1 총4획]

젊다, 잠시 | 반 多(많을 다) | 영 few | 중 少 shǎo | 일 ショウ(すくない)

회의·형성 작을 소(小)+삐칠 별(丿)로 작은 것을 일부분을 떨어내어 더 '적다'는 뜻이다.

少年(소년) 나이가 어린 사람. 少壯(소장) 少女(소녀) 少量(소량)

少少少少

젊을 소

少 少 少 少 少

밭 전(田)부 [5田6 총11획]

다르다, 달리하다 | 반 同(한가지 동) | 영 different | 중 异 yì | 일 イ(ことなる)

회의 줄 비(畀)+두 손 공(廾)자로 사람이 두 손을 들어 귀신가면을 쓴 모양이 각각 '다르다'.

異見(이견) 다른 생각. 異口同聲(이구동성) 異動(이동) 異變(이변)

異異異異異異異異異異異

다를 이

異 異 異 異 異

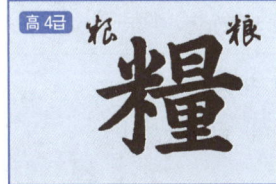

쌀 미(米)부 [6米12 총18획]

양식, 먹이, 구실 | 영 food | 중 粮 liáng | 일 リョウ(かて)

형성 쌀 미(米)+헤아릴 량(量)자로 쌀을 먹을 만큼 헤아려서 남겨놓으므로 '양식'이다.

糧穀(양곡) 양식이 되는 곡물. 糧食(양식) 糧米(양미) 食糧(식량)

糧糧糧糧糧糧糧糧糧糧糧糧

양식 량

糧 糧 糧 糧 糧

207 妾御績紡 첩어적방

남자는 밖에서 일하고 여자는 안에서 길쌈을 짜니라.

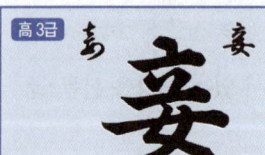

| 高3급 | 첩, 측실(側室) | 영 concubine | 중 妾 qiè | 일 ショウ(めかけ) |

회의 계집 녀(女)+고생 신(辛)자로 문신을 넣은 여성으로 '시비, 첩'를 뜻한다.
妾子(첩자) 첩의 자식(子息). 妾室(첩실) 妾子(첩자) 愛妾(애첩)

계집 녀(女)부 [3女5 총8획]

첩 **첩**

高3II급 | 모시다, 어거하다 | 영 drive | 중 御 yù | 일 ゴ(お)

회의 조금걸을 척(彳)+짐부릴 사(卸)자로 말을 모는이의 직책을 가리켜 '어거하다'를 뜻한다.
御駕(어가) 임금이 타는 수레. 御命(어명) 御殿(어전) 御宮(어궁)

두인변(彳)부 [3彳8 총11획]

모실 **어**

高4급 | 길쌈하다, 잣다 | 영 weave | 중 绩 jì | 일 セキ(つむぐ)

회의·형성 실 사(糸)+맡을 책(責)자로 실을 겹겹이하여 짜서 '길쌈'의 뜻이다.
績女(적녀) 실을 잣는 여자. 績麻(적마) 治績(치적) 行績(행적)

실 사(糸)부 [6糸11 총17획]

길쌈 **적**

2급 | 길쌈하다, 잣다, 실 | 영 spin | 중 纺 fǎng | 일 ボウ(つむぐ)

형성 실 사(糸)+늘어놓을 방(方)자로 실을 늘어놓다, '잣다'의 뜻이다.
紡絲(방사) 섬유를 자아서 실을 뽑음. 紡績(방적) 紡織(방직) 紡錘(방추)

실 사(糸)부 [6糸4 총10획]

길쌈 **방**

※績紡(적방)→紡績(방적)으로도 씀.

208 侍巾帷房 시건유방

유방에서 모시고 수건을 받드니 처첩(妻妾)이 하는 일이다.

[高3II급] 侍

사람 인(人)부 [2人6 총8획]

모실 시

모시다, 받들다

영 serve 중 侍 shì 일 シ·ジ(はべる)

형성 사람 인(亻)+절 사(寺)자로 윗사람 가까이에 머물러 '봉사하는 것'을 뜻한다.
侍醫(시의) 궁 안에 있으면서 임금의 시중을 드는 의원.
侍童(시동) 侍女(시녀) 侍郞(시랑)

侍侍侍侍侍侍侍

[1급] 巾

수건 건(巾)부 [3巾0 총3획]

수건 건

수건, 헝겊, 피륙, 덮다, 덮어 가리다

영 towel 중 巾 jīn 일 キン(ふきん)

상형 허리띠에 드리우고 있는 천의 모양을 본뜬 글자로 '행주'의 뜻이다.
巾帨(건세) 허리에 차는 수건. 巾帶(건대) 巾櫛(건즐)

巾巾巾

[1급] 帷

수건 건(巾)부 [3巾8 총11획]

장막 유

휘장, 널에 치는 덮개, 수레에 치는 덮개

영 curtain 중 帷 wéi 일 イ(とばり)

형성 수건 건(巾)+추(隹)가 합하여 이루어졌다.
帷幕(유막) 기밀을 의논하는 곳. 帷子(유자) 帷帳(유장) 帷幄(유악)

丨冂巾巾巾帅帅帷帷帷帷

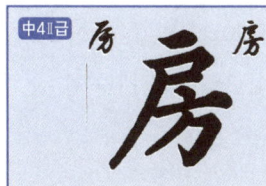

[中4II급] 房

집 호(戶)부 [4戶4 총8획]

방 방

방, 곁방, 곁방

영 room 중 房 fáng 일 ボウ(へや)

형성 집 호(戶)+모 방(方)자로 지게문에 이어진 모진 '방'의 뜻이다.
房宿(방수) 28수의 하나로 남쪽에 있는 별자리. 房帳(방장) 房門(방문) 庫房(고방)

房房房房房房房房

209 紈扇圓潔 환선원결

흰 비단으로 만든 부채는 둥글고 깨끗하다.

紈 흰비단 환
실 사(糸)부 [6糸3 총9획]

흰 비단, 맺다, 겹치다　　영 white silk　중 紈 wán　일 ガン(しろぎぬ)

형성 실 사(糸)+환(丸)이 합하여 이루어졌다.
綺紈家(기환가) 재산이 많고 지위가 높은 집안.
紈袴(환고)　紈袴子弟(환고자제)　紈扇(환선)

扇 부채 선
지게 호(戶)부 [4戶6 총10획]

부채, 부채질하다, 문짝　　영 fan　중 扇 shàn, shān　일 セン(うちわ)

회의 '문짝'의 뜻인 지게 호(戶)+'날개'의 뜻인 우(羽)로 이루어져, 문짝이 문의 양쪽에 있어 새의 날개처럼 열림을 뜻한다.
太極扇(태극선) 태극 모양을 그려 넣은 둥근 부채.
扇單石(선단석)　扇子春舌(선자춘설)　合竹扇(합죽선)

圓 둥글 원
큰입구몸(口)부 [3口10 총13획]

둥글다, 동그라미　　영 round　중 圆 yuán　일 円 エン(まる)

회의 에운담 위(口)+인원 원(員)자로 솥의 모양을 본떠 '둥글다'는 뜻이다.
圓柱(원주) 둥근 기둥.　圓卓(원탁)　圓滿(원만)　圓心(원심)

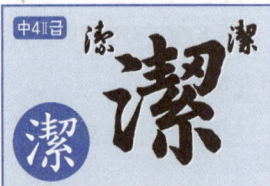

潔 깨끗할 결
물 수(삼수변) 水(氵)부 [3氵12 총15획]

깨끗하다, 깨끗이 하다　유 純(순수할 순)　영 clean　중 洁 jié　일 ケツ(いさぎよし)

형성 물 수(氵)+조촐할 결(絜)자로 물에 깨끗하게 씻은 실이므로 '깨끗하다'의 뜻이다.
潔白(결백) 마음이 깨끗함.　潔素(결소)　潔癖(결벽)　簡潔(간결)

210 銀燭煒煌 은촉위황

은촛대의 촛불은 빛나서 휘황 찬란하다.

| 中6급 | 은, 은빛 | 영 silver | 중 银 yín | 일 ギン(しろがね) |

형성 쇠 금(金)+그칠 간(艮)자로 황금 다음가는 백금이 '은'이라는 뜻이다.

銀幕(은막) 영화계. 銀河(은하) 銀塊(은괴) 銀河(은하)

쇠 금(金)부 [8金6 총14획]

은 은

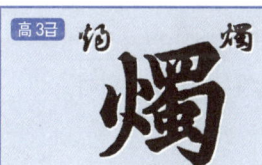

高3급 촛불, 초, 등불 영 candle 중 烛 zhú 일 ショク(ともしび)

회의·형성 불 화(火)+벌레 촉(蜀)자로 오랜 시간 계속해서 타는 '촛불'을 뜻한다.

燭光(촉광) 등불빛. 燭察(촉찰) 燭臺(촉대) 燭數(촉수)

불 화(火/灬)부 [4火13 총17획]

촛불 촉

1급 빨갛다, 빛나다 영 bright 중 炜 wěi, huī 일 キ(あきらか)

형성 불 화(火=灬)+위(韋)가 합하여 이루어졌다.

銀燭煒煌(은촉위황) 은촛대의 촛불은 빛나서 휘황찬란함.

불 화(火)부 [4火9 총13획]

빛날 위

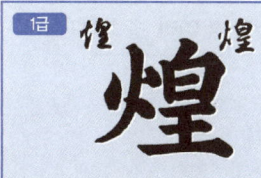

1급 빛나다, 사물의 모양, 사물의 모양 영 luminous 중 煌 huáng 일 コウ(かがやく)

형성 불 화(火=灬)+황(皇)이 합하여 이루어졌다.

煌煌(황황)히 번쩍번쩍 밝게 빛나는 모양. 煌班巖(황반암) 敦煌石窟(돈황 석굴)

불 화(火)부 [4火9 총13획]

빛날 황

211 晝眠夕寐 주면석매

낮에 낮잠 자고 밤에 일찍 자니 한가한 사람의 일이다.

中6급

낮, 대낮 반 夜(밤 야) 영 day time 중 昼 zhòu 일 昼 チュウ(ひる)

회의 글 서(書)+한 일(一)자로 붓으로 해가 뜨고 지는 선을 그어 놓고 밤과 '낮'을 뜻한다.
晝間(주간) 낮동안. 晝食(주식) 晝夜(주야) 白晝(백주)

날 일(日)부 [4日7 총11획]

晝晝晝晝晝晝晝晝晝晝

낮 주

中3Ⅱ급
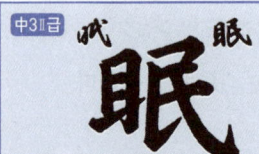

잠자다, 졸다 영 sleep 중 眠 mián 일 ミン(ねむる)

형성 눈 목(目)+백성 민(民)자로 모든 사람이 눈을 감고 '잠자는 것'을 뜻한다.
眠睡(면수) 잠을 잠. 冬眠(동면) 冬眠(동면) 睡眠(수면)

눈 목(目)부 [5目5 총10획]

眠眠眠眠眠眠眠眠眠眠

잠잘 면

中7급
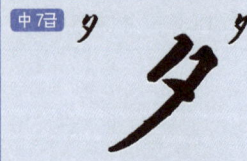

저녁, 밤, 기울다 반 朝(아침 조) 영 evening 중 夕 xī 일 セキ(ゆう)

지사 초저녁에 뜬 반달을 본뜬 자로 달[月]에서 한 획을 뺀 것이 초승달이다.
夕刊(석간) 저녁 신문. 夕室(석실) 夕霧(석무) 夕陽(석양)

저녁 석(夕)부 [3夕0 총3획]

夕夕夕

저녁 석

1급
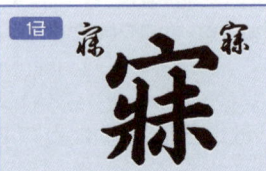

잠자다, 곤들매기, 아무 소리없이 적적하다 영 sleep 중 mèi 일 ビ(ねむる)

형성 갓머리(宀)+미(未)가 합하여 이루어졌다.
潛寐(잠매) 지하에 숨어 잔다는 뜻으로, 죽음을 이르는 말.
夢寐(몽매) 夢寐間(몽매간) 假寐(가매)

갓머리(宀)부 [3宀9 총12획]

寐寐寐寐寐寐寐寐寐寐

잠잘 매

212 藍筍象牀 남순상상

푸른 대순과 코끼리 상이니 즉 한가한 사람의 침대이다.

3급 藍

쪽(물감의 원료), 남빛
영 indigo 중 蓝 lán 일 ラン(あい)

형성 풀 초(艹)+볼 감(監)자로 푸른색의 염료를 만드는 '쪽, 쪽빛'을 뜻한다.

藍縷(남루) 누더기. 藍靑(남청) 藍碧(남벽) 藍色(남색)

풀 초(초두) 艹(艸)부 [4艸14 총18획]

쪽 람

藍藍藍藍藍藍藍藍藍藍藍藍

藍 藍 藍 藍 藍

1급 筍

죽순, 여린 대, 가마
영 bamboo shot 중 笋 sǔn 일 ジュン(たけのこ)

형성 대 죽(竹)+순(旬)이 합하여 이루어졌다.

筍菹(순저) 죽순으로 담근 김치. 筍皮(순피) 筍湖(순호) 摘筍(적순)

대 죽(竹)부 [6竹6 총12획]

죽순 순

筍筍筍筍筍筍筍筍筍筍筍筍

筍 筍 筍 筍 筍

高 4급 象

코끼리, 모양
영 elephant 중 象 xiàng 일 ゾウ(かたち)

상형 코끼리의 귀·엄니·발·꼬리를 본뜬 글자이다.

象牙(상아) 코끼리의 어금니. 象牙塔(상아탑) 象毛(상모) 象徵(상징)

돼지 시(豕)부 [7豕5 총12획]

코끼리, 모양 상

象象象象象象象象象象象

象 象 象 象 象

高4Ⅱ급 牀

평상, 상, 마루, (상 위에서)졸다
영 floor 중 床 chuáng 일 ショウ(ゆか)

형성 엄호(广-집)부+상(爿)의 생략형(省略形)인 木(목)으로 이루어졌다. 집안의 한층 더 높은 것, 마루, 또는 침대의 뜻이다.

床褓(상보) 상을 덮는 보자기. 床石(상석) 册床(책상) 溫床(온상)

엄호(广)부 [3广4 총7획]

상 상

床床床床床床床

床 床 床 床 床

※牀=床

213 絃歌酒讌 현가주연

거문고를 타며 술과 노래로 잔치하니.

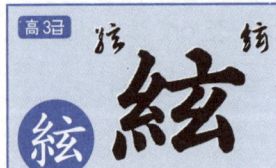

絃 악기줄 현
- 실 사(糸)부 [6糸5 총11획]
- 악기줄, 현악기
- 회의·형성: 실 사(糸) + 현묘할 현(玄)으로 구성되었다.
- 絃琴(현금) 거문고. 絃樂(현악) 絃樂器(현악기) 絶絃(절현)
- 영 string 중 弦 xián 일 ゲン

歌 노래 가
- 하품 흠(欠)부 [4欠10 총14획]
- 노래, 노래하다 · 謠(노래 요)
- 형성: 노래할 가(哥)+하품 흠(欠)자로 하품하듯이 입을 벌리고 '노래한다'는 뜻이다.
- 歌曲(가곡) 노래. 歌舞(가무) 歌詞(가사)
- 영 song 중 歌 gē 일 カ(たな)

酒 술 주
- 닭 유(酉)부 [7酉3 총10획]
- 술, 물
- 회의: 물 수(氵)+닭 유(酉)자로 술병에 들어 있는 '술'의 뜻이다.
- 酒色(주색) 술과 여색. 얼굴에 나타난 술기운. 酒肴(주효) 酒幕(주막) 酒店(주점)
- 영 wine, liquor 중 酒 jiǔ 일 シュ(さけ)

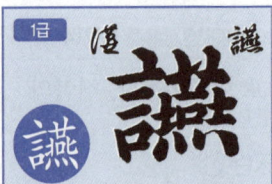

讌 잔치 연
- 말씀 언(言)부 [7言16 총23획]
- 잔치하다, 모여 환담하다
- 형성: 말씀 언(言)+연(燕)이 합하여 이루어졌다.
- 淸讌閣(청연각) 고려 시대, 예종 때 궁중 안에 도서를 비치하고 학사들이 아침저녁으로 경서를 강론하던 곳. 讌飮(연음)
- 영 banquet 중 yàn 일 エン(さかもり)

214 接杯擧觴 접배거상

작고 큰 술잔을 서로 주고받으며 즐기는 모습이다.

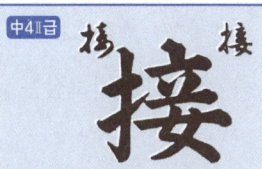

중4Ⅱ급 | 손 수(재방변) 手(扌)부 [3扌8 총11획]

잇다, 사귀다, 접하다   영 associate   중 接 jiē   일 セツ(まじわる)

형성 손 수(手)+첩 첩(妾)자로 계집종이 손님을 맞이하는 것으로 '접근하다'의 뜻이다.

接口(접구) 음식을 조금 먹음.   接近(접근)   接見(접견)   接骨(접골)

接接接接接接接接接接接

이을 **접**

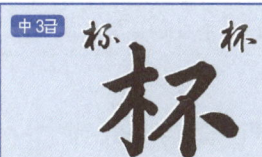

중3급 | 나무 목(木)부 [4木4 총8획]

잔, 대접   영 cup   중 杯 bēi   일 ハイ(さかずき)

형성 나무 목(木)+아니 불(不)자로 나무로 만든 '잔, 대접'을 뜻한다.

木杯(목배) 나무 술잔.   乾杯(건배)   苦杯(고배)   杯狀(배상)

杯杯杯杯杯杯杯杯

잔 **배**

중5급 | 손 수(재방변) 手(扌)부 [4手14 총18획]

들다, 일으키다   영 lift   중 举 jǔ   일 挙 キョ(あげる)

회의 더불어 여(與)+손 수(手)자로 여럿이 마음을 합하여 손을 '들다'는 뜻이다.

擧家(거가) 온 집안.   擧國(거국)   擧動(거동)

擧擧擧擧擧擧擧擧擧擧擧

들 **거**

1급 | 뿔 각(角)부 [7角11 총18획]

잔, 잔질하다   영 wine cup   중 觞 shāng   일 ショウ(さかずき)

형성 뿔 각(角)+(상)이 합하여 이루어졌다.

稱觴(칭상) 환갑잔치 따위에서, 오래 살기를 비는 뜻으로 환갑을 맞은 사람에게 술잔을 올림.   觴詠(상영)   觴政(상정)   濫觴(남상)

觴觴觴觴觴觴觴觴觴觴觴

잔 **상**

215 矯手頓足 교수돈족

손을 들고 발을 두드리며 춤을 춘다.

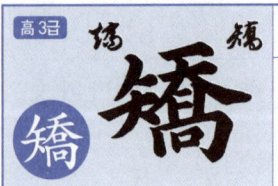

高 3급 | 화살 시(矢)부 [5矢12 총17획]

바로잡다, 거짓 　　　영 reform　중 矫 jiāo　일 キョウ(ためる·なおす)

형성 화살 시(矢)+높을 교(喬)자로 굽은 화살을 곧게 펴서, 즉 그 길이를 바로잡는 것을 뜻한다.
矯正(교정) 바로잡음. 矯導(교도) 矯角(교각) 奇矯(기교)

바로잡을 교

中 7급 | 손 수(재방변) 手(扌)부 [4手0 총4획]

손, 손가락　반 足(발 족)　　　　　영 hand　중 手 shǒu　일 シュ(て)

상형 다섯 손가락을 편 손의 모양을 본뜬 자이다.
手記(수기) 자기의 체험을 자신이 적은 글. 手段(수단) 手匣(수갑) 手巾(수건)

손 수

준1(2)급 | 머리 혈(頁)부 [9頁4 총13획]

두드리다, 넘어지다, 숙사, 머물다 　영 knock　중 顿 dùn　일 トン(めがずく)

형성 머리 혈(頁)+ 돈(屯)자로 머리가 땅에 닿도록 '절하다'의 뜻이다.
頓首(돈수) 머리가 땅에 닿도록 굽혀 절함. 頓窮(돈궁) 頓舍(돈사) 頓絕(돈절)

두드릴, 머물다 돈

中 7급 | 발 족(足)부 [7足0 총7획]

발, 뿌리　반 手(손 수)　　　　　영 foot　중 足 zú　일 ソク(あし)

상형 무릎부터 발끝까지 모양을 본뜬 글자로 '발'을 뜻한다.
足炙(족적) 다리 구이. 足鎖(족쇄) 滿足(만족) 不足(부족)

발 족

216 悅豫且康 열예차강

이상과 같이 마음 편히 즐기고 살면 단란한 가정이다.

中3Ⅱ급

마음 심(심방변) 心(忄/㣺)부 [4心6 총10획]

기쁠 열

기쁘다, 기뻐하다　　영joyful·pleased　중悅 yuè　일エツ(よろこぶ)

형성 마음 심(心)+기쁠 열(兌)자로 맺힌 마음이 풀린 것으로 '기쁘다'를 뜻한다.

喜悅(희열) 기쁨.　悅樂(열락)　悅樂(열락)　法悅(법열)

悅悅悅悅悅悅悅悅悅悅

悅 悅 悅 悅 悅

高4급

돼지 시(豕)부 [7豕9 총16획]

미리, 참여하다 예

미리, 기뻐하다, 참여하다　　영beforehand　중豫 yù　일予ヨ(あらかじめ)

회의 나 여(予)와 코끼리는 죽을 때 정해진 곳으로 '미리' 간다는 뜻이다.

豫感(예감) 미리 육감으로 헤아림.　豫見(예견)　豫測(예측)　猶豫(유예)

豫豫豫豫豫豫豫豫豫豫豫豫

豫 豫 豫 豫 豫

中3급

한 일(一)부 [1一4 총5획]

또 차

또, 만일, 우선　　영also　중且 qiě　일シャ(かつ)

상형 고기를 수북이 담아 신에게 바친 찬합 같은 그릇 모양을 본뜬 글자로 '또, 가령'의 뜻이다.

且問且答(차문차답) 한편 묻고 한편 대답함.　且說(차설)　重且大(중차대)　苟且(구차)

且且且且且

且 且 且 且 且

中4Ⅱ급 康

엄호(广)부 [3广8 총11획]

편안할 강

편안하다, 화목하다　유健(건강할 건)　영healthy　중康 kāng　일コウ

회의·형성 집[广]도 고치고[庚] 쌀[米→氺]도 풍족하니 '편안하다'는 뜻이다.

康衢煙月(강구연월) 태평성대.　康衢(강구)　康建(강건)　康寧(강녕)

康康康康康康康康康康康

康 康 康 康 康

217 嫡後嗣續 적후사속

적자된 자, 즉 장남은 뒤를 계승하여 대를 이룬다.

1급 嫡

정실(큰마누라), 맏아들　　영 egal wife　중 嫡 dí　일 テキ(よつぎ)

형성 계집 녀(女)+ 꼭지 적(啇)자로 '마누라, 계집녀'를 뜻한다.
嫡室(적실) 정식으로 혼례를 행한 아내, 본처. 嫡子(적자) 嫡出(적출)

계집 녀(女)부 [3女11 총14획]

정실 적

中 7급 後

뒤, 나중　반 前(앞 전)　　영 back　중 后 hòu　일 コウ(あと)

회의 자축거릴 척(彳)+뒤쳐져올 치(夂)로 어린이가 조금씩 걸으며 뒤따라오므로 '뒤'의 뜻이다.
後繼(후계) 뒤를 이음. 後年(후년) 後面(후면) 後進(후진)

두인변(彳)부 [3彳6 총9획]

뒤 후

1급 嗣

잇다, 후사, 계승하다　　영 succeed　중 嗣 sì　일 シ(つぐ)

형성 입 구(口)+ 책 책(冊)+ 맡을 사(司)자로 '잇다, 계승하다'의 뜻이다.
嗣守(사수) 이어받아 지킴. 嗣君(사군) 嗣奉(사봉)

입 구(口)부 [3口10 총13획]

이을 사

中4Ⅱ급 續

잇다, 뒤를 잇다　유 繼(이을 계)　　영 continue　중 续 xù　일 続 ゾク(つづく)

형성 실 사(糸)+팔 매(賣)자로 물건을 다 팔면 실을 대주다의 '잇다'의 뜻이다.
續續(속속) 잇닿는 모양. 續出(속출) 續開(속개) 續報(속보)

실 사(糸)부 [6糸15 총21획]

이을 속

218 祭祀蒸嘗 제사증상

제사하되 겨울 제사는 증이라 하고 가을 제사는 상이라 한다.

祭 제사 제

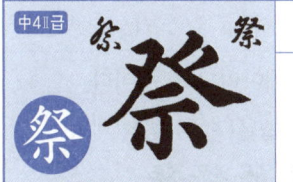

보일 시(示)부 [5示6 총11획]

- 제사, 제사 지내다
- 영 sacrifice 중 祭 jì 일 サイ(まつり)
- 회의 고기 육(月:肉)+또 우(又)와 보일 시(示)자로 제물을 정결하게 하여 '제사'의 뜻이다.
- 祭物(제물) 제수(祭需). 祭文(제문) 祭壇(제단) 祭禮(제례)

祀 제사 사

보일 시(示)부 [5示3 총8획]

- 제사, 제사지내다
- 영 sacrifice 중 祀 sì 일 シ(まつる)
- 회의·형성 보일 시(示)+뱀 사(巳)자로 제상을 차려 동남쪽을 향해 제사지내는 것을 뜻한다.
- 祀孫(사손) 조상의 제사를 받드는 자손. 祀天(사천) 祀中(사중) 告祀(고사)

蒸 찔 증

풀 초(초두) 艸(艹)부 [4艸10 총14획]

- 찌다, 일하다 유 烝(김 오를 증)
- 영 steam 중 蒸 zhēng 일 ジョウ(むす)
- 형성 풀 초(艹)+삶을 증(烝)자로 삼(麻)의 껍질을 벗기기 위해 '삶는다, 찌다'를 뜻한다.
- 蒸氣(증기) 수증기. 蒸發(증발) 蒸發(증발) 蒸溜(증류)

嘗 맛볼 상

입 구(口)부 [3口11 총14획]

- 맛보다, 먹다
- 영 taste 중 嘗 cháng 일 ショウ(なめる·かつて)
- 회의·형성 입 구(口)+손가락 지(旨)+오히려 상(尚)자로 '맛본다'는 뜻이다.
- 嘗味(상미) 맛을 봄. 嘗試(상시) 嘗藥(상약) 奉嘗(봉상)

219 稽顙再拜 계상재배

이마를 조아려 선조에게 두 번 절한다.

[1급] 稽 벼 화(禾)부 [5禾11 총16획] — 조아릴 계

조아리다, 헤아리다, 머무르다 영 consider 중 稽 jī 일 ケイ(かんがえる)

형성 벼 화(禾)+더욱 우(尤)+뜻 지(旨)자로 '상고하다, 헤아리다'의 뜻이다.
稽首(계수) 머리가 땅에 닿도록 공손히 절함. 稽古(계고) 稽留(계류) 稽封(계봉)

[1급] 顙 머리 혈(頁)부 [9頁10 총19획] — 이마 상

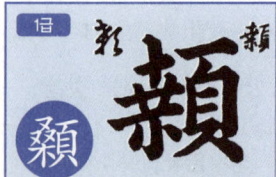

이마, 조아리다, 머리 영 brow 중 顙 sǎng 일 ソウ(ひたい)

형성 머리 혈(頁)+상(桑)이 합하여 이루어졌다.
稽顙(계상) 겸손하게 이마가 땅에 닿도록 몸을 굽힘.
稽顙再拜(계상재배) 頓顙(돈상) 稽顙拜言(계상배언)

[中 5급] 再 멀 경(冂)부 [2冂4 총6획] — 둘 재

둘, 두, 두번 영 twice 중 再 zài 일 サイ(ふたたび)

회의 쌓아놓은 재목 위에 거듭 쌓으므로 '다시'의 뜻이다.
再建(재건) 다시 세움. 再顧(재고) 再生(재생) 再會(재회)

[中4II급] 拜 손 수(재방변) 手(扌)부 [4手5 총9획] — 절 배

절, 절하다 영 bow 중 拜 bài 일 ハイ(おがむ)

형성 손 수(手)를 두 개 합치고 아래 하(下)를 받친 자로 두 손 모아 '절하다'는 뜻이다.
拜見(배견) 귀인을 봄. 拜金(배금) 拜禮(배례) 拜上(배상)

220 悚懼恐惶 송구공황

송구하고 공황하니 엄중, 공경함이 지극함이라.

悚 두려워할 송

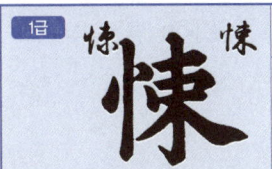

1급 | 마음 심(심방변) 心(忄/㣺)부 [3忄7 총10획]

두려워하다, 허둥거리다 | 영 fear | 중 悚 sǒng, sóng | 일 ショウ(おそれる)

형성 마음 심(忄=心, 㣺)+속(束)이 합하여 이루어졌다.

悚愧(송괴) 죄송스럽고 부끄러움. 悚懼(송구) 悚懍(송름) 悚惶(송황)

懼 두려워할 구

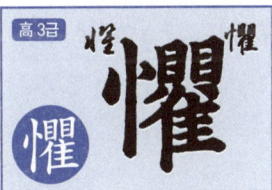

高3급 | 마음 심(심방변) 心(忄/㣺)부 [3忄18 총21획]

두려워하다, 겁이 나다 | 영 fear | 중 惧 jù | 일 ク·グ(おそれる)

회의 마음 심(忄)+놀라울 구(瞿)자로 '두려움'을 뜻한다.

疑懼心(의구심) 의심하고 두려워하는 마음. 懼然(구연) 兢懼(긍구) 恐懼(공구)

恐 두려워할 공

高3Ⅱ급 | 마음 심(심방변) 心(忄/㣺)부 [4心6 총10획]

두려워하다 | 영 afraid | 중 恐 kǒng | 일 キョウ(おそろしい)

형성 마음 심(心)+두려워할 공(巩:두 손을 가슴에 댄 모양)자로 조심스러운 마음, 즉 '두려운 것'을 뜻한다.

恐怖(공포) 두렵고 무서워함. 恐喝(공갈) 恐龍(공룡) 恐慌(공황)

惶 두려워할 황

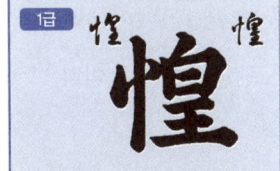

1급 | 마음 심(심방변) 心(忄·㣺)부 [3忄9 총12획]

두려워하다, 항공하게 여기다 | 영 fearful | 중 惶 huáng | 일 コウ(おそれる)

형성 마음 심(忄·心)+ 임금 황(皇·徨)자로 '두려워하다, 황공해하다'의 뜻이다.

惶恐(황공) 높은 자리에 눌리어서 두려움. 惶悸(황계) 戰惶(전황)

221 牋牒簡要 전첩간요
글과 편지는 간략함을 요한다.

1급
조각 편(片)부 [4片8 총12획]

장계, 종이, 상소 영letter 중牋 jiān 일セン(ふだ)

형성 조각 편(片)+잔(戔)이 합하여 이루어졌다.
牋牒簡要(전첩간요) 글과 편지는 간략함을 요함.
鬪牋(투전) 彩牋紙(채전지) 鬪牋張(투전장)

丿丨丬片片牋牋牋牋牋牋

편지 **전** 牋 牋 牋 牋 牋

1급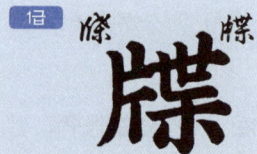
조각 편(片)부 [4片9 총13획]

편지, 서찰, 계보, 공문서 영letter 중牒 dié 일チョウ(かきもの)

형성 조각 편(片) + 나뭇잎 엽(枼)자로 나뭇잎처럼 얇은 조각, '문서, 서찰'의 뜻이다.
牒狀(첩장) 여러 사람이 돌려보도록 쓴 문서.
牒報(첩보) 牒紙(첩지) 牒報使(첩보사)

牒牒牒牒牒牒牒牒牒牒牒牒牒

편지 **첩** 牒 牒 牒 牒 牒

高 4급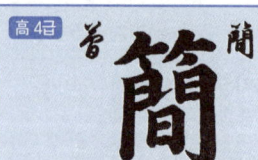
대 죽(竹)부 [6竹12 총18획]

편지 유略(간략할 략) 영letter 중简 jiān 일カン(てがみ)

형성 대 죽(竹)+사이 간(間)자로 대쪽에 글을 쓰도록 엮은 '편지'를 뜻한다.
簡潔(간결) 간단하고 요령이 있음. 簡牘(간독) 簡單(간단) 簡略(간략)

簡簡簡簡簡簡簡簡簡簡簡

편지 **간** 簡 簡 簡 簡 簡

中 5급
덮을 아(襾)부 [6襾3 총9획]

요구하다, 종요롭다, 반드시 영important 중要 yào 일ヨウ(かなめ)

상형 여자가 두 손으로 허리를 잡고 있는 모양을 본뜬 글자로 '중요한'의 뜻이다.
要件(요건) 긴요한 용건. 要求(요구) 要綱(요강) 要請(요청)

要要要要要要要要要

요구할 **요** 要 要 要 要 要

222 顧答審詳 고답심상

편지의 회답도 자세히 살펴 써야 한다.

高3급 顧
- 돌아보다, 도리어, 돌보다
- 영 look after 중 顾 gù 일 コ(かえりみる)
- 형성 품팔이 고(雇)+머리 혈(頁)자로 머리를 뒤쪽으로 돌려서 보는 것을 뜻한다.
- 顧忌(고기) 뒷일을 염려하고 꺼림. 顧慮(고려) 顧客(고객) 顧見(고견)
- 머리 혈(頁)부 [9頁12 총21획]
- 돌아볼 고

中7급 答
- 대답하다, 갚다 반 問(물을 문)
- 영 answer 중 答 dá 일 トウ(こたえる)
- 형성 대 죽(竹)+합할 합(合)자로 옛날 대쪽에 써서 보낸 편지에 '대답'의 뜻이다.
- 答禮(답례) 받은 예를 갚는 일. 答辭(답사) 答訪(답방) 答狀(답장)
- 대 죽(竹)부 [6竹6 총12획]
- 대답 답

高3Ⅱ급 審
- 살피다, 자세하다
- 영 deliberate 중 审 shěn 일 シン(つまびらか)
- 회의 집 면(宀)+차례 번(番)자로 덮개로 가려져 분명하지 않은 것을 '살피다'를 뜻한다.
- 審美(심미) 미와 추를 살펴 미의 본질을 규명함. 審問(심문) 審査(심사) 審判(심판)
- 갓머리(宀)부 [3宀12 총15획]
- 살필 심

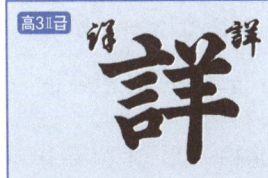

高3Ⅱ급 詳
- 자세하다, 거짓
- 영 detail 중 详 xiáng 일 ショウ(くわしい)
- 형성 말씀 언(言)+양 양(羊)자로 물체의 자태를 말로 하여 '자세히 하다'를 뜻한다.
- 詳報(상보) 상세하게 알림. 詳述(상술) 詳細(상세) 未詳(미상)
- 말씀 언(言)부 [7言6 총13획]
- 자세할 상

3단계(제169~250구) | **239**

223 骸垢想浴 해구상욕

몸에 때가 끼면 목욕하기를 생각하고.

1급 뼈, 정강이뼈, 해골 — 영 skeleton 중 骸 hái 일 ガイ(ほね)

형성 뼈 골(骨)+해(亥)가 합하여 이루어졌다.

骸歎(해탄) 놀라 탄식함. 骸炭(해탄) 骸炭爐(해탄로) 骸泥(해니)

뼈 골(骨)부 [10骨6 총16획]

뼈 **해**

1급 때, 먼지, 때묻다 — 영 dirt 중 垢 gòu 일 コウ(あか)

형성 흙 토(土)+후(后)가 합하여 이루어졌다.

垢段(구단) 토지의 구획. 垢穢(구예) 垢弊(구폐) 耳垢(이구)

흙 토(土)부 [3土6 총9획]

때 **구**

중4Ⅱ급 생각하다, 상상하다 유 念(생각할 념) — 영 think 중 想 xiǎng 일 ソウ(おもう)

형성 서로 상(相)+마음 심(心)자로 서로가 마음을 맞바라보듯 '생각하다'를 뜻한다.

想起(상기) 지난 일을 생각해냄. 想思(상사) 想念(상념) 想定(상정)

마음 심(심방변) 心(忄/㣺)부 [4心9 총13획]

생각할 **상**

중5급 목욕하다, 목욕 — 영 bathe 중 浴 yù 일 ヨク(あびる)

형성 물 수(氵)+골짜기 곡(谷)자로 골짜기에 흐르는 깨끗한 물로 '목욕을 한다'는 뜻이다.

浴室(욕실) 목욕을 하는 시설이 되어 있는 방. 浴湯(욕탕) 浴槽(욕조) 沐浴(목욕)

물 수(삼수변) 水(氵)부 [3氵7 총10획]

목욕할 **욕**

224 執熱願凉 집열원량

더우면 서늘하기를 원한다.

잡다, 지킴, 집행하다 영 catch 중 执 zhí 일 シュウ(とる)

형성 다행 행(幸)+둥글 환(丸)자로 수갑 찬 사람이 꿇어앉고 있는 모양으로 죄인을 '잡다'를 뜻한다.
執政(집정) 국정을 집행함. 執拗(집요) 執權(집권) 執念(집념)

흙 토(土)부 [3土8 총11획]
잡을 **집**

덥다, 더위 영 hot 중 热 rè 일 ネツ(あつい)

회의 형세 세(勢)+불 화(灬)자로 불의 형세는 '뜨겁다'의 뜻이다.
熱狂(열광) 미친 듯이 열중함. 熱心(열심) 熱氣(열기) 熱帶(열대)

불 화(火/灬)부 [4灬11 총15획]
더울 **열**

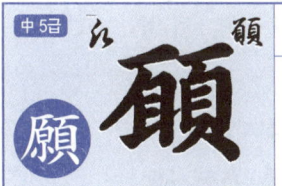

원하다, 바라다 유 希(바랄 희) 영 want, hope 중 愿 yuàn 일 ガン(ねがう)

형성 근원 원(原)+머리 혈(頁)자로 머리는 생각하는 근원이며 생각이 잘되기를 '원하다'는 뜻이다.
願望(원망) 원하고 바람. 願書(원서) 祈願(기원) 發願(발원)

머리 혈(頁)부 [9頁10 총19획]
원할 **원**

서늘하다, 슬퍼하다 영 cool 중 凉 liáng 일 凉 リョウ(すずしい)

형성 얼음 빙(冫)+서울 경(京)자로 찬물을 나타내며 '서늘함'을 뜻한다.
凉德(양덕) 엷은 인덕. 凉秋(양추) 凉天(양천) 凉風(양풍)

이수변(冫)부 [2冫8 총10획]
서늘할 **량**

225 驢騾犢特 여라독특

나귀와 노새와 송아지, 즉 가축을 말한다.

1급 驢

당나귀, 나귀

영 ass 중 驢 lú 일 ロ(うさぎうま)

형성 말 마(馬)+로(盧)가 합하여 이루어졌다.
驢騾犢特(여라독특) 나귀와 노새와 송아지, 즉 가축을 말함.
海驢(해려) 烏驢白腹(오려백복) 騎驢隨筆(기려수필)

말 마(馬)부 [10馬16 총26획]

당나귀 려

1급 騾

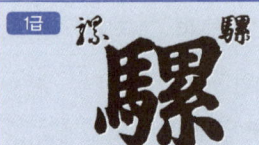

노새(암말과 수나귀 사이에 난 튀기)

영 mule 중 騾 luó 일 ラ(らば)

형성 말 마(馬)+루(累)가 합하여 이루어졌다.
騾驢(나려) 노새와 나귀를 아울러 이르는 말.
驢騾犢特(여라독특) 나귀와 노새와 송아지, 즉 가축을 말함.

말 마(馬)부 [10馬11 총21획]

노새 라

1급 犢

송아지

영 calf 중 犢 dú 일 トク(こうし)

형성 소 우(牛=牜)+매(賣)가 합하여 이루어졌다.
犢鼻褌(독비곤) 쇠코잠방이. 犢牛(독우) 犢車(독차) 舐犢(지독)

소 우(牛)부 [4牛15 총19획]

송아지 독

中6급 特

특별하다, 뛰어난 사람

영 special 중 特 tè 일 トク(ことに)

회의·형성 소 우(牛)+절 사(寺)자로 관청에 희생으로 쓰는 황소는 반드시 '특별하다'의 뜻이다.
特急(특급) 특별 급행열차. 特講(특강) 特級(특급) 特命(특명)

소 우(牛)부 [4牛6 총10획]

특별 특

226 駭躍超驤 해약초양

뛰고 달리며 노는 가축의 모습을 말한다.

駭 놀랄 해 [1급]

놀라다, 놀래다, 어지러워지다 영startled 중駭 hài 일ガイ(おどろく)

형성 말 마(馬)+해(亥)가 합하여 이루어졌다.

駭怪(해괴) 매우 괴이함. 駭妄(해망) 駭俗(해속) 駭愕(해악)

말 마(馬)부 [10馬6 총16획]

躍 뛸 약 [高3급]

뛰다, 뛰어오르다 영lead 중跃 yuè 일ヤク(おどる)

형성 발 족(足)+꿩 적(翟)자로 꿩처럼 높이 뛰어오르는 것을 뜻한다.

跳躍(도약) 뛰어오름. 躍進(약진) 躍動(약동) 活躍(활약)

발 족(足)부 [7足14 총21획]

超 뛸 초 [高3Ⅱ급]

뛰다, 뛰어넘다 영leap 중超 chāo 일チョウ(こえる)

형성 달릴 주(走)+부를 소(召)자로 달려서 '뛰어넘는 것'을 뜻한다.

超過(초과) 한도를 넘음. 超然(초연) 超越(초월) 超人(초인)

달아날 주(走)부 [7走5 총12획]

驤 달릴 양 [1급]

달리다, 머리를 들다, 뛰다 영hop 중骧 xiāng 일ジョウ(おどる)

형성 말 마(馬)+양(襄)이 합하여 이루어졌다.

駭躍超驤(해약초양) 뛰고 달리며 노는 가축의 모습을 말함.
龍驤虎視(용양호시) 龍驤衛(용양위)

말 마(馬)부 [10馬17 총27획]

227 誅斬賊盜 주참적도

역적과 도적을 베어 물리침.

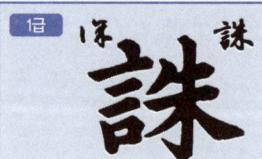

1급	베다, 죽이다, 멸하다, 책망	영 cut 중 诛 zhū 일 チュ,チュウ(ころす)

형성 말씀 언(言)+ 붉을 주(朱)를 합한 글자로 '말로 치다, 책하다, 베다'의 뜻이다.
誅伐(주벌) 죄를 저지른 사람을 꾸짖어서 침. 誅滅(주멸) 誅戮(주륙) 誅責(주책)

말씀 언(言)부 [7言6 총13획]

벨 주

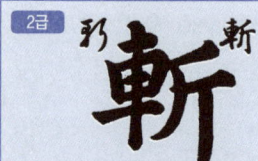

2급	배다, 죽이다	영 cut 중 斩 zhǎn 일 ザン(きる)

회의 수레 거(車)+도끼 근(斤)을 합한 글자로, 자귀로 '베다'를 뜻한다.
斬刑(참형) 목을 베어 죽임. 斬級(참급) 斬殺(참살) 斬伐(참벌)

날 근(斤)부 [4斤7 총11획]

벨 참

高4급	도둑, 죽이다 ㊌ 盜(도둑 도)	영 thief 중 贼 zéi 일 ゾク

형성 조개 패(貝)+병장기 융(戎)자로 흉기를 들고 남의 재물을 훔치므로 '도둑'을 뜻한다.
賊徒(적도) 도둑의 무리. 賊臣(적신) 賊反荷杖(적반하장) 賊被狗咬(적피구교)

조개 패(貝)부 [7貝6 총13획]

도적 적

高4급	도둑, 훔치다 ㊌ 賊(도둑 적)	영 thief 중 盗 dào 일 トウ(ぬすむ)

형성 침 연(次)+그릇 명(皿)자로 그릇에 있는 음식을 침을 흘리며 탐내므로 '도둑'을 뜻한다.
盜掘(도굴) 몰래 매장물을 캠. 盜伐(도벌) 盜賊(도적) 盜用(도용)

그릇 명(皿)부 [5皿7 총12획]

도적 도

228 捕獲叛亡 포획반망

배반하고 도망하는 자를 잡아 죄를 다스린다.

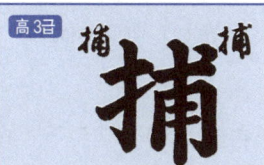

高3급

잡다, 사로잡음   영 catch   중 捕 bǔ   일 ホ(とらえる)

형성 손 수(扌)+클 보(甫)자로 손으로 꼭 '쥐거나 잡는 것'을 뜻한다.

捕盜(포도) 도둑을 잡음. 捕殺(포살) 捕捉(포착) 捕獲(포획)

손 수(재방변) 手(扌)부 [3手7 총10획]

잡을 포

2급

얻다, 잡다, 붙잡다, 포로   영 acquire   중 获 huò   일 カク(うる)

형성 개사슴록변(犭=犬-개)부+ 확→획(蒦)으로 이루어졌다. 개를 풀어 새나 짐승을 잡다의 뜻으로 쓰인다.

獲唱閑良(획창한량) 정수을 쏠 때에 과녁을 맞히면 '맞혔소' 하고 외치는 사람.
獲官(획관) 獲唱(획창)

개사슴록변(犭)부 [3犭14 총17획]

얻을 획

3급

배반하다, 떨어지다, 어긋나다   영 betrayal   중 叛 pàn   일 ハン(そむく)

형성 또 우(又-오른손, 또, 다시)부와 겹쳐 '배반하다'의 뜻으로 반(反)+반(半)으로 이루어진다.

叛亂(반란) 정권을 타도하기 위한 조직적인 폭력활동. 叛亂罪(반란죄) 叛人(반인)

또 우(又)부 [2又7 총9획]

배반할 반

中5급

망하다, 멸망하다   ㈜ 滅(멸망할 멸)   영 ruin   중 亡 wáng   일 ボウ(ほろびる)

회의 사람 인(亻)+숨은 은(隱)자로 사람이 잘못을 저지르고 은폐된 곳에 들어간다.

亡國(망국) 나라를 멸망시킴. 亡失(망실) 亡靈(망령) 亡身(망신)

돼지해머리(亠)부 [2亠1 총3획]

망할 망

229 布射遼丸 포사료환

한나라 여포는 화살을 잘 쐈고 의료는 탄자(쇠구슬)를 잘 던졌다.

베, 피륙의 총칭 — 영 linen 중 布 bù 일 フ・ホ(ぬの)

형성 손[乂]에 걸고 있는 수건[巾]은 '베'로 만들었다.

布告(포고) 일반인에게 널리 알림. 布教(포교) 布石(포석) 布施(보시)

수건 건(巾)부 [3巾2 총5획]

베 포

쏘다, 벼슬 이름 — 영 shoot 중 射 shè 일 シャ(いる)

회의 몸 신(身)+화살 시(矢)자로 몸에서 화살을 '쏘다'의 뜻이다.

射擊(사격) 총이나 활 등을 쏨. 射殺(사살) 射倖(사행) 射手(사수)

마디 촌(寸)부 [3寸7 총10획]

쏠 사

멀다, 늦추다, 강(江) 이름 — 영 far 중 辽 liáo 일 リョウ(とおい)

형성 쉬엄쉬엄 갈 착(辶·辵)부+횃불 요(尞)자로 횃불을 켜서 아득히 먼 하늘에 제사 지냈음. 파생하여 쓰인다.

遼東豕(요동시) 견문이 넓지 못한 사람이 신기하게 여기고 떠드는 것이 알고 보면 별 것 아닌 흔한 것인 경우에 쓰이는 말. 遼隔(요격) 遼遠(요원)

책받침(辶)부 [4辶12 총16획]

멀 료

알, 둥글다, 탄알 — 영 pill 중 丸 wán 일 ガン(たま)

회의 새 을(乙)+비수 비(匕)자로 날붙이로 둥글린 둥근 '알'을 뜻한다.

丸藥(환약) 작고 둥글게 빚은 알약. 丸劑(환제) 丸衣(환의) 烏丸(오환)

점 주(丶)부 [1丶2 총3획]

알 환

※ 遼=僚(벗 료)로 쓰인 곳도 있음.

230 嵇琴阮嘯 혜금완소

위나라 혜강은 거문고를 잘 탔고, 완적은 휘파람을 잘 불었다.

1급 嵇

산 이름 중 嵇 jī 일 エ·ケイ

벼 화(禾)+더욱 우(尤)+뫼 산(山)이 합하여 이루어졌다.

嵇琴阮嘯(혜금완소) 위국 혜강(嵇康)은 거문고를 잘 타고, 완적(阮籍)은 휘파람을 잘 불었음.

뫼 산(山)부 [3山9 총12획]

산이름 **혜**

高3Ⅱ급 琴

거문고(한국의 현악기) 영 harp 중 琴 qín 일 キン(こと)

상형 기러기발이 있는 거문고의 단면을 본떠, 즉 '거문고'를 뜻한다.

心琴(심금) 자극에 따라 미묘하게 움직이는 마음을 거문고.
琴線(금선) 琴高(금고) 徽琴(휘금)

구슬 옥(玉/王)부 [4玉8 총12획]

거문고 **금**

1급 阮

관문 이름, 나라 이름, 산 이름 영 surname 중 阮 ruǎn 일 ワン(げん)

형성 좌부변(阝=阜)+원(元)이 합하여 이루어졌다.

阮丈(완장) 남의 백부·중부·숙부·계부 등의 높임말. 阮咸(완함) 중국의 현악기.

좌부변(阝)부 [3山4 총7획]

성씨 **완**

1급 嘯

휘파람 불다, 꾸짖다 영 whistle 중 嘯 xiǎo 일 ショウ(うそ)

형성 입 구(口)+숙(肅)가 합하여 이루어졌다.

嘯歌(소가) 휘파람을 붊. 嘯音(소음) 嘯聚(소취) 嘯兇(소흉)

입 구(口)부 [3口13 총16획]

휘파람 **소**

231 恬筆倫紙 염필륜지

진 몽념은 토끼털로 처음 붓을 만들었고, 후한 채륜은 처음 종이를 만들었다.

恬
1급
편안하다, 조용하다   영 peaceful 중 恬 tián 일 テン(やすらか)

형성 심방변(忄=心, 忄)+첨(甛)의 생략형이 합하여 이루어졌다.

恬淡(염담) 욕심이 없고 담백함. 恬嬉(염희) 맡은 직무를 게을리 함. 恬泰(염태)

恬恬恬恬恬恬恬恬恬

마음 심(심방변) 心(忄/㣺)부 [3忄6 총9획]

편안할, 조용할 념 恬 恬 恬 恬 恬

筆
中 5급
붓, 쓰다, 글   영 pen·writing brush 중 笔 bǐ 일 ヒツ(ふで)

회의 대 죽(竹)+붓 율(聿)자로 대나무로 붓대를 만들어 글씨를 '쓰다'.

筆談(필담) 글로 써서 의사를 통일함. 筆墨(필묵) 筆耕(필경) 筆記(필기)

筆筆筆筆筆筆筆筆筆筆筆筆

대 죽(竹)부 [6竹6 총12획]

붓 필 筆 筆 筆 筆 筆

倫
高 3Ⅱ급
인륜, 윤리, 차례   영 morals 중 伦 lùn 일 リン(みち·たぐい)

형성 사람 인(亻)+생각할 륜(侖)자로 질서가 잡힌 '인간관계'를 뜻한다.

倫理(윤리) 인륜 도덕의 원리. 倫次(윤차) 不倫(분륜) 背倫(배륜)

倫倫倫倫倫倫倫倫倫倫

사람 인(人)부 [2人8 총10획]

인륜 륜 倫 倫 倫 倫 倫

紙
中 7급
종이, 종이를 세는 단위   영 paper 중 纸 zhǐ 일 シ(かみ)

형성 실 사(糸)+평평할 지(氏=砥)자로 나무의 섬유를 평평하게 눌러 만든 '종이'의 뜻이다.

紙燈(지등) 종이로 만든 초롱. 紙面(지면) 紙匣(지갑) 紙幣(지폐)

紙紙紙紙紙紙紙紙紙紙

실 사(糸)부 [6糸4 총10획]

종이 지 紙 紙 紙 紙 紙

232 鈞巧任釣 균교임조

위나라 마균은 지남차를 만들고, 전국시대 임공자는 낚시를 만들었다.

1급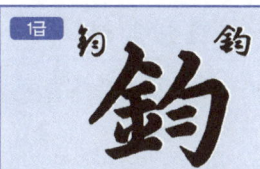

고르다, 서른 근, 가락　　　　　영 equal　중 钧 jūn　일 キン(ひとしい)

형성 쇠 금(金)+균(勻)이 합하여 이루어졌다.

鈞窯(균요) 송나라 균주에서 나던 질그릇.　鈞天(균천) 구천(九天)의 하나.

鈞鈞鈞鈞鈞鈞鈞鈞鈞鈞鈞鈞

쇠 금(金)부 [8금4 총12획]

고를 균

鈞 鈞 鈞 鈞 鈞

高 3급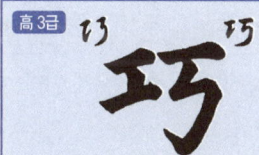

공교하다, 교묘하다　　　　　영 skilful　중 巧 qiǎo　일 コウ(たくみ)

형성 장인 공(工)+공교할 교(丂)자로 '기교, 공교하다'의 뜻이다.

巧妙(교묘) 썩 잘 되고 묘함.　巧言(교언)　巧技(교기)　巧妙(교묘)

巧巧巧巧巧

장인 공(工)부 [3工2 총5획]

공교할 교

巧 巧 巧 巧 巧

中 5급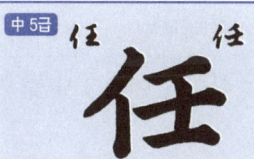

맡기다, 주다　유 委(맡길 위)　　영 entrust　중 任 rèn　일 ニン(まかせる)

형성 사람 인(亻)+아홉째천간 임(壬)자로 사람이 짐을 짊어지듯 책임을 '맡기다'의 뜻이다.

任期(임기) 어떤 직책을 맡은 기간.　任官(임관)　任命(임명)　任務(임무)

任任任任任任

사람 인(人)부 [2人4 총6획]

맡길 임

任 任 任 任 任

2급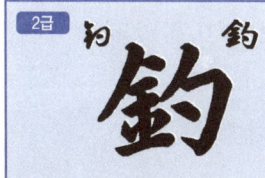

낚시, 낚시질, 낚다　　　　　영 fishhook　중 钓 diào　일 チョウ(つる)

형성 쇠 금(金)+국자 작(勺)자로 물고기를 낚아 올리는 '낚시'의 뜻이다.

釣叟(조수) 낚시질하는 노인.　釣竿(조간)　釣鉤(조구)　釣況(조황)

釣釣釣釣釣釣釣釣釣釣釣

쇠 금(金)부 [8금3 총11획]

낚시 조

釣 釣 釣 釣 釣

※ 지남차-방향을 가리키는 수레. 수레 위의 나무인형의 손가락이 항상 남쪽을 가리켰음.

233 釋紛利俗 석분리속

이상의 8인은 재주를 다하여 어지러움을 풀어 풍속을 이롭게 하였다.

高3Ⅱ급

풀다, 풀어내다, 부처이름　　영 release　중 釋 shì　일 釈 シャク

형성 분별할 변(釆)+엿볼 역(睪)자로 사물을 분별하여 설명하는 것으로 '풀다'를 뜻한다.

釋門(석문) 불문.　釋放(석방)　釋迦(석가)　解釋(해석)

분별할 변(釆)부 [7釆13 총20획]

풀 **석**

2급

어지럽다, 번잡하다, 깃발　　영 confused　중 纷 fēn　일 フン(みだれる)

형성 실 사(糸-실타래)부+분(分)으로 이루어져 실이 흩어져 엉클어진다는 뜻이다.

紛亂(분란) 어수선하고 떠들썩함.　紛囂(분효)　紛喧(분훤)

실 사(糸)부 [6糸4 총10획]

어지러울, 깃발 **분**

中6급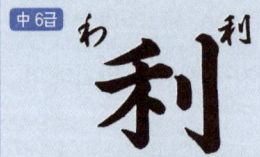

이롭다, 이익　 반 害(해로울 해)　　영 profit　중 利 lì　일 ソ(えきする)

회의 벼 화(禾)+칼 도(刀)자로 날카로운 낫으로 벼를 베어 수확하니 '이롭다'를 뜻한다.

利劍(이검) 날카로운 칼.　利得(이득)　利益(이익)　利子(이자)

칼 도(刀/刂)부 [2刀5 총7획]

이로울 **리**

中4Ⅱ급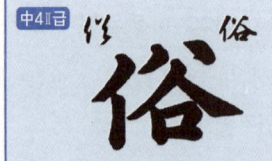

풍속, 풍습　　영 custom　중 俗 sú　일 ゾク

형성 사람 인(亻)+골 곡(谷)자로 한고을에 모여 살면 '풍속'이 같다.

俗界(속계) 속인들이 사는 세상.　俗名(속명)　俗談(속담)　俗物(속물)

사람 인(人)부 [2人7 총9획]

풍속 **속**

234 竝皆佳妙 병개가묘

모두가 아름다우며 묘한 재주였다.

[高3급] 竝

아우르다, 나란히 서다   영parallel 중竝bìng 일並 ヘイ(ならべる)

회의 설 립(立) 두 자를 짝지어 나란히 늘어서 있는 것으로 '아우르다'를 뜻한다.

竝立(병립) 나란히 섬. 竝發(병발) 竝列(병렬) 竝設(병설)

설 립(立)부 [5立5 총10획]

아우를 **병**

[中3급] 皆

다, 모두, 같다   영all 중皆jiē 일カイ(みな)

회의 견줄 비(比)+흰 백(白:말하다)자로 사람이 목소리를 맞추어 말하다의 뜻에서 '모두, 함께'를 뜻한다.

皆無(개무) 전혀 없음. 皆兵(개병) 皆納(개납) 皆勤(개근)

흰 백(白)부 [5白4 총9획]

다 **개**

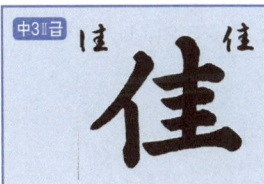

[中3Ⅱ급] 佳

아름답다, 좋다   영beautiful 중佳jiā 일カ

형성 사람 인(亻)+서옥 규(圭)자로 균형이 잡혀 아름다운 '사람'을 뜻한다.

佳境(가경) 흥미로운 고비. 재미있는 판 佳人(가인) 佳景(가경) 佳約(가약)

사람 인(人)부 [2人6 총8획]

아름다울 **가**

[中4급] 妙

묘하다, 뛰어나다   영strange 중妙miào 일チョク(なおす)

형성 계집 녀(女)+젊을 소(少)자로 젊은 여자는 예쁘고 '묘하다'의 뜻이다.

妙計(묘계) 묘한 꾀. 妙技(묘기) 妙味(묘미) 妙手(묘수)

계집 녀(女)부 [3女4 총7획]

묘할 **묘**

235 毛施淑姿 모시숙자

오나라의 모타와 월나라의 서시는 모두 절세 미인이었다.

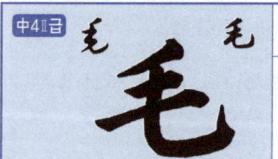

중4Ⅱ급 | 털, 머리털 ㉌ 髮(터럭 발)   ㉥ hair ㉢ 毛 máo ㉣ モウ(け)

상형 사람의 머리털이나 눈썹 또는 짐승의 털모양을 본떠 만든 글자이다.
毛孔(모공) 털구멍. 毛髮(모발) 毛根(모근) 毛織(모직)

털 모(毛)부 [4毛0 총4획]

털 **모**

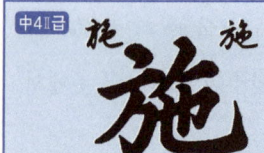

중4Ⅱ급 | 베풀다, 주다 ㉌ 設(베풀 설)   ㉥ give ㉢ 施 shī ㉣ セ·シ(ほどこす)

형성 깃발 언(方)+잇기 야(也)자로 군대가 진을 친다는 뜻이니 '베풀다'의 뜻이다.
施工(시공) 공사를 착수하여 시행함. 施賞(시상) 施設(시설) 施政(시정)

모 방(方)부 [4方5 총9획]

베풀 **시**

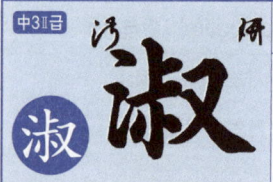

중3Ⅱ급 | 맑다, 착하다   ㉥ pure ㉢ 淑 shū ㉣ シユク(よし·しとやか)

형성 물 수(氵)+콩 숙(叔)자로 맑은 '물, 착하다'를 뜻한다.
淑女(숙녀) 선량하고 부덕 있는 여인. 淑淸(숙청) 貞淑(정숙) 淑明(숙명)

물 수(삼수변) 水(氵)부 [3水8 총11획]

맑을 **숙**

고4급 | 모양, 태도 ㉌ 態(모습 태)   ㉥ figure ㉢ 姿 zī ㉣ シ(すがた)

형성 버금 차(次)+계집 녀(女)자로 여자가 앉아 몸매를 꾸미는 '모양'의 뜻이다.
姿態(자태) 몸가짐과 맵시. 姿體(자체) 姿勢(자세) 風姿(풍자)

계집 녀(女)부 [3女6 총9획]

모양 **자**

236 工嚬姸笑 공빈연소

이 두 미인의 웃는 모습이 매우 곱고 아름다웠다.

工 장인 공

- 장인, 교묘하다
- 영 artisan 중 工 gōng 일 コウ(たくみ)
- 상형 목수가 사용하는 자를 본뜬 자로 '만들다'의 뜻이다.
- 工科(공과) 공업에 관한 학과. 工巧(공교) 工具(공구) 工夫(공부)

장인 공(工)부 [3工0 총3획]

嚬 찡그릴 빈

- 찡그리다, 얼굴 찡그리다, 눈살 찌푸리다
- 영 frown 중 嚬 pín 일 ヒン(ひそめる)
- 형성 자주 빈(頻)+낮을 비(卑)가 합하여 이루어졌다.
- 嚬眉(빈미) 눈살을 찌뿌림. 嚬蹙(빈축) 빈축(嚬蹙) 效嚬(효빈)

머리 혈(頁)부 [9頁10 총19획]

姸 고울, 총명할 연

- 곱다, 아름답다, 갈다, 총명하다
- 영 beautiful 중 姸 yán 일 ケン(うつくしい)
- 형성 여자 녀(女)+ 다듬을 견(幵)자로 닦이고 다듬어진 '아름답다'의 뜻이다.
- 姸姿(연자) 청초하고 고운 자태. 姸麗(연려) 姸粧(연장) 姸華(연화)

계집 녀(女)부 [3女6 총9획]

笑 웃을 소

- 웃다, 웃음
- 영 laugh 중 笑 xiào 일 ショウ(わらう)
- 형성 대 죽(竹)+굽을 요(夭)자로 대나무가 바람에 휘어지며 '웃는다'의 뜻이다.
- 笑劇(소극) 크게 웃어댐. 笑問(소문) 冷笑(냉소) 微笑(미소)

대 죽(竹)부 [6竹4 총10획]

237 年矢每催 연시매최

세월은 화살같이 매양 재촉하니, 즉 세월이 빠른 것을 말한다.

中 8급 年

해, 나이 ㊌ 歲(해 세)　㊀ year　㊅ 年 nián　㊊ ネン(とし)

형성 벼 화(禾)+일천 천(千)자로 벼 수확하는 기간이 1년이므로 '해'를 뜻한다.

年期(연기) 정해지거나 지나간 햇수.　年老(연로)　昨年(작년)　年歲(연세)

방패 간(干)부 [3干3 총6획]

해 년

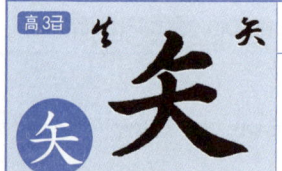

高 3급 矢

화살, 벌여 놓다　㊀ arrow　㊅ 矢 shǐ　㊊ シ(や)

형성 화살촉과 깃의 모양을 본뜬 글자로 '화살'을 뜻한다.

矢言(시언) 맹세하는 말.　矢心(시심)　矢石(시석)　嚆矢(효시)

화살 시(矢)부 [5矢0 총5획]

화살 시

中 7급 每

매양, 늘　㊀ every, always　㊅ 每 měi　㊊ マイ(ごと)

형성 싹날 철(屮)+어미 모(母)자로 풀이 무성한 것을 뜻하며 '매양'의 뜻이다.

每番(매번) 번번이.　每事(매사)　每年(매년)　每日(매일)

말 무(母)부 [5母2 총7획]

매양 매

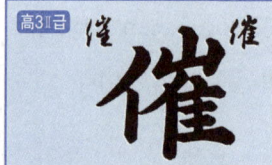

高3Ⅱ급 催

재촉하다, 닥쳐오다　㊀ pressing　㊅ 催 cuī　㊊ サイ(もよおす)

형성 사람 인(亻)+우뚝한산 최(崔)자로 사람을 다음 사태로 '재촉하는 것'을 뜻한다.

催促(최촉) 재촉하고 서둠.　催告(최고)　催眠(최면)　主催(주최)

사람 인(人)부 [2人11 총13획]

재촉할 최

238 羲暉朗曜 희휘낭요

햇빛과 달빛은 온 세상을 비추어 만물에 혜택을 주고 있다.

羲 — 복희 희
1급 · 양 양(羊)부 [6羊10 총16획]

사람 이름, 숨   영 person   중 羲 xī   일 キ(いき)

형성 양 양(羊-羊)부+의→희(義)가 합하여 이루어졌다.

羲和(희화) 중국 신화에 나오는 인물. 伏羲(복희) 黃宗羲(황종희)

暉 — 빛날 휘
1급 · 날 일(日)부 [4日9 총13획]

빛, 광채, 빛나다, 광채가 나다, 밝다   영 sun-light   중 辉 huī   일 キ(ひかり)

형성 날 일(日)+군(軍)이 합하여 이루어졌다.

餘暉(여휘) 해가 질 무렵의 노을. 晚暉(만휘) 夕暉(석휘) 落暉(낙휘)

朗 — 밝을 낭(랑)
中5급 · 달 월(月)부 [4月7 총11획]

밝다 유 明(밝을 명)   영 bright   중 朗 lǎng   일 ロウ(ほがらか)

형성 어질 량(良)+달 월(月)자로 좋은 달 혹은 달빛이 '밝다'의 뜻이다.

朗讀(낭독) 소리를 높여 읽음. 朗誦(낭송) 明朗(명랑) 朗朗(낭랑)

曜 — 빛날 요
中5급 · 날 일(日)부 [4日14 총18획]

빛나다, 비치다   영 shine, flash   중 曜 yào   일 ヨウ(かがやく)

형성 해 일(日)+꿩깃 적(翟)자로 꿩의 깃털이 햇살을 받아 '빛나다'의 뜻이다.

曜日(요일) 일주일의 각 날을 나타내는 말. 日曜日(일요일) 日曜(일요) 九曜(구요)

※ 羲→義, 曜→耀(빛날 요)로 쓰이기도 함.

239 璇璣懸斡 선기현알

선기는 천기를 보는 기구이고 그 기구가 높이 걸려 도는 것을 말한다.

中 7급	구슬, 아름다운 옥. 별이름	영 bead 중 璇 xuán 일 セン

형성 구슬 옥(玉·王)과 돌릴 선(旋).
璇宮(선궁) 옥으로 아로새긴 아름다운 궁전. 璇瑰(선괴) 璇璣(선기)

구슬 옥(玉/王)부 [4王11 총15획]

구슬 **선**

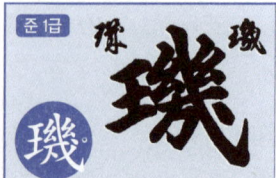

준1급	구슬. 별이름. 천체의 모형	영 pearl 중 玑 jī 일 キ

형성 구슬 옥(玉=王)과 몇(자주)기(幾:잘게 하다). 둥글지 않게 잘게 한 '잔옥'의 뜻을 나타낸다.
璣衡(기형) 천문(天文)을 관측하는 기계. 明璣(명기)

구슬 옥(玉/王)부 [4王12 총16획]

구슬 **기**

高 3급	고을, 매달다	영 town 중 县 xiàn 일 ケン(あがた)

형성 실 사(糸)+매달 교(県)자로 목을 베어 나무에 거꾸로 매다는 뜻과 경작지로 '고을'을 뜻한다.
懸保(현보) 보증인(保證人)을 세움. 懸命(현명) 懸吐(현토) 懸侯(현후)

마음 심(心)부 [4心16 총20획]

달 **현**

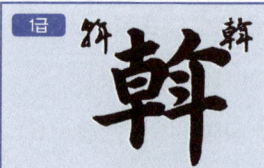

1급	빙빙 돌다, 돌관리하다, 돌다	영 manage 중 斡 wò 일 カン(めぐる)

형성 말 두(斗)+ 간(倝)이 합하여 이루어졌다.
斡流(알류) 물이 뱅뱅 돌아 흐름. 斡旋(알선) 斡旋料(알선료) 斡旋罪(알선죄)

말 두(斗)부 [4斗10 총14획]

빙빙돌 **알**

※ 璇→琁(구슬 선), 懸→縣(매달 현)으로 쓰기도 함.

240 晦魄環照 회백환조

달이 고리와 같이 돌며 천지를 비치는 것을 말한다.

晦 | 그믐 회
1급 · 날 일(日)부 [4日7 총11획]

- 그믐, 어둡다, 어둠
- 영 last day of the month | 중 晦 huì | 일 カイ(みそか)
- 형성 날 일(日)+매(每)가 합하여 이루어졌다.
- 晦日(회일) 그 달의 마지막 날. 晦冥(회명) 韜晦(도회) 晦初間(회초간)

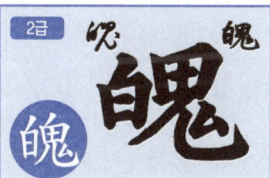

魄 | 넋 백
2급 · 귀신 귀(鬼)부 [10鬼5 총15획]

- 넋, 모양, 영락하다
- 영 soul | 중 魄 pò | 일 ハク(たましい)
- 형성 영혼 귀(鬼)와 생기 잃을 백(白). 육체를 떠나서 땅으로 돌아가는 '넋'을 뜻한다.
- 氣魄(기백) 씩씩한 기상과 늠품이 있는 정신. 落魄(낙백) 魂魄(혼백)

環 | 고리 환
高4급 · 구슬 옥(玉/王)부 [4王13 총17획]

- 고리, 두르다
- 영 ring, link | 중 环 huán | 일 カン(たまき)
- 형성 속이 빈 둥근 옥이므로 '고리'의 뜻이다.
- 環境部(환경부) 행정 각부의 하나. 環刀(환도) 花環(화환) 玉環(옥환)

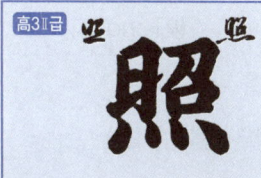

照 | 비칠 조
高3Ⅱ급 · 불 화(火/灬)부 [4火9 총13획]

- 비치다, 비추다
- 영 illumine | 중 照 zhào | 일 ショウ(てる)
- 형성 불 화(灬)+밝을 소(昭)자로 불빛이 밝게 비추는 것을 뜻한다.
- 照臨(조림) 해와 달이 위에서 사방을 비추는 것. 照明(조명) 照準(조준) 照亮(조량)

241 指薪修祐 지신수우
불타는 나무와 같이 정열로 도리를 닦으면 복을 얻는다.

손가락, 발가락 | 영 finger 중 指 zhǐ 일 シ(ゆび)

형성 손 수(扌)+뜻 지(旨)자로 손으로 가리켜서 모든 뜻을 나타내는 '손가락'을 뜻한다.
指南車(지남차) 방향을 가리키는 기계를 단 수레. 指導(지도) 指令(지령)

中4Ⅱ급
손 수(재방변) 手(扌)부 [3扌6 총9획]
손가락 **지**

指指指指指指指指指

섶나무, 나무하다, 봉급 | 영 brushwood 중 薪 xīn 일 シン(たきぎ)

형성 초두머리(艹=艸)+ '베다'의 전(剪)을 나타내는 新(신)을 합하여 이루어졌다. 도끼 근(斤)로 벤 나무, 곧 '땔나무'의 뜻이다.
薪採(신채) 불을 때는 데 쓰는 나무붙이. 薪木(신목) 薪柴(신시) 薪樵(신초)

1급
초두머리(艹)부 [4艹13 총17획]
섶나무 **신**

薪薪薪薪薪薪薪薪薪薪

닦다, 익히다 | 영 cultivate 중 修 xiū 일 シュウ(おさめる)

회의 아득할 유(攸)+터럭 삼(彡)자로 흐르는 물에 머리털을 감듯이 마음을 '닦다'의 뜻이다.
修德(수덕) 덕을 닦음. 修道(수도) 修交(수교) 修女(수녀)

中4Ⅱ급
사람 인(人)부 [2人8 총10획]
닦을 **수**

修修修修修修修修

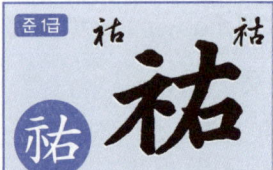

복, 돕다. 도움 | 영 aid 중 粮 liáng 일 ユウ

형성 볼 시(示)와 도울 우(右). 示를 더하여 신의 도움의 뜻을 나타낸다.
冥祐(명우) 모르는 사이에 입는 신불(神佛)의 도움. 幸祐(행우) 嘉祐(가우)

준1급
쌀 미(示)부 [5示5 총10획]
복 **우**

祐祐祐祐祐祐祐祐祐祐

242 永綏吉邵 영수길소

그리고 영구히 편안하고 길함이 높으리라.

中 6급		
	길다, 오래다 ㉤ 遠(멀 원) ㉵ eternal ㉱ 永 yǒng ㉰ エイ(ながい)	
	상형 강물이 여러 갈래로 갈라지면서 흘러가는 모양을 본뜬 글자이다.	
	永訣(영결) 영원한 이별. 永眠(영면) 永世(영세) 永遠(영원)	

물 수(삼수변) 水(氵)부 [4水1 총5획]

길 **영**

1급		
	편안하다, 기 드림, 드리우다 ㉵ peaceful ㉱ 綏 suí ㉰ スイ(やすんずる)	
	형성 실 사(糸)+타(妥)가 합하여 이루어졌다.	
	綏安(수안) 다스리어 평안하게 함. 綏懷(수회) 평안하게 하여 따르게 함.	

실 사(糸)부 [6糸7 총13획]

편안할 **수**

中 5급		
	길하다, 상서로움 ㉤ 凶(흉할 흉) ㉵ lucky ㉱ 吉 jí ㉰ キツ・キチ(よい)	
	회의 선비 사(士)+입 구(口)자로 선비의 입에서 나오는 말은 '길하다'를 뜻한다.	
	吉期(길기) 혼인날. 吉兆(길조) 吉夢(길몽) 吉祥(길상)	

입 구(口)부 [3口3 총6획]

길할 **길**

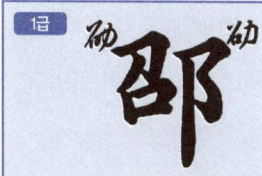

1급		
	아름답다, 땅 이름, 사람 이름 ㉵ town name ㉱ 邵 shào ㉰ ショウ(あきらか)	
	형성 우부방(阝(=邑)-마을)부+소(召)가 합하여 이루어졌다.	
	邵康節(소강절) 중국 송나라 때의 유학자. 平山邵(평산소) 邵齡(소령)	

우부방(阝)부 [3阝5 총8획]

아름다울 **소**

卲→邵로 쓰이기도 함.

243 矩步引領 구보인령

걸음을 바로 걷고 따라서 얼굴도 바르니 위의가 당당하다.

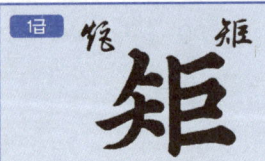

1급 矩
법, 모나다, 곱자, 네모
영 carpenter's square 중 矩 jǔ 일 ク(さし)
형성 화살 시(矢)+거(巨)가 합하여 이루어졌다. 방형을 그리는 데 쓰는 자를 뜻한다.
矩墨(구묵) 곱자와 먹물. 矩券(구권) 矩地(구지) 矩尺(구척)

화살 시(矢)부 [5矢5 총10획]

법 구

중4Ⅱ급 步
걸음, 걷다
영 walk 중 步 bù 일 步 ホ·ブ(あるく)
상형 조금씩[少] 멈추었다[止] 서는 것으로 두 발을 번갈아 떼어놓으므로 '걷다'는 뜻이다.
步道(보도) 사람이 걸어 다니는 인도. 步兵(보병) 步調(보조) 步行(보행)

그칠 지(止)부 [4止3 총7획]

걸을 보

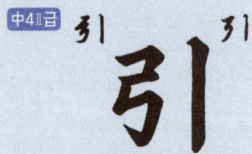

중4Ⅱ급 引
끌다, 당기다 유 導(인도할 도)
영 pull 중 引 yǐn 일 イン(ひく)
회의 활 궁(弓)+뚫을 곤(丨)자로 활에 화살을 먹여 과녁을 향해 '끌다'는 뜻이다.
引見(인견) 아랫사람을 불러들여 만나봄. 引渡(인도) 引上(인상) 引下(인하)

활 궁(弓)부 [3弓1 총4획]

당길 인

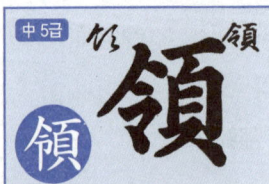

중5급 領
거느리다, 옷깃, 다스리다
영 collar 중 领 lǐng 일 リョウ(えり)
형성 명령 령(令)+머리 혈(頁)자로 명령을 내리는 우두머리로 '거느리다'의 뜻이다.
領內(영내) 영토 안. 領導(영도) 領土(영토) 領域(영역)

머리 혈(頁)부 [9頁5 총14획]

거느릴 령

244 俯仰廊廟 부앙낭묘

항상 남묘에 있는 것으로 생각하고 머리를 숙여 예의를 지키라.

1급 俯

구부리다, 엎드리다, 숙이다   영 bend   중 俯 fǔ   일 フ(ふせる)

형성 사람 인(亻·人) + 곳집 부(府)자로 '구부리다'의 뜻이다.

俯察(부찰) 아랫사람의 형편(形便)을 두루 굽어 살핌.
俯伏(부복)   俯觀(부관)   俯仰(부앙)

사람 인변(亻)부 [2亻8 총10획]

굽을 부

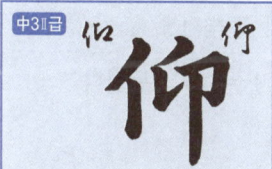

中3Ⅱ급 仰

우러러보다, 의뢰하다   영 respect   중 仰 yǎng   일 ギョウ(あおぐ)

형성 사람 인(亻)+높을 앙(卬)자로 '우러러보다'를 뜻한다.

仰望(앙망) 우러러 바란다는 의미.   仰慕(앙모)   仰祝(앙축)   崇仰(숭앙)

사람 인(人)부 [2人4 총6획]

우러러볼 앙

高3Ⅱ급 廊

행랑, 복도   영 corridor   중 廊 láng   일 ロウ(ひさし)

형성 집 엄(广)+사내 랑(郎)자로 사내들이 기거하는 집, 즉 '행랑'의 뜻이다.

迴廊(회랑) 정당(正堂)의 양 옆으로 있는 기다란 집채.
廊屬(낭속)   廊下(낭하)   舍廊(사랑)

엄호(广)부 [3广10 총13획]

행랑 랑

高3급 廟

사당, 위패   영 shrine   중 庙 miào   일 ビョウ(たまや)

회의 집 엄(广)+아침 조(朝)자로 조상을 제사지내는 '사당'을 뜻한다.

廟堂(묘당) 종묘.   廟室(묘실)   太廟(태묘)   廟廷(묘정)

엄호(广)부 [3广12 총15획]

사당 묘

245 束帶矜莊 속대긍장

의복에 주의하여 단정히 함으로써 긍지를 갖는다.

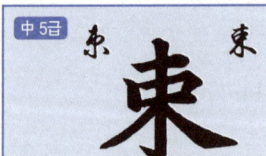

中 5급 束

묶다, 묶음 | 영 bind, tie | 중 束 shù | 일 ソク(たば)

회의 나무 목(木)의 가운데에 입 구(口)자로 나무를 다발로 '묶다'는 뜻이다.
束帶(속대) 옷을 여미는 띠. 束裝(속장) 束縛(속박) 約束(약속)

束束束束束束束

나무 목(木)부 [4木3 총7획]

묶을 속 | 束 束 束 束 束

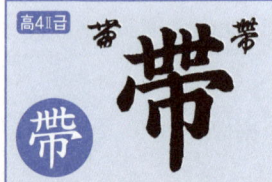

高4Ⅱ급 帶

띠, 띠다 | 영 belt | 중 带 dài | 일 タイ(おび)

회의 여러 장식품을 곁들여 허리[冖]에 두를 수건[巾]으로 만든 '띠'를 뜻한다
帶劍(대검) 칼을 참. 帶同(대동) 帶電(대전) 帶狀(대상)

帶帶帶帶帶帶帶帶帶

수건 건(巾)부 [3巾8 총11획]

띠 대 | 帶 帶 帶 帶 帶

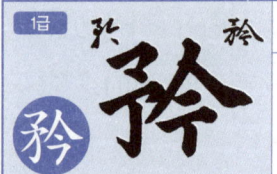

1급 矜

자랑하다, 불쌍히 여기다 | 영 pride | 중 矜 jīn | 일 キン(ほこる)

형성 창 모(矛) + 이제 금(今)자로 '창(槍)자루'의 뜻이다.
矜伐(긍벌) 겉으로 드러내어서 자랑함. 矜救(긍구) 矜持(긍지) 矜恤(긍휼)

矜矜矜矜矜矜矜矜矜

창 모(矛)부 [5矛4 총9획]

자랑할 긍 | 矜 矜 矜 矜 矜

高3Ⅱ급 莊

씩씩하다, 장중하다 | 영 solemn | 중 庄 zhuāng | 일 庄 ソウ(おごそか)

형성 풀 초(艹)+클 장(壯)으로 풀이 왕성하게 '성장한 것'을 뜻한다.
莊園(장원) 별장과 거기에 딸린 동산. 莊園(장원) 莊重(장중) 莊園(장원)

莊莊莊莊莊莊莊莊莊

풀 초(초두) 艸(艹)부 [4艸7 총11획]

씩씩할 장 | 莊 莊 莊 莊 莊

※ 莊→粧(단장할 장)으로 쓰기도 함.

246 徘徊瞻眺 배회첨조

같은 장소를 배회하며 선후를 보는 모양이다.

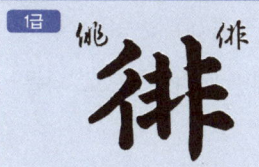

1급 徘

배회하다, 어정거리다, 방황하다 　영 loitering　중 徘 pái　일 ハイ(さまよう)

형성 두인변(彳)+비(非)가 합하여 이루어졌다.
徘徊(배회) 목적 없이 어떤 곳에서 이리저리 돌아다님.
徘徊症(배회증) 정신병 증상의 하나.

두인변(彳)부 [3彳8 총11획]

배회 배

1급 徊

배회하다, 머뭇거리다, 노닐다 　영 loitering　중 徊 huái, huí　일 カイ(さまよう)

형성 두인변(彳)+회(回)가 합하여 이루어졌다.
遲徊(지회) 목적 없이 어떤 곳에서 이리저리 돌아다님.
徘徊(배회) 低徊趣味(저회취미)

두인변(彳)부 [3彳6 총9획]

배회 회

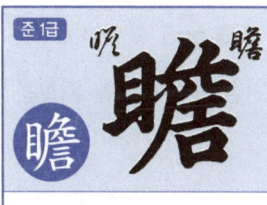

준1급 瞻

쳐다보다, 보다 　영 look up　중 瞻 Zhān　일 セン

형성 눈 목(目)과 차양 첨(詹). 차양처럼 손을 눈 위에 대고 보다의 뜻을 나타낸다.
瞻依(첨의) 앙모하여 의지함.　瞻敬(첨경)　瞻望(첨망)　瞻奉(첨봉)

눈 목(目)부 [5目13 총18획]

쳐다볼 첨

1급 眺

바라보다, 살피다, 두리번거리다 　영 look, gaze at　중 眺 tiào　일 チョウ(ながめる)

형성 눈 목(目=罒)+조(兆)가 합하여 이루어졌다.
眺望(조망) 멀리 바라봄. 또는 그 경치.　眺覽(조람)　眺臨(조림)　眺矚(조촉)

눈 목(目)부 [5目6 총11획]

바라볼 조

247 孤陋寡聞 고루과문

식견(배운 것)도 재능(들은 것)도 부족하다.

高4급 외롭다, 고아 㐮獨(홀로 독) 영lonely 중孤 gū 일コ(みなしご)

회의 아들 자(子)+오이 과(瓜)자로 오이덩굴이 시들어 열매만 달려있으므로 '외롭다'는 뜻이다.

孤獨(고독) 외톨박이. 孤立(고립) 孤兒(고아) 孤寂(고적)

아들 자(子)부 [3子5 총8획]

외로울 고

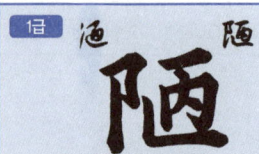

1급 더럽다, 추하다, 볼품없다 영dirty 중陋 lòu 일ロウ(いやしい)

형성 좌부변(阝=阜)-언덕)부+루가 합하여 이루어졌다.

陋醜(누추) 더럽고 추악함. 陋見(누견) 陋淺(누천)

좌부변(阝)부 [3阝6 총9획]

더러울 루

高3II급 적다, 약하다 영few 중寡 guǎ 일カ(すない)

회의 움집 면(宀)+머리 혈(頁)+나눌 분(分)자로 집안에 의지할 사람이 없는 외로운 처지에서 '적다, 과부'의 뜻이다.

寡宅(과택) 홀어미. 寡少(과소) 寡黙(과묵) 寡婦(과부)

갓머리(宀)부 [3宀11 총14획]

적을 과

中6급 듣다, 냄새 맡다 㐮聽(들을 청) 영hear 중闻 wén 일ブン(きく)

형성 문 문(門)+귀 이(耳)자로 방문자가 문 앞에서 묻는 것을 문틈으로 '듣는다'는 뜻이다.

見聞(견문) 보고 들어서 깨닫고 얻은 지식. 所聞(소문) 新聞(신문) 聞道(문도)

귀 이(耳)부 [6耳8 총14획]

들을 문

※孤→固(굳을 고)로 쓰인 곳도 있음

248 愚蒙等誚 우몽등초

적고 어리석어 몽매함을 면치 못한다는 것을 말한다.

高3Ⅱ급 愚

어리석다, 우직하다 　 영foolish 　중愚 yú 　일グ(おろか)

형성 마음 심(心)+원숭이 우(禺)자로 마음의 기능이 둔한 '어리석은 것'을 뜻한다.
愚見(우견) 자신의 생각을 겸손하게 나타내는 말. 愚鈍(우둔) 暗愚(암우) 凡愚(범우)

마음 심(心)부 [4心9 총13획]

어리석을 **우**

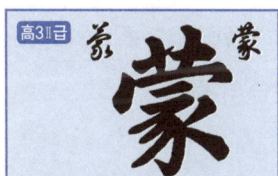

高3Ⅱ급 蒙

어리다, 어리석다 　영ridiculous 　중蒙 méng 　일モウ(こうむる)

회의·형성 풀 초(艹)+덮을 몽(冡)자로 '어리석은 것'을 뜻한다.
蒙古(몽고) 중국의 북쪽과 시베리아 사이에 있는 국가.
蒙死(몽사) 蒙利(몽리) 啓蒙(계몽)

풀 초(초두) 艸(艹)부 [4艸10 총14획]

어릴 **몽**

中6급 等

무리, 동아리, 등급 　영equals 　중等 děng 　일トウ(ひとし)

회의 대 죽(竹)+절 사(寺)자로 절주변에 대나무들이 '무리'를 지어 자생하고 있다.
等邊(등변) 길이가 같은 변. 等外(등외) 等級(등급) 等分(등분)

대 죽(竹)부 [6竹6 총12획]

무리 **등**

1급 誚

꾸짖다, 책망하다 　영scold 　중诮 qiào 　일ショウ(しかる)

형성 말씀 언(言)+초(肖)가 합하여 이루어졌다.
誚責(초책) 꾸짖어 나무람. 誚讓(초양) 잘못한 일에 대해 꾸짖음.

말씀 언(言)부 [7言7 총14획]

꾸짖을 **초**

249 謂語助者 위어조자

어조라 함은 한문의 조사, 즉 다음 글자이다.

高3Ⅱ급 謂

이르다, 고하다 / 영 speak of / 중 谓 wèi / 일 ゴ(あやまる)

회의·형성 말씀 언(言)+밥통 위(胃)자로 어떤 개념을 확실히 말하는 것으로 '이르다'를 뜻한다.

所謂(소위) 그래서, 그런 까닭으로. 可謂(가위) 或謂(혹위) 云謂(운위)

말씀 언(言)부 [7言9 총16획]

謂謂謂謂謂謂謂謂謂謂謂謂

이를 위 — 謂 謂 謂 謂 謂

中7급 語

말씀, 말하다 / 유 言(말씀 언) / 영 words / 중 语 yǔ / 일 ゴ·ギョ(かたる)

형성 말씀 언(言)+나 오(吾)자로 나의 의견을 변론하는 '말씀'의 뜻이다.

語錄(어록) 위인이나 유명한 사람의 말을 기록한 책.
語源(어원) 語感(어감) 語句(어구)

말씀 언(言)부 [7言7 총14획]

語語語語語語語語語語語語語語

말씀 어 — 語 語 語 語 語

中4Ⅱ급 助

돕다, 도움 / 영 help / 중 助 zhù / 일 ジョ(たすける)

형성 또 차(且)+힘 력(力)자로 힘을 들여 일하는 사람에게 '돕다'의 뜻이다.

助言(조언) 말로 거듦. 助手(조수) 助長(조장) 補助(보조)

힘 력(力)부 [2力5 총7획]

助助助助助助助

도울 조 — 助 助 助 助 助

中6급 者

놈, 사람, 어조사 / 영 person, man / 중 者 zhě / 일 シャ(もの)

회의 노인[老]으로부터 갓난아이 모두가 '사람'이다.

近者(근자) 요사이. 記者(기자) 强者(강자) 結者解之(결자해지)

늙을 로(耂/老)부 [4耂5 총9획]

者者者者者者者者者

놈 자 — 者 者 者 者 者

250 焉哉乎也 언재호야

'언재호야' 이 네 글자는 어조사이다.

어찌, 이에, 어조사 　　영 why　중 焉 yān　일 エン(いずくんぞ)

상형 새의 형상을 본떠 만든 글자로, 가차하여 어조사로 쓰인다.

焉敢(언감) 어찌 감히 하지 못함을 뜻함.　於焉(어언)　於赤(어적)　於半(어반)

불 화(火/灬)부 [4火7 총11획]

어찌 언

어조사, 재앙, 비롯하다 　　영 particle　중 哉 zāi　일 サイ(かな)

형성 입 구(口)+상할 재(才+戈)자로 어조사로 쓰인다.

哉生明(재생명) 음력 초사흘.　善哉(선재)　快哉(쾌재)　嗚呼痛哉(오호통재)

입 구(口)부 [3口6 총9획]

어조사 재

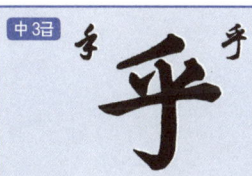

어조사, 그런가 　　영 particle　중 乎 hū　일 コ(か)

지사 목소리를 길게 뽑아 뜻을 다하는 말을 뜻한다.

確乎(확호) 든든하게.　斷乎(단호)　福輕乎羽(복경호우)　嗟乎(차호)

삐칠 별(삐침)(丿)부 [1丿4 총5획]

어조사 호

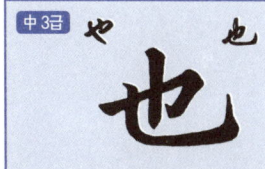

어조사, 잇기 　　영 also　중 也 yě　일 ヤ(なり)

상형 뱀이 땅을 뚫고 나오려는 모양으로 '어조사'로 쓰인다.

焉哉乎也(언제호야) 천자문의 맨 끝 귀.　及其也(급기야)　言則是也(언즉시야)

새 을(乙)부 [1乙2 총3획]

어조사 야

3단계 한석봉 천자문 쓰기교본 부록

- 부수(部首) 일람표
- 두음법칙(頭音法則) 한자
- 동자이음(同字異音) 한자
- 약자(略字)·속자(俗字)
- 고사성어(故事成語)
- 기초한자(중·고등학교)1800자

부수(部首) 일람표

一 [한 일]	가로의 한 획으로 수(數)의 '하나'의 뜻을 나타냄 (지사자)
丨 [뚫을 곤]	세로의 한 획으로, 상하(上下)로 통하는 뜻을 지님 (지사자)
丶 [점 주(점)]	불타고 있어 움직이지 않는 불꽃을 본뜬 모양 (지사자)
丿 [삐칠 별(삐침)]	오른쪽에서 왼쪽으로 삐쳐 나간 모습을 그린 글자 (상형자)
乙(乚) [새 을]	갈지자형을 본떠, 사물이 원활히 나아가지 않는 상태를 나타냄 (상형자)
亅 [갈고리 궐]	거꾸로 휘어진 갈고리 모양을 본뜬 글자 (상형자)
二 [두 이]	두 개의 가로획으로 수사(數詞)의 '둘'의 뜻을 나타냄 (상형자)
亠 [머리 두(돼지해머리)]	亥에서 亠을 따 왔기 때문에 돼지해밑이라고 함 (상형자)
人(亻) [사람 인(인변)]	사람, 백성 등이 팔을 뻗쳐 서있는 것을 옆에서 본 모양 (상형자)
儿 [어진사람 인]	사람 두 다리를 뻗치고 서있는 모습 (상형자)
入 [들 입]	하나의 줄기가 갈라져 땅속으로 들어가는 모양 (상형자)
八 [여덟 팔]	사물이 둘로 나뉘어 등지고 있는 모습 (지사자)
冂 [멀 경(멀경몸)]	세로의 두 줄에 가로 줄을 그어, 멀리 떨어진 막다른 곳을 뜻함 (상형자)
冖 [덮을 멱(민갓머리)]	집 또는 지붕을 본떠 그린 글자 (상형자)
冫 [얼음 빙(이수변)]	얼음이 언 모양을 그린 글자 (상형자)
几 [안석 궤(책상궤)]	발이 붙어 있는 대의 모양 (상형자)
凵 [입벌릴 감(위터진입구)]	땅이 움푹 들어간 모양 (상형자)
刀(刂) [칼 도]	날이 구부정하게 굽은 칼 모양 (상형자)
力 [힘 력]	팔이 힘을 주었을 때 근육이 불거진 모습 (상형자)
勹 [쌀 포]	사람이 몸을 구부리고 보따리를 싸서 안고 있는 모양 (상형자)
匕 [비수 비]	끝이 뾰쪽한 숟가락 모양 (상형자)
匚 [상자 방(터진입구)]	네모난 상자의 모양을 본뜸 (상형자)
匸 [감출 혜(터진에운담)]	물건을 넣고 뚜껑을 덮어 가린다는 뜻 (회의자)
十 [열 십]	동서남북이 모두 추어진 모양
卜 [점 복]	점을 치기 위하여 소뼈나 거북의 등딱지를 태워서 갈라진 모양

卩(㔾) [병부 절]	사람이 무릎을 꿇은 모양을 본떠, '무릎 관절'의 뜻을 나타냄 (상형자)
厂 [굴바위 엄(민엄호)]	언덕의 위부분이 튀어나와 그 밑에서 사람이 살 수 있는 곳 (상형자)
厶 [사사로울 사(마늘모)]	자신의 소유품을 묶어 싸놓고 있음을 본뜸 (지사자)
又 [또 우]	오른손의 옆모습을 본뜬 글자 (상형자)
口 [입 구]	사람의 입모양을 나타냄 (상형자)
囗 [에울 위(큰입구)]	둘레를 에워싼 선에서, '에워싸다', '두루다'의 뜻을 나타냄 (지사자)
土 [흙 토]	초목의 새싹이 땅 위로 솟아오르며 자라는 모양을 본뜬 글자 (상형자)
士 [선비 사]	一에서 十까지의 기수(基數)로 선비가 학업에 입문하는 것 (상형자)
夂 [뒤져올 치]	아래를 향한 발의 상형으로, '내려가다'의 뜻을 나타냄 (상형자)
夊 [천천히걸을 쇠]	아래를 향한 발자국의 모양으로, 가파른 언덕을 머뭇거리며 내려가다는 뜻을 나타냄 (상형자)
夕 [저녁 석]	달이 반쯤 보이기 시작할 때 즉 황혼 무렵의 저녁을 말함 (상형자)
大 [큰 대]	정면에서 바라 본 사람의 머리, 팔, 머리를 본뜸 (상형자)
女 [계집 녀]	여자가 무릎을 굽히고 얌전히 앉아 있는 모습 (상형자)
子 [아들 자]	사람의 머리와 수족을 본뜸 (상형자)
宀 [집 면(갓머리)]	지붕이 사방으로 둘러싸인 집 (상형자)
寸 [마디 촌]	손가락 하나 굵기의 폭 (지사자)
小 [작을 소]	작은 점의 상형으로 '작다'의 뜻 (상형자)
尢(兀) [절름발이 왕]	한쪽 정강이뼈가 굽은 모양을 본뜸 (상형자)
尸 [주검 시]	사람이 배를 깔고 드러누운 모양 (상형자)
屮(艸) [싹날 철]	풀의 싹이 튼 모양을 본뜸 (상형자)
山 [메 산]	산모양을 본떠, '산'의 뜻을 나타냄 (상형자)
巛(川) [개미허리(내 천)]	물이 굽이쳐 흐르는 모양 (상형자)
工 [장인 공]	천지 사이에 대목이 먹줄로 줄을 튕기고 있는 모습 (상형자)
己 [몸 기]	사람이 자기 몸을 굽히고 있는 모양을 본뜬 글자 (상형자)
巾 [수건 건]	허리띠에 천을 드리우고 있는 모양 (상형자)
干 [방패 간]	끝이 쌍갈래진 무기의 상형으로, '범하다', '막다'의 뜻을 나타냄 (상형자)
幺 [작을 요]	갓 태어난 아이를 본뜸 (상형자)

广 [집 엄(엄호)]	가옥의 덮개에 상당하는 지붕의 모습을 본뜸 (상형자)
廴 [길게 걸을 인(민책받침)]	길게 뻗은 길을 간다는 뜻 (지사자)
廾 [손맞잡을 공(밑스물입)]	두 손으로 받들 공 왼손과 오른손을 모아 떠받들고 있는 모습 (회의자)
弋 [주살 익]	작은 가지에 지주(支柱)를 바친 모양 (상형자)
弓 [활 궁]	화살을 먹이지 않은 활의 모양을 본뜸 (상형자)
彐(彑) [돼지머리 계(터진가로왈)]	돼지머리의 모양을 본뜬 모양 (상형자)
彡 [터럭 삼(삐친석삼)]	터럭을 빗질하여 놓은 모양 (상형자)
彳 [조금걸을 척(중인변)]	넓적다리, 정강이, 발의 세 부분을 그려서 처음 걷기 시작함을 나타냄 (상형자)
心(忄·㣺) [마음 심(심방 변)]	사람의 심장의 모양을 본뜬 모양 (상형자)
戈 [창 과]	주살 익(弋)에 一을 덧붙인 날이 옆에 있는 주살 (상형자)
戶 [지게 호]	지게문의 상형으로, '문', '가옥'의 뜻을 지님 (상형자)
手(扌) [손 수(재방변)]	다섯 손가락을 펼치고 있는 손의 모양 (상형자)
支 [지탱할 지]	대나무의 한 쪽 가지를 나누어 손으로 쥐고 있는 모양 (상형자)
攴(攵) [칠 복(등글월문)]	손으로 북소리가 나게 두드린다는 뜻 (상형자)
文 [글월 문]	사람의 가슴을 열어, 거기에 먹으로 표시한 모양 (상형자)
斗 [말 두]	자루가 달린 용량을 계측하는 말을 본뜸 (상형자)
斤 [도끼 근(날근)]	날이 선, 자루가 달린 도끼로 그 밑에 놓인 물건을 자르려는 모양 (상형자)
方 [모 방]	두 척의 조각배를 나란히 하여 놓고 그 이름을 붙여 놓은 모양 (상형자)
无(旡) [없을 무(이미기방)]	사람의 머리 위에 一의 부호를 더하여 머리를 보이지 않게 한 것 (지사자)
日 [날 일]	태양의 모양을 본뜸 (상형자)
曰 [가로 왈]	입과 날숨을 본뜸 (상형자)
月 [달 월]	달의 모양을 본뜸 (상형자)
木 [나무 목]	나무의 줄기와 가지와 뿌리가 있는 서 있는 나무를 본뜸 (상형자)
欠 [하품 흠]	사람의 립에서 입김이 나오는 모양 (상형자)
止 [그칠 지]	초목에서 싹이 돋아날 무렵의 뿌리 부분의 모양 (상형자)
歹(歺) [뼈앙상할 알(죽을 사변)]	살이 깎여 없어진 사람의 백골 시체의 모양 (상형자)
殳 [칠 수(갖은등글월문)]	오른손에 들고 있는 긴 막대기의 무기 모양 (상형자)
毋 [말 무]	毋말무 여자를 함부로 범하지 못하도록 막아 지킨다는 뜻 (상형자)

比 [견줄 비]	人을 반대 방향으로 나란히 세워 놓은 모양 (상형자)
毛 [터럭 모]	사람이나 짐승의 머리털을 본뜸 (상형자)
氏 [각시 씨]	산기슭에 튀어나와 있는 허물어져가는 언덕의 모양 (상형자)
气 [기운 기]	구름이 피어오르는 모양. 또는 김이 곡선을 그으면서 솟아오르는 모양 (상형자)
水(氵) [물 수(삼수변)]	물이 끊임없이 흐르는 모양 (상형자)
火(灬) [불 화]	불이 활활 타오르는 모양 (상형자)
爪(爫) [손톱 조]	손으로 아래쪽의 물건을 집으려는 모양 (상형자)
父 [아비 부]	손으로 채찍을 들고 가족을 거느리며 가르친다는 뜻 (상형자)
爻 [점괘 효]	육효(六爻)의 머리가 엇갈린 모양을 본뜸 (상형자)
爿 [조각널 장(장수장변)]	나무의 한 가운데를 세로로 자른 그 왼쪽 반의 모양 (상형자)
片 [조각 편]	나무의 한 가운데를 세로로 자른 그 오른 쪽 반의 모양 (상형·지사자)
牙 [어금니 아]	입을 다물었을 때 아래 위의 어금니가 맞닿은 모양 (상형자)
牛(牜) [소 우]	머리와 두 뿔이 솟고, 꼬리를 늘어뜨리고 있는 소의 모양 (상형자)
犬(犭) [개 견]	개가 옆으로 보고 있는 모양 (상형자)
老(耂) [늙을 로]	늙어서 머리털이 변한 모양 (상형자)
玉(王) [구슬 옥]	가로 획은 세 개의 옥돌, 세로 획은 옥 줄을 꿴 끈을 뜻함 (상형자)
艸(艹) [풀 초(초두)]	초목이 처음 돋아나오는 모양 (상형자)
辵(辶) [쉬엄쉬엄갈 착 (책받침)]	가다가는 쉬고 쉬다가는 간다는 뜻 (회의자)
玄 [검을 현]	'亠'과 '幺'이 합하여 그윽하고 멀다는 의미를 지님 (상형자)
瓜 [오이 과]	'八'는 오이의 덩굴을, '厶'는 오이의 열매를 본뜸 (상형자)
瓦 [기와 와]	진흙으로 구운 질그릇의 모양 (상형자)
甘 [달 감]	'ㅁ'와 '一'을 합한 것으로 입 안에 맛있는 것이 들어있음을 뜻함 (지사자)
生 [날 생]	초목이 나고 차츰 자라서 땅 위에 나온 모양 (상형자)
田 [밭 전]	'ㅁ'은 사방의 경계선을 '十'은 동서남북으로 통하는 길을 본뜸 (상형자)
疋 [필 필]	무릎 아래의 다리 모양 (상형자)
疒 [병들 녁(병질엄)]	사람이 병들어 침대에 기댄 모양 (회의자)
癶 [걸을 발(필발머리)]	두 다리를 뻗친 모양 (상형자)
白 [흰 백]	저녁의 어스레한 물색을 희다고 본데서 '희다'의 뜻을 나타냄 (상형자)

皮 [가죽 피]	손으로 가죽을 벗기는 모습 (상형자)
皿 [그릇 명]	그릇의 모양 (상형자)
目(罒) [눈 목]	사람의 눈의 모양 (상형자)
矛 [창 모]	병거(兵車)에 세우는 장식이 달리고 자루가 긴 창의 모양 (상형자)
矢 [화살 시]	화살의 모양 (상형자)
石 [돌 석]	언덕 아래 굴러있는 돌멩이 모양 (상형자)
示(礻) [보일 시]	인간에게 길흉을 보여 알림을 뜻함 (상형자)
禸 [짐승발자국 유]	짐승의 뒷발이 땅을 밟고 있는 모양 (상형자)
禾 [벼 화]	줄기와 이삭이 드리워진 모양 (상형자)
穴 [구멍 혈]	움을 파서 그 속에서 살 혈거주택을 본 뜬 모양 (상형자)
立 [설 립]	사람이 땅 위에 서 있는 모양 (상형자)
衣(衤) [옷 의]	사람의 윗도리를 가리는 옷이라는 뜻 (상형자)
竹 [대 죽]	대나무의 줄기와 대나무의 잎이 아래로 드리워진 모양 (상형자)
米 [쌀 미]	네 개의 점은 낟알을 뜻하고 十은 낟알이 따로따로 있음을 뜻함 (상형자)
糸 [실 사]	실타래를 본뜬 모양 (상형자)
缶 [장군 부]	장군을 본뜬 모양 (상형자)
网(罓·罒) [그물 망]	그물을 본뜬 모양 (상형자)
羊 [양 양]	양의 뿔과 네 다리를 나타낸 모양 (상형자)
羽 [깃 우]	새의 날개를 본뜬 모양 (상형자)
而 [말이을 이]	코 밑 수염을 본뜬 모양 (상형자)
耒 [쟁기 뢰]	우거진 풀을 나무로 만든 연장으로 갈아 넘긴다는 뜻으로 쟁기를 의미함 (상형자)
耳 [귀 이]	귀를 본뜬 모양 (상형자)
聿 [붓 율]	대쪽에 재빠르게 쓰는 물건 곧 붓을 뜻함 (상형자)
肉(月) [고기 육(육달월변)]	잘라낸 고기 덩어리를 본뜬 모양 (상형자)
臣 [신하 신]	임금 앞에 굴복하고 있는 모양 (상형자)
自 [스스로 자]	코를 본뜬 모양 (상형자)
至 [이를 지]	새가 날아 내려 땅에 닿음을 나타냄 (지사자)
臼 [절구 구(확구)]	확을 본뜬 모양 (상형자)

舌 [혀 설]	口와 干을 합하여 혀를 나타냄 (상형자)
舛(㐄) [어그러질 천]	사람과 사람이 서로 등지고 반대 된다는 뜻 (상형·회의자)
舟 [배 주]	배의 모양을 본뜬 모양 (상형자)
艮 [그칠 간]	눈이 나란하여 서로 물러섬이 없다는 뜻 (회의자)
色 [빛 색]	사람의 심정이 얼굴빛에 나타난 모양 (회의자)
虍 [범의문채 호(범호)]	호피의 무늬를 본뜬 모양 (상형자)
虫 [벌레 충(훼)]	살무사가 몸을 도사리고 있는 모양 (상형자)
血 [피 혈]	제기에 담아서 신에게 바치는 희생의 피를 나타냄 (상형자)
行 [다닐 행]	좌우의 발을 차례로 옮겨 걸어감을 의미함 (상형자)
襾 [덮을 아]	그릇의 뚜껑을 본뜬 모양 (지사자)
見 [볼 견]	사람이 눈으로 보는 것을 뜻함 (회의자)
角 [뿔 각]	짐승의 뿔을 본뜬 모양 (상형자)
言 [말씀 언]	불신(不信)이 있을 대는 죄를 받을 것을 맹세한다는 뜻
谷 [골 곡]	샘물이 솟아 산 사이를 지나 바다에 흘러들어 가기까지의 사이를 뜻함 (회의자)
豆 [콩 두]	굽이 높은 제기를 본뜬 모양 (상형자)
豕 [돼지 시]	돼지가 꼬리를 흔드는 모양 (상형자)
豸 [발없는벌레 치(갖은돼지시변)]	짐승이 먹이를 노려 몸을 낮추어 이제 곧 덮치려 하고 있는 모양 (상형자)
貝 [조개 패]	조개를 본뜬 모양 (상형자)
赤 [붉을 적]	불타 밝은데서 밝게 드러낸다는 뜻 (회의자)
走 [달아날 주]	사람이 다리를 굽혔다 폈다 하면서 달리는 모양 (회의자)
足 [발 족]	무릎부터 다리까지를 본뜬 모양 (상형자)
身 [몸 신]	아이가 뱃속에서 움직이는 모양 (상형자)
車 [수레 거]	외바퀴차를 본뜬 모양 (상형자)
辛 [매울 신]	문신을 하기 위한 바늘을 본뜬 모양 (상형자)
辰 [별 진]	조개가 조가비를 벌리고 살을 내놓은 모양 (상형자)
邑(阝) [고을 읍(우부방)]	사람이 모여 사는 마을을 뜻함 (회의자)
酉 [닭 유]	술두루미를 본뜬 모양 (상형자)
釆 [분별할 변]	짐승의 발톱이 갈라져 있는 모양 (상형자)

里 [마을 리]	밭도 있고 흙도 있어서 사람이 살만한 곳을 뜻함 (회의자)
金 [쇠 금]	땅 속에 묻혔으면서 빛을 가진 광석에서 가장 귀한 것을 뜻함 (상형·형성자)
長(镸) [길 장]	사람의 긴 머리를 본뜬 모양 (상형자)
門 [문 문]	두 개의 문짝을 달아놓은 모양 (상형자)
阜(阝) [언덕 부(좌부방)]	층이 진 흙산을 본뜬 모양 (상형자)
隶 [미칠 이]	손으로 꼬리를 붙잡기 위해 뒤에서 미친다는 뜻 (회의자)
隹 [새 추]	꽁지가 짧은 새를 본뜬 모양 (상형자)
雨 [비 우]	하늘의 구름에서 물방울이 뚝뚝 떨어지는 모양 (상형자)
靑 [푸를 청]	싹도 우물물도 맑은 푸른빛을 뜻함 (형성자)
非 [아닐 비]	새가 날아 내릴 때 날개를 좌우로 날아 드리운 모양 (상형자)
面 [낯 면]	사람의 머리에 얼굴의 윤곽을 본뜬 모양 (지사자)
革 [가죽 혁]	두 손으로 짐승의 털을 뽑는 모양 (상형자)
韋 [다룸가죽 위]	어떤 장소에서 다른 방향으로 발걸음을 내디디는 모양 (회의자)
韭 [부추 구]	땅 위에 무리지어 나있는 부추의 모양 (상형자)
音 [소리 음]	말이 입 밖에 나올 때 성대를 울려 가락이 있는 소리를 내는 모양 (지사자)
頁 [머리 혈]	사람의 머리를 강조한 모양 (상형자)
風 [바람 풍]	공기가 널리 퍼져 움직임을 따라 동물이 깨어나 움직인다는 뜻 (상형·형성자)
飛 [날 비]	새가 하늘을 날 때 양쪽 날개를 쭉 펴고 있는 모양 (상형자)
食 [밥 식(변)]	식기에 음식을 담고 뚜껑을 덮은 모양 (상형자)
首 [머리 수]	머리털이 나있는 머리를 본뜬 모양 (상형자)
香 [향기 향]	기장을 잘 익혔을 때 나는 냄새를 뜻함 (회의자)
馬 [말 마]	말을 본뜬 모양 (상형자)
骨 [뼈 골]	고기에서 살을 발라내고 남은 뼈를 뜻함 (회의자)
高 [높을 고]	출입문 보다 누대는 엄청 높다는 뜻 (상형자)
髟 [머리털늘어질 표(터럭발)]	긴 머리털을 뜻함 (회의자)
鬥 [싸울 투]	두 사람이 손에 병장기를 들고 서로 대항하는 모양 (상형자)
鬯 [술 창]	곡식의 낟알이 그릇에 담겨 괴어 액체가 된 것을 숟가락으로 뜬다는 뜻 (회의자)
鬲 [솥 력]	솥과 비슷한 다리 굽은 솥의 모양 (상형자)

鬼 [귀신 귀]	사람을 해치는 망령 곧 귀신을 뜻함 (상형자)
魚 [물고기 어]	물고기를 본뜬 모양 (상형자)
鳥 [새 조]	새를 본뜬 모양 (상형자)
鹵 [소금밭 로]	서쪽의 소금밭을 가리킴 (상형자)
鹿 [사슴 록]	사슴의 머리, 뿔, 네 발을 본뜬 모양 (상형자)
麥 [보리 맥]	겨울에 뿌리가 땅속에 깊이 박힌 모양 (회의자)
麻 [삼 마]	삼의 껍질을 가늘게 삼은 것을 뜻함 (회의자)
黃 [누를 황]	밭의 색은 황토색이기 때문에 '노랗다'는 것을 뜻함 (상형자)
黍 [기장 서]	술의 재료로 알맞은 기장을 뜻함 (상형 · 회의자)
黑 [검을 흑]	불이 활활 타올라 나가는 창인 검은 굴뚝을 뜻함 (상형자)
黹 [바느질할 치]	바늘에 꿴 실로서 수를 놓는 옷감을 그린 모양 (상형자)
黽 [맹꽁이 맹]	맹꽁이를 본뜬 모양 (상형자)
鼎 [솥 정]	발이 세 개, 귀가 두개인 솥의 모양 (상형자)
鼓 [북 고]	장식이 달린 아기를 오른손으로 친다는 뜻 (회의자)
鼠 [쥐 서]	쥐의 이와 배, 발톱과 꼬리의 모양 (상형자)
鼻 [코 비]	공기를 통하는 '코'를 뜻함 (회의 · 형성자)
齊 [가지런할 제]	곡식의 이삭이 피어 끝이 가지런한 모양 (상형자)
齒 [이 치]	이가 나란히 서 있는 모양
龍 [용 룡]	끝이 뾰족한 뿔과 입을 벌린 기다란 몸뚱이를 가진 용의 모양 (상형자)
龜 [거북 귀(구)]	거북이를 본뜬 모양 (상형자)
龠 [피리 약]	부는 구멍이 있는 관(管)을 나란히 엮은 모양 (상형자)

두음법칙(頭音法則) 한자

한자음에서 첫머리나 음절의 첫소리에서 발음되는 것을 피하기 위해 다른 소리로 바꾸어 발음하는 것으로 즉, 'ㅣ, ㅑ, ㅕ, ㅛ, ㅠ' 앞에서 'ㄹ과 ㄴ'이 'ㅇ'이 되고, 'ㅏ, ㅓ, ㅗ, ㅜ, ㅡ, ㅐ, ㅔ, ㅚ' 앞의 'ㄹ'은 'ㄴ'으로 변하는 것을 말한다.

ㄴ→ㅇ로 발음

尿(뇨)	뇨-糖尿病(당뇨병) 요-尿素肥料(요소비료)	尼(니)	니-比丘尼(비구니) 이-尼僧(이승)	泥(니)	니-雲泥(운니) 이-泥土(이토)
溺(닉)	닉-眈溺(탐닉) 익-溺死(익사)	女(녀)	여-女子(여자) 녀-小女(소녀)	匿(닉)	닉-隱匿(은닉) 익-匿名(익명)
紐(뉴)	뉴-結紐(결뉴) 유-紐帶(유대)	念(념)	념-理念(이념) 염-念佛(염불)	年(년)	년-數十年(수십년) 연-年代(연대)

ㄹ→ㄴ,ㅇ로 발음

洛(락)	락-京洛(경락) 낙-洛東江(낙동강)	蘭(란)	란-香蘭(향란) 난-蘭草(난초)	欄(란)	란-空欄(공란) 난-欄干(난간)
藍(람)	람-甘藍(감람) 남-藍色(남색)	濫(람)	람-氾濫(범람) 남-濫發(남발)	拉(랍)	랍-被拉(피랍) 납-拉致(납치)
浪(랑)	랑-放浪(방랑) 낭-浪說(낭설)	廊(랑)	랑-舍廊(사랑) 낭-廊下(낭하)	涼(량)	량-淸涼里(청량리) 양-涼秋(양추)
諒(량)	량-海諒(해량) 양-諒解(양해)	慮(려)	려-憂慮(우려) 여-慮外(여외)	勵(려)	려-獎勵(장려) 여-勵行(여행)
曆(력)	력-陽曆(양력) 역-曆書(역서)	蓮(련)	련-水蓮(수련) 연-蓮根(연근)	戀(련)	련-悲戀(비련) 연-戀情(연정)
劣(렬)	렬-拙劣(졸렬) 열-劣等(열등)	廉(렴)	렴-淸廉(청렴) 염-廉恥(염치)	嶺(령)	령-大關嶺(대관령) 영-嶺東(영동)

동자이음(同字異音) 한자

降	내릴	강	降雨(강우)	更	다시	갱	更生(갱생)
	항복할	항	降伏(항복)		고칠	경	更張(경장)
車	수레	거	車馬(거마)	乾	하늘, 마를	건	乾燥(건조)
	수레	차	車票(차표)		마를	간	乾物(간물)
見	볼	견	見聞(견문)	串	버릇	관	串童(관동)
	나타날, 뵐	현	謁見(알현)		땅이름	곶	甲串(갑곶)
告	알릴	고	告示(고시)	奈	나락	나	奈落(나락)
	법고청할	곡	告寧(곡녕)		어찌	내	奈何(내하)
帑	처자	노	妻帑(처노)	茶	차	다	茶菓(다과)
	나라곳집	탕	帑庫(탕고)		차	차	茶禮(차례)
宅	댁	댁	宅內(댁내)	度	법도	도	度數(도수)
	집	택	宅地(택지)		헤아릴	탁	忖度(촌탁)
讀	읽을	독	讀書(독서)	洞	마을	동	洞里(동리)
	구절	두	吏讀(이두)		통할	통	洞察(통찰)
屯	모일	둔	屯田(둔전)	反	돌이킬	반	反亂(반란)
	어려울	준	屯困(준곤)		뒤집을	번	反田(번전)
魄	넋	백	魂魄(혼백)	便	똥오줌	변	便所(변소)
	넋잃을	탁/박	落魄(낙탁)		편할	편	便利(편리)
復	회복할	복	復歸(복귀)	父	아비	부	父母(부모)
	다시	부	復活(부활)		남자미칭	보	尙父(상보)
否	아닐	부	否決(부결)	北	북녘	북	北進(북진)
	막힐	비	否塞(비색)		달아날	패	敗北(패배)
分	나눌	분	分裂(분열)	不	아니	불	不能(불능)
	단위	푼	分錢(푼전)		아닐	부	不在(부재)
沸	끓을	비	沸騰(비등)	寺	절	사	寺刹(사찰)
	물용솟음칠	불	沸水(불수)		내시, 관청	시	寺人(시인)
殺	죽일	살	殺生(살생)	狀	모양	상	狀況(상황)
	감할	쇄	殺到(쇄도)		문서	장	狀啓(장계)

索	찾을 쓸쓸할	색 삭	索引(색인) 索莫(삭막)	塞	막을 변방	색 새	塞源(색원) 要塞(요새)
說	말씀 달랠 기뻐할	설 세 열	說得(설득) 說客(세객) 說喜(열희)	省	살필 덜	성 생	省墓(성묘) 省略(생략)
率	거느릴 비율	솔 률/율	率先(솔선) 率身(율신)	衰	쇠할 상복	쇠 최	衰退(쇠퇴) 衰服(최복)
數	셀 자주 촘촘할	수 삭 촉	數學(수학) 數窮(삭궁) 數罟(촉고)	宿	잘 별	숙 수	宿泊(숙박) 宿曜(수요)
拾	주울 열	습 십	拾得(습득) 拾萬(십만)	瑟	악기이름 악기이름	슬 실	瑟居(슬거) 琴瑟(금실)
食	밥 먹일	식 사	食堂(식당) 簞食(단사)	識	알 기록할	식 지	識見(식견) 標識(표지)
什	열사람 세간	십 집	什長(십장) 什器(집기)	十	열 	십 시	十干(십간) 十月(시월)
惡	악할 미워할	악 오	惡漢(악한) 惡寒(오한)	樂	풍류 즐길 좋아할	악 낙/락 요	樂聖(악성) 樂園(낙원)
若	만약 반야	약 야	若干(약간) 般若(반야)	於	어조사 탄식할	어 오	於是乎(어시호) 於兎(오토)
厭	싫어할 누를	염 엽	厭世(염세) 厭然(엽연)	葉	잎 성씨	엽 섭	葉書(엽서) 葉氏(섭씨)
六	여섯 여섯	육/륙 유/뉴	六年(육년) 六月(유월)	易	쉬울 바꿀, 주역	이 역	易慢(이만) 易學(역학)
咽	목구멍 목멜	인 열	咽喉(인후) 嗚咽(오열)	刺	찌를 수라 찌를	자 라 척	刺戟(자극) 水刺(수라) 刺殺(척살)
炙	구울 고기구이	자 적	炙背(자배) 炙鐵(적철)	著	지을 붙을	저 착	著述(저술) 著近(착근)
抵	막을 칠	저 지	抵抗(저항) 抵掌(지장)	切	끊을 모두	절 체	切迫(절박) 一切(일체)

提	끌 보리수 떼지어날	제 리 시	提携(제휴) 菩提樹(보리수) 提提(시시)	辰	지지 일월성	진 신	辰時(진시) 生辰(생신)
斟	술따를 짐작할	짐 침	斟酌(짐작) 斟量(침량)	徵	부를 음률이름	징 치	徵兵(징병)
差	어긋날 층질	차 치	差別(차별) 參差(참치)	帖	문서 체지	첩 체	帖着(첩착) 帖文(체문)
諦	살필 울	체 제	諦念(체념) 眞諦(진제)	丑	소 추	축	丑時(축시) 公孫丑(공손추)
則	법 곧	칙 즉	則效(칙효) 然則(연즉)	沈	가라앉을 성씨	침 심	沈沒(침몰) 沈氏(심씨)
拓	박을 넓힐	탁 척	拓本(탁본) 拓殖(척식)	罷	그만둘 고달플	파 피	罷業(파업) 罷勞(피로)
編	엮을 땋을	편 변	編輯(편집) 編髮(변발)	布	베 베풀	포 보	布木(포목) 布施(보시)
暴	사나울 사나울	폭 포	暴動(폭동) 暴惡(포악)	曝	볕쬘 볕쬘	폭 포	曝衣(폭의) 曝白(포백)
皮	가죽 가죽	피 비	皮革(피혁) 鹿皮(녹비)	行	다닐 항렬·줄	행 항	行樂(행락) 行列(항렬)
陜	좁을 땅이름	협 합	陜隘(협애) 陜川(합천)	滑	미끄러울 어지러울	활 골	滑降(활강) 滑稽(골계)

약자(略字)·속자(俗字)

假=仮 (거짓 가)
價=価 (값 가)
覺=覚 (깨달을 각)
擧=挙 (들 거)
據=拠 (의지할 거)
輕=軽 (가벼울 경)
經=経 (경서 경)
徑=径 (지름길 경)
鷄=鶏 (닭 계)
繼=継 (이를 계)
館=舘 (집 관)
關=関 (빗장 관)
廣=広 (넓을 광)
敎=教 (가르칠 교)
區=区 (구역 구)
舊=旧 (예 구)
驅=駆 (몰 구)
國=国 (나라 국)
權=権 (권세 권)
勸=勧 (권할 권)
龜=亀 (거북 귀)
氣=気 (기운 기)
旣=既 (이미 기)
內=内 (안 내)
單=単 (홑 단)
團=団 (둥글 단)
斷=断 (끊을 단)
擔=担 (멜 담)
當=当 (당할 당)
黨=党 (무리 당)
對=対 (대할 대)
德=徳 (큰 덕)
圖=図 (그림 도)
讀=読 (읽을 독)
獨=独 (홀로 독)
樂=楽 (즐길 락)
亂=乱 (어지러울 란)
覽=覧 (볼 람)
來=来 (올 래)
兩=両 (두 량)
凉=涼 (서늘할 량)
勵=励 (힘쓸 려)
歷=歴 (지날 력)
練=練 (익힐 련)
戀=恋 (사모할 련)

靈=灵 (신령 령)
禮=礼 (예도 례)
勞=労 (수고로울 로)
爐=炉 (화로 로)
綠=緑 (푸를 록)
賴=頼 (의지할 뢰)
龍=竜 (용 룡)
樓=楼 (다락 루)
稟=禀 (삼갈·사뢸 품)
萬=万 (일만 만)
滿=満 (찰 만)
蠻=蛮 (오랑캐 만)
賣=売 (팔 매)
麥=麦 (보리 맥)
半=半 (반 반)
發=発 (필 발)
拜=拝 (절 배)
變=変 (변할 변)
辯=弁 (말잘할 변)
邊=辺 (가 변)
竝=並 (아우를 병)
寶=宝 (보배 보)
拂=払 (떨칠 불)
佛=仏 (부처 불)
氷=氷 (어름 빙)
絲=糸 (실 사)
寫=写 (베낄 사)
辭=辞 (말씀 사)
雙=双 (짝 쌍)
敍=叙 (펼 서)
潟=舄 (개펄 석)
釋=釈 (풀 석)
聲=声 (소리 성)
續=続 (이을 속)
屬=属 (붙을 속)
收=収 (거둘 수)
數=数 (수 수)
輸=輸 (보낼 수)
肅=粛 (삼갈 숙)
濕=湿 (젖을 습)
乘=乗 (탈 승)
實=実 (열매 실)
兒=児 (아이 아)
亞=亜 (버금 아)
惡=悪 (악할 악)

巖=岩 (바위 암)
壓=圧 (누를 압)
藥=薬 (약 약)
讓=譲 (사양할 양)
嚴=厳 (엄할 엄)
餘=余 (남을 여)
與=与 (줄 여)
驛=駅 (정거장 역)
譯=訳 (통역할 역)
鹽=塩 (소금 염)
榮=栄 (영화 영)
豫=予 (미리 예)
藝=芸 (재주 예)
溫=温 (따뜻할 온)
圓=円 (둥글 원)
圍=囲 (둘레 위)
爲=為 (하 위)
陰=陰 (그늘 음)
應=応 (응할 응)
醫=医 (의원 의)
貳=弐 (두 이)
壹=壱 (하나 일)
姉=姉 (누이 자)
殘=残 (남을 잔)
潛=潜 (잠길 잠)
雜=雑 (섞일 잡)
壯=壮 (씩씩할 장)
莊=庄 (별장 장)
爭=争 (다툴 쟁)
戰=戦 (싸움 전)
錢=銭 (돈 전)
傳=伝 (전할 전)
轉=転 (구를 전)
點=点 (점 점)
靜=静 (고요 정)
淨=浄 (깨끗할 정)
濟=済 (건널 제)
齊=斉 (다스릴 제)
條=条 (가지 조)
弔=吊 (조상할 조)
從=従 (쫓을 종)
晝=昼 (낮 주)
卽=即 (곧 즉)
增=増 (더할 증)
證=証 (증거 증)

眞=真 (참 진)
盡=尽 (다할 진)
晉=晋 (나라 진)
贊=賛 (찬성할 찬)
讚=讃 (칭찬할 찬)
參=参 (참여할 참)
册=冊 (책 책)
處=処 (곳 처)
淺=浅 (얕을 천)
鐵=鉄 (쇠 철)
廳=庁 (관청 청)
體=体 (몸 체)
觸=触 (닿을 촉)
總=総 (다 총)
蟲=虫 (벌레 충)
齒=歯 (이 치)
恥=耻 (부끄러울 치)
稱=称 (일컬을 칭)
彈=弾 (탄할 탄)
澤=沢 (못 택)
擇=択 (가릴 택)
廢=廃 (폐할 폐)
豊=豊 (풍성할 풍)
學=学 (배울 학)
解=觧 (풀 해)
鄕=郷 (고을 향)
虛=虚 (빌 허)
獻=献 (드릴 헌)
驗=験 (증험할 험)
顯=顕 (나타날 현)
螢=蛍 (반딧불 형)
號=号 (부르짖을 호)
畫=画 (그림 화)
擴=拡 (늘릴 확)
歡=歓 (기쁠 환)
黃=黄 (누를 황)
會=会 (모을 회)
回=囘 (돌아올 회)
效=効 (본받을 효)
黑=黒 (검을 흑)
戲=戯 (희롱할 희)

고사성어(古事成語)

家家戶戶(가가호호)	각 집, 각각의 집마다
刻舟求劍(각주구검)	배에 새겨 칼을 구함
肝膽相照(간담상조)	간과 쓸개가 서로 본다(격의 없이 지내는 사이)
甘言利說(감언이설)	남의 비위에 맞도록 꾸민 달콤한 말
乾坤一擲(건곤일척)	주사위를 한 번 던져 승패를 검
建陽多慶(건양다경)	새해가 시작됨에 경사스런 일이 많기를 바람
見利思義(견리사의)	눈앞의 이익을 보면 먼저 의리를 생각함
犬馬之誠(견마지성)	개와 말의 주인을 위한 충성
見善從之(견선종지)	선한 것을 보면 그것을 좇음
結者解之(결자해지)	맺은 사람이 풀어야 함
結草報恩(결초보은)	풀을 묶어서 은혜에 보답(죽은 뒤에라도 은혜를 갚음)
鷄卵有骨(계란유골)	계란이 곯았다(좋은 기회를 만나도 일이 잘 안 됨)
鷄肋(계륵)	닭갈비(버리기에는 아깝고 먹자니 별거 없음)
苦盡甘來(고진감래)	고생 끝에 즐거움이 옴
公平無私(공평무사)	공평하여 사사로움이 없음
過猶不及(과유불급)	지나침은 미치지 못함과 같음
管鮑之交(관포지교)	아주 친한 친구 사이의 사귐
矯角殺牛(교각살우)	소의 뿔을 바로 잡으려다가 소를 죽임
交友以信(교우이신)	벗을 믿음으로써 사귀어야 함
敎學相長(교학상장)	가르치고 배우면서 서로 성장함
句句節節(구구절절)	하나하나의 모든 구절(매우 상세하고 간곡함)
九死一生(구사일생)	아홉 번죽을 뻔하다가 겨우 살아남
群鷄一鶴(군계일학)	닭의 무리 가운데 한 마리의 학(무리 중 뛰어난 인물)
君臣有義(군신유의)	임금과 신하 사이에는 의리가 있어야 함
君爲臣綱(군위신강)	임금과 신하 사이에 마땅히 지켜야 할 도리
勸善懲惡(권선징악)	착한 것을 권하고 악을 응징함
捲土重來(권토중래)	어떤 일에 실패한 뒤 힘을 길러 다시 그 일을 시작함
金蘭之契(금란지계)	친구 사이의 매우 두터운 정
金蘭之交(금란지교)	친구 사이의 매우 두터운 정
今昔之感(금석지감)	지금과 옛날의 감정이 크게 달라짐

金石之交(금석지교)	쇠붙이와 돌처럼 굳고 변함없는 우정
金枝玉葉(금지옥엽)	금으로 된 가지와 옥으로 된 잎(임금의 일족을 높임)
起死回生(기사회생)	거의 죽을 뻔하다가 도로 살아남
杞人之憂(기인지우)	기나라 사람의 걱정 근심
奇貨可居(기화가거)	진기한 물건은 잘 간직하여 나중에 이익을 남기고 팖
難兄難弟(난형난제)	서로 비슷비슷하여 우열이나 정도를 가리기 어려움
男女老少(남녀노소)	남자와 여자와 늙은이와 젊은이
老馬之智(노마지지)	늙은 말의 지혜
多多益善(다다익선)	많으면 많을수록 좋음
斷機戒(단기지계)	학문을 하다가 중도에 그만두면 아무 쓸모가 없음
單刀直入(단도직입)	단칼로 쳐들어감(요점이나 문제의 핵심을 곧바로 말함)
大器晩成(대기만성)	큰 그릇을 만드는 데는 시간이 오래 걸림
獨不將軍(독불장군)	무슨 일이든지 제 생각대로 혼자 처리하는 사람
讀書亡羊(독서망양)	글을 읽는 데 정신이 팔려 먹이고 있던 양을 잃음
讀書尙友(독서상우)	책을 읽음으로써 옛 현인들과 벗이 될 수 있음
冬去春來(동거춘래)	겨울이 가고 봄이 옴
東問西答(동문서답)	질문과는 전혀 상관없는 엉뚱한 대답
登龍門(등용문)	입신출세를 위한 어려운 관문이나 시험
燈下不明(등하불명)	등잔 밑이 어둡다(가까이에서 일어난 일을 잘 모름)
燈火可親(등화가친)	서늘한 가을밤은 등불을 가까이 하여 글 읽기에 좋음
馬耳東風(마이동풍)	말의 귀에 동풍이 불어도 아랑곳하지 않음
莫逆之交(막역지교)	서로 뜻이 잘 맞고 허물없는 아주 친한 사귐
望雲之情(망운지정)	자식이 객지에서 고향에 계신 어버이를 그리는 마음
亡子計齒(망자계치)	죽은 자식 나이 세기
梅蘭菊竹(매난국죽)	매화와 난초와 국화와 대나무
麥秀之嘆(맥수지탄)	보리가 팬 것을 보고 하는탄식(조국이 망한 것을 한탄)
明明白白(명명백백)	아주 뚜렷함
名山大川(명산대천)	이름난 산과 큰 내
明若觀火(명약관화)	불을 보는 것처럼 분명하고 뻔함
毛遂自薦(모수자천)	자기가 자기를 추천하는 것
目不識丁(목불식정)	한자 중 쉬운 글자인 '丁'자도 모를 정도로 무식함
武陵桃源(무릉도원)	무릉에 있는 선경(중국 후난성 복숭아꽃이 만발한 낙원)
墨守(묵수)	자기의 의견이나 주장을 굽히지 않고 굳게 지킴

文房四友(문방사우)	글방의 네 가지 친구
聞一知十(문일지십)	한 가지를 듣고 열 가지를 미루어 안다(지극히 총명함)
尾生之信(미생지신)	융통성이 없이 약속만을 굳게 지키는 것
反哺之孝(반포지효)	까마귀 새끼가 자라서 늙은 어미에게 먹이를 물어다 주는 효
拔本塞源(발본색원)	좋지 않은 일의 근본 원인 요소를 완전히 없애 버림
蚌鷸之爭(방휼지쟁)	조개와 도요새의 싸움(둘이 싸우면 엉뚱한 제삼자가 이익)
背水之陣(배수지진)	물을 등지고 진을 침(싸움에 임한 비장한 각오)
百年大計(백년대계)	먼 장래까지 내다보고 세우는 큰 계획
百年河淸(백년하청)	어떤 일이 아무리 오랜 시간이 흘러도 이루어지기 어려움
伯牙絶絃(백아절현)	참다운 벗의 죽음을 슬퍼함
百折不屈(백절불굴)	수없이 많이 꺾여도 굴하지 않고 이겨 나감
步武堂堂(보무당당)	걸음걸이가 씩씩하고 활기참
夫婦有別(부부유별)	남편과 아내 사이에는 분별이 있어야 함
夫爲婦綱(부위부강)	남편과 아내 사이에 마땅히 지켜야 할 도리
父爲子綱(부위자강)	부모와 자식 사이에 마땅히 지켜야 할 도리
父子有親(부자유친)	아버지와 자식간에는 친함이 있어야 함
朋友有信(붕우유신)	친구 사이에는 믿음이 있어야 함
非一非再(비일비재)	한두 번이나 한둘이 아니고 많음
氷山一角(빙산일각)	빙산의 한 모서리(어떤 일이 숨겨져 극히 일부분만 드러남)
舍己從人(사기종인)	자신을 버리고 남을 따름
四面楚歌(사면초가)	적에게 완전히 포로가 되어 있는 상태
砂上樓閣(사상누각)	모래 위에 세운 누각(기초가 튼튼하지 못함)
師弟同行(사제동행)	스승과 제자가 함께 길을 감
蛇足(사족)	뱀의 다리를 그림(쓸데없는 군짓을 하여 도리어 잘못되게 함)
事親以孝(사친이효)	부모님을 효로써 섬겨야 함
四通八達(사통팔달)	도로망, 교통망, 통신망 따위가 이리저리 사방으로 통함
事必歸正(사필귀정)	모든 일은 반드시 바른길로 돌아가게 마련임
山高水長(산고수장)	덕행이나 지조의 깨끗함을 산과 강물에 비유
山戰水戰(산전수전)	세상일의 어려운 고비를 다 겪어 봄
殺身成仁(살신성인)	자기 몸을 희생하여 인을 이룸
三馬太守(삼마태수)	세 마리의 말만 거느린 태수(청빈한 관리)
三三五五(삼삼오오)	서너 사람이나 대여섯 사람씩 떼지어 다님
三人成虎(삼인성호)	근거 없는 말도 여럿이 하면 곧이듣게 됨

三日天下(삼일천하)	사흘 동안 천하를 얻음(짧은 기간 동안 정권을 잡음)
三尺童子(삼척동자)	키가 석자밖에 되지 않는 어린아이
三遷之敎(삼천지교)	맹자의 교육을 위해 그 어머니가 집을 세 번 옮김
塞翁之馬(새옹지마)	인간의 길흉화복은 변화가 무쌍하여 도무지 예측할 수 없음
先見之明(선견지명)	다가올 일을 미리 짐작하는 밝은 지혜
先公後私(선공후사)	공적인 일을 먼저 하고 사사로운 일은 나중에 함
雪膚花容(설부화용)	눈처럼 흰 살갗과 꽃처럼 고운 얼굴(아름다운 여자의 모습)
雪上加霜(설상가상)	눈이 내리는 위에 서리까지 더함(불행이 겹침)
小貪大失(소탐대실)	작은 것을 탐하다가 큰 것을 잃음
束手無策(속수무책)	어찌할 도리나 방책이 없어 꼼짝 못함
送舊迎新(송구영신)	묵은 해를 보내고 새해를 맞음
松茂栢悅(송무백열)	소나무가 무성하면 잣나무가 기뻐함(벗이 잘됨을 기뻐함)
首尾一貫(수미일관)	어떤 일을 처음부터 끝까지 한결같이 함
手不釋卷(수불석권)	손에서 책을 놓지 않음
水魚之交(수어지교)	물과 물고기의 관계(매우 친밀한 사이)
守株待兎(수주대토)	그루터기를 지키면서 토끼를 기다림
宿虎衝鼻(숙호충비)	자는 호랑이의 코를 찌름(공연히 건드려서 일을 그르침)
脣亡齒寒(순망치한)	입술이 없으면 이가 시림
是是非非(시시비비)	옳은 것을 옳다 하고 그른 것을 그르다 함
始終如一(시종여일)	처음과 끝이 한결 같음
身言書判(신언서판)	예전 인물을 골랐던 네 가지 조건(신수, 말씨, 문필, 판단력)
十中八九(십중팔구)	열 가운데 여덟이나 아홉이 그렇다(대개가 그러함)
我田引水(아전인수)	자기 논에 물 댄다(자기에게 이롭게 되도록 행동함)
安貧樂道(안빈낙도)	가난한 생활을 하면서도 편안한 마음으로 도를 지킴
眼下無人(안하무인)	눈아래 보이는 사람이 없다(방자하고 교만함)
愛人如己(애인여기)	남을 자기 몸처럼 사랑함
愛之重之(애지중지)	매우 사랑하고 소중히 여김
藥房甘草(약방감초)	한약에는 감초를 넣는 일이 많아 한약방에는 항상 감초가 있음
羊頭狗肉(양두구육)	양 머리를 걸어놓고 개고기를 팜
良藥苦口(양약고구)	좋은 약은 입에 씀
魚頭肉尾(어두육미)	물고기는 머리 쪽이, 짐승은 꼬리 쪽이 맛이 있음
漁父之利(어부지리)	도요새와 조개가 서로 다투다가 어부에게 둘다 잡힘
於異阿異(어이아이)	'어'다르고 '아'다름

億兆蒼生(억조창생)	수많은 백성
言中有骨(언중유골)	말 속에 뼈가 있음
與民同樂(여민동락)	임금이 백성과 더불어 즐김
易地思之(역지사지)	남과 처지를 바꾸어 생각함(남의 입장에서 생각함)
年年歲歲(연년세세)	해마다 이어져 무궁토록
緣木求魚(연목구어)	나무에 올라가서 물고기를 구함(불가능한 일을 하려 함)
榮枯盛衰(영고성쇠)	세월이 흐름에 따라 변전하는 번영과 쇠락
五里霧中(오리무중)	오리 사방이 안개속(어디에 있는지 찾을 길이 없음)
吾鼻三尺(오비삼척)	내 코가 석 자
烏飛梨落(오비이락)	까마귀 날자 배 떨어짐(일이 공교롭게 때가 같아 의심을 받음)
五十步百步(오십보백보)	오십보를 간 자나 백보를 간 자나 본질적으로 같음
烏合之卒(오합지졸)	임시로 모여들어 규율이 없고 무질서한 병졸 또는 군중
溫故知新(온고지신)	옛것을 익히고 그것을 통하여 새것을 앎
溫柔敦厚(온유돈후)	온화하고 부드럽고 돈독하고 두터움
臥薪嘗膽(와신상담)	섶에 누워 쓸개를 맛봄(복수를 위해 고난을 참고 견딤)
王兄佛兄(왕형불형)	살아서는 왕의 형이 되고 죽어서는 부처의 형이 됨
外柔內剛(외유내강)	겉으로는 부드럽고 순하나 속은 곧고 꿋꿋함
外華內貧(외화내빈)	겉으로는 화려하게 보이나 속으로는 빈곤하고 부실함
樂山樂水(요산요수)	산을 좋아하고 물을 좋아함
欲速不達(욕속부달)	일을 너무 빨리 하고자 서두르면 도리어 이루지 못함
龍頭蛇尾(용두사미)	머리는 용이나 꼬리는 뱀(처음은 좋으나 끝이 좋지 않음을)
愚公移山(우공이산)	어리석은 영감이 산을 옮김
牛耳讀經(우이독경)	소귀에 경 읽기
衛正斥邪(위정척사)	바른 것은 보호하고 간사한 것은 내침
韋編三絕(위편삼절)	책을 열심히 읽음
有口無言(유구무언)	입은 있으나 할 말이 없음
有名無實(유명무실)	이름만 그럴듯하고 실속은 없음
有備無患(유비무환)	미리 준비해 두면 근심할 것이 없음
流水不腐(유수불부)	흐르는 물은 썩지 않음
柳暗花明(유암화명)	버들은 무성하고 꽃은 활짝 피어 밝음
唯一無二(유일무이)	오직 하나만 있고 둘은 없음
有害無益(유해무익)	해롭기만 하고 이로움은 없음
隱忍自重(은인자중)	밖으로 드러내지 않고 속으로 참고 견디며 몸가짐을 신중히 함

陰德陽報(음덕양보)	남모르게 덕행을 쌓은 사람은 뒤에 그 보답을 받게 됨
泣兒授乳(읍아수유)	우는 아이에게 젖을 줌
意氣揚揚(의기양양)	기세가 등등하고 뽐내는 모양이 가득함
以德服人(이덕복인)	덕으로써 다른 사람을 복종시킴
以文會友(이문회우)	글로써 벗을 만남
以心傳心(이심전심)	마음과 마음으로 서로 뜻이 통함
以熱治熱(이열치열)	열을 열로 다스림
利害得失(이해득실)	이로움과 해로움 및 얻음과 잃음
人之常情(인지상정)	사람이면 누구나 가질 수 있는 보통의 마음이나 감정
一擧兩得(일거양득)	한 가지 일로 두 가지 이익을 얻음
一石二鳥(일석이조)	한 개의 돌로 두 마리새를 잡음
一進一退(일진일퇴)	한 번 나아갔다 한 번 물러섰다 함
日就月將(일취월장)	날로 달로 발전하거나 성장함
一片丹心(일편단심)	한 조각의 붉은 마음(오직 한 가지에 변함없는 마음)
立身揚名(입신양명)	출세하여 세상에 이름을 떨침
自强不息(자강불식)	스스로 힘써 몸과 마음을 가다듬고 쉬지 않음
子子孫孫(자자손손)	대대로 이어지는 여러 대의 자손
作心三日(작심삼일)	마음 먹은 것이 사흘 감
長幼有序(장유유서)	어른과 아이 사이에는 차례가 있어야 함
前途有望(전도유망)	앞으로 발전하고 성공할 가능성과 희망이 있음
轉禍爲福(전화위복)	화를 바꾸어 복이 되게 함
絶世佳人(절세가인)	당대에는 견줄 만한 상대가 없는 뛰어난 미인
絶長補短(절장보단)	긴 것을 잘라서 짧은 것을 보충함
切磋琢磨(절차탁마)	옥이나 뿔 따위를 갈고 닦아서 빛을 냄
頂門一針(정문일침)	정수리에 침 하나를 꽂음(따끔하고 매서운 충고)
正正堂堂(정정당당)	바르고 떳떳함
朝令暮改(조령모개)	아침에 내린 명령을 저녁에 다시 고침
朝變夕改(조변석개)	아침저녁으로 뜯어고침
朝三暮四(조삼모사)	자기의 이익을 위해 교활한 꾀를 써서 남을 속임
助長(조장)	억지로 힘을 무리하게 써 일을 그르침
坐不安席(좌불안석)	마음이 불안해서 자리에 가만히 앉아 있지를 못함
坐井觀天(좌정관천)	우물 속에 앉아 하늘을 봄
左衝右突(좌충우돌)	이리저리 마구 치고받고 부딪침

晝耕夜讀(주경야독)	낮에는 농사를 짓고 밤에는 글을 읽음
走馬看山(주마간산)	달리는 말위에서 산천을 구경함
酒池肉林(주지육림)	술이 연못을 이루고 고기가 숲을 이룸(사치하고 음란한 행동)
竹馬故友(죽마고우)	어릴 때에 대나무로 만든 말을 타고 놀던 친구
衆口難防(중구난방)	여러 사람의 입은 막기가 어렵다
知己之友(지기지우)	자기의 가치나 속마음을 잘 알아주는 참다운 벗
之東之西(지동지서)	줏대가 없이 이리저리 갈팡질팡함
芝蘭之交(지란지교)	지초와 난초의 사귐(벗 사이의 높고 맑은 사귐)
指鹿爲馬(지록위마)	사슴을 가리켜 말이라고 함
志在千里(지재천리)	뜻이 천리에 있음
知彼知己(지피지기)	적의 형편과 나의 형편을 다 자세히 앎
紙筆硯墨(지필연묵)	종이와 붓과 벼루와 먹
知行合一(지행합일)	지식과 행동이 하나로 합치됨
集小成多(집소성다)	작은 것을 모아서 많은 것을 이룸
借廳借閨(차청차규)	대청을 빌려 사는 사람이 점점 안방까지 들어감
天長地久(천장지구)	하늘과 땅처럼 오래가고 변함이 없음
千篇一律(천편일률)	여러 사물이 개성이 없이 모두 비슷비슷함
徹頭徹尾(철두철미)	처음부터 끝까지 빈틈없고 철저하게 함
晴耕雨讀(청경우독)	맑은 날은 논밭을 갈고 비오는 날은 책을 읽음
靑松綠竹(청송녹죽)	푸른 소나무와 푸른 대나무
靑雲之志(청운지지)	천자가 될 사람이 있는 곳에는 푸른구름이 깃들임
靑出於藍(청출어람)	푸른색은 쪽빛에서 나옴(스승보다 제자의 실력이 뛰어남)
淸風明月(청풍명월)	맑은 바람과 밝은 달
草綠同色(초록동색)	풀과 초록색은 같은 색
初志不變(초지불변)	처음의 뜻이 변하지 않음
推己及人(추기급인)	자신을 미루어 다른 사람에게 미침
追遠報本(추원보본)	조상의 덕을 추모하여 제사를 지내며 은혜를 갚음
秋風落葉(추풍낙엽)	가을바람에 흩어져 떨어지는 나뭇잎
出告反面(출고반면)	나갈 때는 아뢰고 돌아오면 봄
親仁善隣(친인선린)	어진 사람을 가까이 하고 이웃과 사이좋게 지냄
他山之石(타산지석)	남의 산에 있는 돌이라도 나의 옥을 다듬는 데에 소용이 됨
泰山北斗(태산북두)	태산과 북두칠성처럼 모든 사람들이 우러러보는 존재
兎死狗烹(토사구팽)	토끼가 죽고 나면 사냥개를 삶아먹음

破邪顯正(파사현정)	사견이나 사도를 깨어 버리고 정도를 나타냄
破竹之勢(파죽지세)	대나무의 한끝을 쪼개듯 거침없이 적에게 진군하는 기세
風樹之嘆(풍수지탄)	어버이가 돌아가시어 효도하고 싶어도 할 수 없음
風前燈火(풍전등화)	바람 앞의 등불(사물이나 인생의 덧없음)
匹夫匹婦(필부필부)	평범한 남녀
學如不及(학여불급)	필요하지도 않고 급하지도 않음
學如逆水(학여역수)	배움은 물을 거슬러올라가는 것과 같음
漢江投石(한강투석)	한강에 돌던지기
咸興差使(함흥차사)	함흥으로 사신을 보냄
螢雪之功(형설지공)	고생 속에서도 꾸준히 공부하여 얻은 보람
兄弟投金(형제투금)	형제가 금을 강에 던짐
形形色色(형형색색)	모양이나 빛깔이 서로 다른 여러 가지
狐假虎威(호가호위)	여우가 호랑이의 힘을 빌려 잘난체하며 경솔하게 행동함
浩然之氣(호연지기)	사람의 마음에 차 있는 너르고 크고 올바른 기운
胡蝶夢(호접몽)	나비의 꿈(자아와 외물은 본디 하나라는 이치)
昏定晨省(혼정신성)	저녁에 자리를 펴드리고 새벽에 문안 인사를드림
畵龍點睛(화룡점정)	가장 중요한 부분을 마무리 지음
和而不同(화이부동)	남과 사이좋게 지내기는 하나 무턱대고 한데 어울리지 않는 일
會者定離(회자정리)	만난 사람은 반드시 헤어지게 됨
後生可畏(후생가외)	뒤에 난 사람은 두려워할 만하다
厚顔無恥(후안무치)	낯가죽이 두꺼워 뻔뻔하고 부끄러움을 모름
興亡盛衰(흥망성쇠)	흥하고 망함과 성하고 쇠함
興盡悲來(흥진비래)	즐거운 일이 다하면 슬픈 일이 옴
喜怒哀樂(희로애락)	기쁨과 성냄과 슬픔과 즐거움

기초한자(중·고등학교) 1800자

*는 고등학교 기초한자입니다.

ㄱ

佳 아름다울 가
假 거짓 가
價 값 가
加 더할 가
可 옳을 가
家 집 가
*暇 겨를 가
*架 시렁 가
歌 노래 가
街 거리 가
*刻 새길 각
*却 물리칠 각
各 각각 각
脚 다리 각
*覺 깨달을 각
角 뿔 각
*閣 누각 각
*刊 새길 간
*姦 간음할 간
干 방패 간
*幹 줄기 간
*懇 간절할 간
看 볼 간
*簡 대쪽 간
*肝 간 간
間 사이 간
渴 목마를 갈
感 느낄 감
敢 굳셀 감
減 덜 감
甘 달 감
*監 볼 감
*鑑 거울 감
甲 갑옷 갑
*剛 굳셀 강
*康 편안할 강
江 물 강
*綱 벼리 강
講 욀 강
*鋼 강철 강
降 내릴 강
降 항복할 항
強 강할, 힘쓸 강
*介 끼일 개

個 낱 개
*慨 슬퍼할 개
改 고칠 개
*概 대개 개
皆 다 개
*蓋 덮을 개
開 열 개
客 손 객
更 다시 갱
更 고칠 경
去 갈 거
居 살 거
巨 클 거
*拒 막을 거
*據 의지할 거
擧 들 거
*距 떨어질 거
車 수레 거(차)
乾 하늘 건
乾 마를 건(간)
*件 물건 건
*健 굳셀 건
建 세울 건
乞 빌 걸
*傑 뛰어날 걸
*儉 검소할 검
*劍 칼 검
*檢 검사할 검
*擊 칠 격
*格 격식 격
*激 과격할 격
*隔 사이 뜰 격
堅 굳을 견
*牽 끌, 별 이름 견
犬 개 견
*絹 비단 견
*肩 어깨 견
見 볼 견
見 나타날 현
*遣 보낼 견
決 결단할 결
潔 깨끗할 결
結 맺을 결
*缺 빠질 결
*兼 겸할 겸

謙 겸손할 겸
京 서울 경
*傾 기울어질 경
*卿 벼슬 경
*境 지경 경
庚 별 경
*徑 지름길 경
慶 경사 경
敬 공경할 경
景 볕·우러를 경
*硬 굳을 경
*竟 마칠 경
競 다툴 경
經 날 경
經 지날 경
耕 갈 경
*警 경계할 경
輕 가벼울 경
鏡 거울 경
頃 잠시 경
驚 놀랄 경
*係 맬 계
*啓 열 계
契 계약할 계
季 끝, 철 계
戒 경계할 계
桂 계수나무 계
械 기계 계
溪 시내 계
界 경계 계
癸 북방 계
系 계통 계
繫 맬 계
*繼 이을 계
計 헤아릴 계
階 섬돌 계
鷄 닭 계
孤 외로울 고
古 옛, 예 고
告 고할, 아뢸 고
固 굳을 고
姑 시어머니 고
庫 곳집 고
故 연고 고
*枯 마를 고

*稿 원고 고
考 생각할 고
苦 쓸 고
*顧 돌아볼 고
高 높을 고
*鼓 북 고
*哭 울 곡
曲 굽을 곡
穀 낟알, 곡식 곡
谷 골 곡
困 곤할 곤
坤 따(땅) 곤
骨 뼈 골
空 빌 공
*供 이바지할 공
公 공변될 공
共 한가지 공
功 공 공
孔 구멍 공
工 장인 공
恐 두려울 공
恭 공손 공
*攻 칠 공
*貢 바칠 공
*寡 적을 과
果 열매 과
科 과목 과
*誇 자랑할 과
課 과정 과
過 지날, 허물 과
*郭 성곽 곽
冠 갓 관
官 벼슬 관
寬 너그러울 관
*慣 버릇 관
*管 대롱 관
觀 볼 관
*貫 꿸 관
關 관계할 관
*館 집 관
光 빛 광
廣 넓을 광
*狂 미칠 광
*鑛 쇳돌 광
*掛 걸 괘

*塊 흙덩어리 괴
*壞 무너뜨릴 괴
*怪 괴이할 괴
*愧 부끄러울 괴
交 사귈 교
*巧 교묘할 교
敎 가르칠 교
校 학교 교
橋 다리 교
*矯 바로잡을 교
*較 비교할 교
*郊 들 교
*丘 언덕 구
久 오랠 구
九 아홉 구
*俱 함께 구
具 갖출 구
區 구역 구
口 입 구
句 글귀 구
*懼 두려울 구
*拘 거리낄 구
救 구원할 구
構 얽을 구
求 구할 구
狗 개 구
球 구슬 구
究 궁구할 구
舊 옛 구
*苟 진실로 구
*驅 몰 구
*龜 땅이름 구
*龜 터질 균
*龜 거북 귀
國 나라 국
*局 판 국
菊 국화 국
君 임금 군
*群 무리 군
軍 군사, 진칠 군
郡 고을 군
*屈 굽을 굴
*宮 집 궁
弓 활 궁
*窮 다할 궁

부록 | 291

勸 권할 권	氣 기운 기	*檀 박달나무 단	讀 구두점 두	量 헤아릴 량(양)
卷 책 권	*畿 경기 기	*段 조각 단	*敦 도타울 돈	涼 서늘할 량(양)
*拳 주먹 권	*祈 빌 기	短 짧을 단	*豚 돼지 돈	*勵 힘쓸 려(여)
權 권세 권	*紀 벼리 기	端 끝 단	*突 부딪칠 돌	*慮 생각 려(여)
*券 문서 권	記 기록할 기	達 통달할 달	冬 겨울 동	旅 나그네 려(여)
*厥 그 궐	豈 어찌 기	*擔 멜 담	*凍 얼 동	*麗 고울 려(여)
*軌 차바퀴 궤	起 일어날 기	*淡 맑을 담	動 움직일 동	力 힘 력(역)
*鬼 귀신 귀	*飢 주릴 기	談 말씀 담	同 한가지 동	*曆 책력 력(역)
歸 돌아갈 귀	騎 말탈 기	*畓 논 답	東 동녘 동	歷 지날 력(역)
貴 귀할 귀	*緊 요긴할 긴	答 답할 답	洞 골 동	*憐 불쌍히 여길 련(연)
*規 법 규	吉 길할 길	*踏 밟을 답	洞 밝을 통	*戀 사모할 련(연)
*叫 부르짖을 규	金 쇠 금	*唐 당나라 당	童 아이 동	練 익힐 련(연)
*糾 살필 규	金 성 김	堂 집 당	*銅 구리 동	*聯 잇닿을 련(연)
均 고를 균		當 마땅 당	斗 말 두	連 이을 련(연)
*菌 버섯 균	ㄴ	糖 사탕 당	豆 콩 두	*鍊 쇠불릴 련(연)
*劇 심할 극	*那 어찌 나	*黨 무리 당	頭 머리 두	*劣 용렬할 렬(열)
*克 이길 극	暖 따뜻할 난	代 대신할 대	*屯 모일 둔	*裂 찢을 렬(열)
極 극진할 극	難 어려울 난	大 큰 대	*鈍 둔할 둔	*廉 청렴할 렴(염)
*謹 삼갈 근	南 남녘 남	對 대할 대	得 얻을 득	*獵 사냥 렵(엽)
*僅 겨우 근	男 사내 남	帶 띠 대	燈 등불 등	令 하여금 령(영)
勤 부지런할 근	*納 들일 납	待 기다릴 대	登 오를 등	*嶺 재 령(영)
*斤 근 근	*娘 처녀 낭	*臺 집, 대 대	等 무리 등	*零 떨어질 령(영)
根 뿌리 근	乃 이에 내	*貸 빌릴 대	*騰 오를 등	*靈 신령 령(영)
近 가까울 근	內 안 내	*隊 떼 대		領 거느릴 령(영)
*錦 비단 금	*奈 어찌 내	德 큰 덕	ㄹ	*爐 화로 로(노)
今 이제 금	*耐 견딜 내	*倒 넘어질 도	*羅 벌일 라(나)	路 길 로(노)
*琴 거문고 금	年 해 년	刀 칼 도	樂 즐길 락(낙)	*露 이슬 로(노)
禁 금할 금	念 생각 념	到 이를 도	樂 풍악 악(낙)	*祿 녹 록(녹)
*禽 새 금	*寧 편안할 녕(령)	圖 그림 도	樂 좋아할 요(낙)	綠 푸를 록(녹)
及 미칠 급	*努 힘쓸 노(로)	*塗 칠할 도	*絡 연락 락(낙)	*錄 기록할 록(녹)
急 급할 급	勞 수고할 로(노)	*導 인도할 도	落 떨어질 락(낙)	鹿 사슴 록(녹)
*級 등급 급	*奴 종 노	島 섬 도	*諾 승낙할 락(낙)	論 논할 론(논)
給 줄 급	怒 노할 노(로)	度 법도 도	*亂 어지러울 란(난)	*弄 희롱할 롱(농)
肯 즐길 긍	老 늙을 로(노)	徒 무리 도	卵 알 란(난)	*賴 힘입을 뢰(뇌)
*企 꾀할 기	農 농사 농	*挑 끌어 낼 도	*欄 난간 란(난)	*雷 천둥 뢰(뇌)
其 그 기	*惱 번뇌할 뇌	桃 복숭아 도	*蘭 난초 란(난)	*了 마칠 료(요)
*器 그릇 기	*腦 뇌 뇌	*渡 건널 도	*濫 넘칠 람(남)	*僚 동료 료(요)
基 터 기	能 능할 능	*盜 도둑 도	*覽 볼 람(남)	*料 헤아릴 료(요)
*奇 기이할 기	*泥 진흙 니	稻 벼 도	*廊 행랑 랑(낭)	*屢 자주 루(누)
*寄 부칠 기		*跳 뛸 도	浪 물결 랑(낭)	*樓 다락 루(누)
己 몸 기	ㄷ	*逃 달아날 도	郞 사내 랑(낭)	*淚 눈물 루(누)
幾 몇 기	多 많을 다	*途 길 도	來 올 래(내)	*漏 샐 루(누)
*忌 꺼릴 기	*茶 차 다	道 길 도	冷 찰 랭(냉)	*累 여러 루(누)
技 재주 기	丹 붉을 단	都 도읍 도	*掠 노략질 략(약)	柳 버들 류(유)
*旗 기 기	但 다만 단	*陶 질그릇 도	*略 간략할 략(약)	流 흐를 류(유)
*旣 이미 기	單 홀 단	毒 독 독	兩 두 량(양)	留 머무를 류(유)
期 기약할 기	*團 둥글 단	獨 홀로 독	*梁 들보 량(양)	*類 무리 류(유)
*棄 버릴 기	壇 단 단	*督 감독할 독	*糧 양식 량(양)	*輪 바퀴 륜(윤)
機 베틀 기	*斷 끊을 단	*篤 도타울 독	良 어질 량(양)	律 법칙 률(율)
*欺 속일 기	*旦 아침 단	讀 읽을 독	*諒 살필 량(양)	栗 밤 률(율)

*率	거느릴 률(율)	*滅	멸할 멸	*眉	눈썹 미	*煩	번거로울 번	富	부자 부
(솔)		冥	어두울 명	米	쌀 미	番	차례 번	*府	마을 부
*率	비례 률(율)	名	이름 명	美	아름다울 미	*繁	번성할 번	復	회복할 복
*隆	높을 륭(융)	命	목숨 명	迷	미혹할 미	*飜	번역할 번	復	다시 부
*陵	무덤 릉(능)	明	밝을 명	*憫	불쌍히 여길 민	伐	칠 벌	扶	도울 부
利	이로울 리(이)	*銘	새길 명	*敏	민첩할 민	*罰	벌 벌	浮	뜰 부
*吏	관리 리(이)	鳴	울 명	民	백성 민	凡	무릇 범	父	아비 부
理	다스릴 리(이)	*侮	업신여길 모	密	빽빽할 밀	*犯	범할 범	符	부적 부
里	마을 리(이)	*冒	가릴 모	蜜	꿀 밀	*範	법 범	*簿	장부 부
*離	떠날 리(이)	*募	모집할 모			法	법 법	*腐	썩을 부
*臨	임할 림(임)	*慕	사모할 모	ㅂ		*壁	벽 벽	*負	질 부
		暮	저물 모	*博	넓을 박	*碧	푸를 벽	*賦	구실 부
ㅁ		*某	아무 모	*拍	손뼉칠 박	變	변할 변	*赴	다다를 부
*磨	갈 마	*模	본뜰 모	朴	순박할 박	*辨	분별할 변	部	떼 부
馬	말 마	母	어미 모	*泊	배댈 박	*辯	말 잘할 변	*附	붙일 부
*麻	삼 마	毛	터럭 모	薄	엷을 박	*邊	가장자리 변	北	북녘 북
*幕	장막 막	*謀	꾀 모	迫	핍박할 박	別	나눌 별	北	달아날 배
*漠	아득할 막	*貌	모양 모	*伴	짝 반	丙	남녘 병	分	나눌 분
莫	말 막	木	나무 목	半	반 반	兵	병사 병	*墳	봉분 분
*慢	교만할 만	*牧	칠 목	反	돌이킬 반	*屛	병풍 병	*奔	달아날 분
晩	늦을 만	目	눈 목	*叛	모반할 반	病	병 병	*奮	떨칠 분
滿	찰 만	*睦	화목할 목	*班	나눌, 얼룩질 반	*竝	아우를 병	*憤	분할 분
*漫	부질없을 만	*沒	빠질 몰	*盤	소반 반	保	보호할 보	*粉	가루 분
萬	일만 만	*夢	꿈 몽	*般	일반 반	報	갚을 보	*紛	어지러울 분
末	끝 말	*蒙	어릴 몽	*返	돌아올 반	*寶	보배 보	佛	부처 불
亡	망할 망	卯	토끼 묘	飯	밥 반	*普	넓을 보	*拂	떨칠 불
*妄	망령될 망	*墓	무덤 묘	*拔	뺄 발	步	걸음 보	*崩	무너질 붕
忘	잊을 망	妙	묘할 묘	發	필 발	*補	도울 보	朋	벗 붕
忙	바쁠 망	*廟	사당 묘	*髮	터럭 발	*譜	문서 보	備	갖출 비
望	바라볼 망	*苗	싹 묘	*倣	본받을 방	伏	엎드릴 복	*卑	낮을 비
*罔	없을 망	務	힘쓸 무	*傍	곁 방	卜	점칠 복	*妃	왕비 비
*茫	아득할 망	戊	다섯째 천간 무	*妨	방해할 방	服	입을 복	*婢	계집종 비
*埋	묻을 매	武	호반 무	房	방 방	福	복 복	悲	슬플 비
妹	누이 매	無	없을 무	放	놓을 방	*腹	배 복	*批	비평할 비
*媒	중매할 매	舞	춤출 무	方	모 방	*複	거듭 복	比	견줄 비
梅	매화 매	茂	무성할 무	*芳	꽃다울 방	*覆	뒤집힐 복	*碑	비석 비
每	매양 매	貿	무역할 무	訪	찾을 방	*覆	덮을 부	*肥	살찔 비
買	살 매	霧	안개 무	邦	나라 방	本	근본 본	*費	소비할 비
賣	팔 매	墨	먹 묵	防	막을 방	奉	받들 봉	非	아닐 비
*脈	맥 맥	*黙	잠잠할 묵	*倍	곱할 배	*封	봉할 봉	飛	날 비
麥	보리 맥	問	물을 문	*培	북돋울 배	*峯	산봉우리 봉	鼻	코 비
孟	맏 맹	文	글월 문	拜	절 배	*蜂	벌 봉	*祕	비밀 비
*猛	사나울 맹	聞	들을 문	*排	물리칠 배	*逢	만날 봉	貧	가난할 빈
*盲	소경 맹	門	문 문	杯	잔 배	*鳳	새 봉	*賓	손 빈
*盟	맹세할 맹	勿	말 물	背	등 배	不	아닐 불	*頻	자주 빈
免	면할 면	物	물건 물	*輩	무리 배	*付	부탁할 부	*聘	부를 빙
勉	힘쓸 면	味	맛 미	*配	짝 배	*副	버금 부	冰(氷)	얼음 빙
眠	졸 면	尾	꼬리 미	*伯	맏 백	否	아닐 부		
*綿	솜 면	微	작을 미	白	흰 백	夫	지아비 부	ㅅ	
面	낯 면	未	아닐 미	百	일백 백	婦	며느리 부	事	일 사

仕	벼슬 사	常	떳떳할 상	說	말씀 설	送	보낼 송	崇	높일 숭
*似	같을 사	*床	평상 상	說	달랠 세	*頌	칭송할 송	*濕	젖을 습
使	하여금 사	想	생각 상	說	기쁠 열	*刷	인쇄할 쇄	拾	주울 습
史	역사 사	*桑	뽕나무 상	雪	눈 설	*鎖	쇠사슬 쇄	拾	열 십
*司	맡을 사	*狀	형상 상	*攝	조섭할 섭	*衰	쇠할 쇠	習	익힐 습
四	넉 사	*狀	문서 장	*涉	건널 섭	修	닦을 수	*襲	엄습할 습
士	선비 사	相	서로 상	城	재 성	受	받을 수	乘	탈 승
*寫	베낄 사	祥	상서로울 상	姓	성 성	囚	가둘 수	僧	중 승
寺	절 사	裳	치마 상	性	성품 성	垂	드리울 수	勝	이길 승
射	쏠 사	詳	상세할 상	成	이룰 성	壽	목숨 수	承	이을 승
巳	뱀 사	象	코끼리 상	星	별 성	守	지킬 수	*昇	오를 승
師	스승 사	賞	상줄 상	盛	성할 성	*帥	장수 수	*侍	모실 시
思	생각 사	霜	서리 상	省	줄일 생	愁	근심 수	始	비로소 시
*捨	버릴 사	塞	변방 새	省	살필 성	手	손 수	市	저자 시
*斜	비낄 사	塞	막을 색	聖	성인 성	授	줄 수	施	베풀 시
*斯	이 사	*索	동아줄 삭	聲	소리 성	*搜	찾을 수	是	이 시
*査	조사할 사	*索	찾을 색	誠	정성 성	收	거둘 수	時	때 시
死	죽을 사	色	빛 색	世	인간 세	數	셀 수	*矢	화살 시
*沙	모래 사	生	날 생	勢	형세 세	樹	나무 수	示	보일 시
*社	모일 사	序	차례 서	歲	해 세	殊	다를 수	視	볼 시
*祀	제사 사	庶	뭇 서	洗	씻을 세	水	물 수	試	시험할 시
私	사사로울 사	*徐	천천히 할 서	稅	구실 세	獸	짐승 수	詩	글 시
絲	실 사	*恕	용서할 서	細	가늘 세	睡	잠잘 수	式	법 식
舍	집 사	*敍	펼 서	*召	부를 소	秀	빼어날 수	*息	숨쉴 식
*蛇	뱀 사	暑	더울 서	小	작을 소	誰	누구 수	植	심을 식
*詐	속일 사	書	쓸, 글 서	少	적을 소	*輸	보낼 수	識	알 식
*詞	말 사	*緖	실마리 서	所	바 소	*遂	이룰 수	食	밥 식(사)
謝	사례 사	*署	관청 서	*掃	쓸 소	*隨	따를 수	*飾	꾸밀 식
*賜	줄 사	西	서녘 서	*昭	밝을 소	雖	비록 수	*伸	펼 신
辭	말씀 사	*誓	맹세할 서	消	사라질 소	*需	쓸 수	信	믿을 신
邪	간사할 사	逝	갈 서	燒	불사를 소	須	모름지기 수	*愼	삼갈 신
*削	깎을 삭	夕	저녁 석	笑	웃음 소	首	머리 수	新	새 신
*朔	초하루 삭	席	자리 석	素	흴 소	叔	아재비 숙	*晨	새벽 신
山	메 산	惜	아낄 석	蔬	나물 소	*孰	누구 숙	申	납 신
散	흩어질 산	昔	옛 석	*蘇	깨어날 소	宿	별자리 수	神	귀신 신
産	낳을 산	析	쪼갤 석	*訴	하소연할 소	宿	잘 숙	臣	신하 신
算	헤아릴 산	石	돌 석	騷	시끄러울 소	淑	맑을 숙	身	몸 신
殺	죽일 살	*釋	풀 석	疏(疎)	트일 소	熟	익을 숙	辛	매울 신
殺	감할 쇄	仙	신선 선	俗	풍속 소	肅	엄숙할 숙	失	잃을 실
三	석 삼	先	먼저 선	*屬	무리 속	巡	순행할 순	室	집 실
參	석 삼	善	착할 선	*屬	붙을 촉	*循	돌 순	實	열매 실
參	참여할 참	宣	베풀 선	束	묶을 속	*旬	열흘 순	*審	살필 심
上	윗 상	旋	돌 선	粟	조 속	*殉	따라 죽을 순	尋	찾을 심
傷	다칠 상	*禪	참선할 선	續	이을 소	*瞬	잠깐 순	心	마음 심
*像	형상 상	線	줄 선	速	빠를 소	純	순수할 순	深	깊을 심
*償	갚을 상	船	배 선	孫	손자 손	*脣	입술 순	甚	심할 심
商	장사 상	選	가릴 선	*損	덜 손	順	순할 순	十	열 십
喪	잃을 상	鮮	고울 선	松	소나무 송	戌	개 술	*雙	짝 쌍
*嘗	맛볼 상	舌	혀 설	訟	송사할 송	術	꾀 술	氏	각시 씨
尙	오히려 상	設	베풀 설	*誦	읊 송	*述	지을 술		

ㅇ

*亞 버금 아
兒 아이 아
我 나 아
*牙 어금니 아
*芽 싹 아
*雅 맑을 아
*餓 주릴 아
*岳 메뿌리 악
惡 악할 악
惡 미워할 오
安 편안 안
*岸 언덕 안
案 생각 안
眼 눈 안
顔 낯 안
*鴈(雁) 기러기 안
*謁 아뢸 알
巖 바위 암
暗 어두울 암
*壓 누를 압
*押 찍을 압
仰 우러를 앙
*央 가운데 앙
*殃 재앙 앙
哀 슬플 애
愛 사랑 애
*涯 물가 애
*厄 재앙 액
*額 이마 액
也 어조사 야
也 잇기 야
夜 밤 야
*耶 어조사 야
野 들 야
弱 약할 약
約 약속 약
若 같을 약
若 반야 야
藥 약 약
*躍 뛸 약
*壤 토양 양
揚 드날릴 양
楊 버들 양
*樣 모양 양
洋 큰바다 양
羊 양 양
讓 사양할 양
陽 볕 양
養 기를 양

*御 어거할 어
於 어조사 어
於 탄식할 오
漁 고기잡을 어
語 말씀 어
魚 고기 어
億 억 억
憶 생각할 억
*抑 누를 억
*焉 어찌 언
言 말씀 언
嚴 엄할 엄
業 업 업
*予 나 여
余 나 여
女 계집 녀
如 같을 여
汝 너 여
與 줄 여
輿 수레 여
餘 남을 여
亦 또 역
*域 지경 역
*役 일 역
易 바꿀 역
易 쉬울 이
*疫 염병 역
*譯 통역할 역
逆 거스를 역
*驛 역말 역
*宴 잔치 연
*延 끌 연
*沿 물 따라 갈 연
*演 펼 연
然 그럴 연
煙 연기 연
*燃 불탈 연
燕 제비 연
研 갈 연
*緣 인연 연
*軟 연할 연
蓮 연꽃 련(연)
鉛 납 연
列 벌일 렬(열)
悅 기쁠 열
烈 매울 렬(열)
熱 더울 열
閱 살펴볼 열
染 물들일 염
炎 더울 염

*鹽 소금 염
葉 잎 엽
葉 성 섭
*影 그림자 영
*映 비칠 영
榮 영화 영
永 길 영
*泳 헤엄칠 영
*營 경영할 영
英 꽃부리 영
*詠 읊을 영
迎 맞을 영
例 보기 례(예)
藝 재주 예
禮 예도 례(예)
*譽 기릴 예
*豫 미리 예
*銳 날카로울 예
*隸 종, 붙들 례(예)
五 다섯 오
*傲 거만할 오
午 낮 오
吾 나 오
*嗚 탄식할 오
*娛 즐길 오
悟 깨달을 오
汚 더러울 오
烏 까마귀 오
誤 그르칠 오
屋 집 옥
*獄 감옥 옥
玉 구슬 옥
溫 따뜻할 온
*擁 안을 옹
*翁 늙은이 옹
瓦 기와 와
臥 누울 와
完 완전할 완
*緩 늦을 완
曰 가로되 왈
往 갈 왕
王 임금 왕
外 밖 외
*畏 두려울 외
*搖 흔들 요
*腰 허리 요
要 요긴할 요
*謠 노래 요
*遙 멀 요
*慾 욕심낼 욕

欲 하고자 할 욕
浴 목욕 욕
*辱 욕될 욕
勇 날랠 용
容 얼굴 용
*庸 떳떳할 용
用 쓸 용
龍 용 룡(용)
于 어조사 우
*偶 짝 우
*優 넉넉할 우
又 또 우
友 벗 우
右 오른쪽 우
宇 집 우
尤 더욱 우
*愚 어리석을 우
憂 근심할 우
牛 소 우
*羽 깃 우
遇 만날 우
*郵 역말 우
雨 비 우
云 이를 운
運 운전할 운
雲 구름 운
*韻 운 운
雄 수컷 웅
元 으뜸 원
原 근원 원
*員 인원 원
圓 둥글 원
園 동산 원
怨 원망할 원
*援 도울 원
*源 근원 원
遠 멀 원
*院 집 원
願 원할 원
月 달 월
*越 넘을 월
位 자리 위
偉 클 위
*僞 거짓 위
危 위태로울 위
*圍 둘레 위
*委 맡길 위
威 위엄 위
*慰 위로할 위
爲 할 위

*緯 씨 위
*胃 밥통 위
*謂 이를 위
違 어길 위
*衛(衞) 호위할 위
*乳 젖 유
*儒 선비 유
唯 오직 유
幼 어릴 유
*幽 그윽할 유
*悠 멀 유
*惟 생각할 유
*愈 나을 유
有 있을 유
柔 부드러울 유
油 기름 유
猶 오히려 유
由 말미암을 유
維 맬 유
*裕 넉넉할 유
*誘 꾈 유
遊 놀 유
遺 남길 유
酉 닭 유
六 여섯 륙(육)
肉 고기 육
育 기를 육
陸 뭍 륙(육)
倫 인륜 륜(윤)
*潤 윤택할 윤
*閏 윤달 윤
恩 은혜 은
銀 은 은
*隱 숨을 은
乙 새 을
吟 읊을 음
*淫 음란할 음
陰 그늘 음
音 소리 음
飮 마실 음
泣 울 읍
邑 고을 읍
*凝 엉길 응
應 응할 응
依 의지할 의
*儀 거동 의
宜 마땅할 의
意 뜻 의
*疑 의심할 의
矣 어조사 의

義 옳을·뜻 의	自 스스로 자	*滴 물방울 적	貞 곧을 정	主 임금, 주인 주
衣 옷 의	*資 재물 자	的 과녁, 적실할 적	靜 고요할 정	住 살 주
議 의논할 의	姊(姉) 큰누이 자	*積 쌓을 적	頂 이마 정	*周 두루 주
醫 의원 의	作 지을 작	*籍 호적, 서적 적	*制 억제할 제	*奏 아뢸 주
二 두 이	昨 어제 작	*績 길쌈 적	*堤 둑·제방 제	宙 집 주
以 써 이	*爵 벼슬 작	*賊 도둑 적	帝 임금 제	*州 고을 주
*夷 오랑캐 이	酌 잔질할 작	赤 붉을 적	弟 아우 제	晝 낮 주
*履 신 리(이)	殘 남을 잔	跡 발자취 적	*提 제출할 제	朱 붉을 주
已 이미 이	*暫 잠깐 잠	適 알맞을 적	*濟 건널 제	*柱 기둥 주
李 오얏 리(이)	*潛 잠길 잠	傳 전할 전	祭 제사 제	*株 그루 주
*梨 배 리(이)	雜 섞을 잡	全 온전할 전	第 차례 제	注 물댈 주
異 다를 이	*丈 어른 장	典 법 전	製 지을 제	*洲 물가 주
移 옮길 이	場 마당 장	前 앞 전	諸 모을, 여러 제	*珠 구슬 주
而 말이을 이	壯 장할 장	專 오로지 전	除 덜 제	*舟 배 주
耳 귀 이	將 장수 장	展 펼 전	*際 교제할 제	走 달아날 주
*裏 속 리(이)	*帳 휘장 장	戰 싸움 전	題 제목 제	酒 술 주
益 더할 익	*張 베풀 장	*殿 대궐 전	*齊 가지런할 제	*鑄 부어만들 주
*翼 날개 익	*掌 손바닥 장	田 밭 전	兆 조짐 조	竹 대 죽
人 사람 인	章 글 장	*轉 구를 전	助 도울 조	*俊 준걸 준
仁 어질 인	*粧 단장할 장	錢 돈 전	*弔 조상할 조	*準 법도 준
印 도장 인	*腸 창자 장	電 전기 전	*操 잡을 조	*遵 좇을 준
因 인할 인	*臟 오장 장	*切 끊을 절	早 이를 조	中 가운데 중
*姻 혼인할 인	*莊 장중할 장	切 모두 체	朝 아침 조	*仲 버금 중
寅 동방, 범 인	葬 장사 장	*折 꺾을 절	*條 가지 조	衆 무리 중
引 끌 인	藏 감출 장	*竊 도둑질 절	潮 조수 조	重 무거울 중
忍 참을 인	*裝 꾸밀 장	節 마디 절	照 비칠 조	卽(即) 곧 즉
認 알 인	長 길 장	絶 뛰어날 절	*燥 마를 조	增 더할 증
*隣 이웃 린(인)	*障 막힐 장	絶 끊을 절	祖 할아비 조	*憎 미워할 증
一 한 일	*獎 권면할 장	*占 점칠 점	租 구실 조	曾 일찍이 증
日 날 일	*牆(墻) 담 장	店 가게 점	*組 인끈, 짤 조	*症 병·증세 증
*逸 잃을 일	再 두 재	漸 점점 점	調 고를 조	*蒸 찔 증
*任 맡길 임	哉 어조사 재	*點 점 점	造 지을 조	證 증거 증
壬 북방 임	在 있을 재	接 닿을 접	鳥 새 조	*贈 줄 증
林 수풀 림(임)	*宰 재상 재	*蝶 나비 접	族 겨레 족	之 갈, 어조사 지
*賃 품삯 임	才 재주 재	丁 장정 정	足 발 족	只 다만 지
入 들 입	材 재목 재	井 우물 정	存 있을 존	地 따(땅) 지
立 설 립(입)	栽 심을 재	亭 정자 정	尊 높일 존	志 뜻 지
	*災 재앙 재	停 머무를 정	卒 마칠 졸	持 가질 지
ㅈ	*裁 마를 재	定 정할 정	*拙 못날 졸	指 가리킬 지
*刺 찌를 자	財 재물 재	庭 뜰 정	宗 마루 종	支 지탱할 지
*刺 찌를 척	*載 실을 재	*廷 조정 정	從 좇을 종	*智 지혜 지
*刺 나무랄 체	爭 다툴 쟁	*征 칠 정	種 씨 종	枝 가지 지
*姿 태도 자	低 낮을 저	情 정 정	終 마칠 종	止 그칠 지
子 아들 자	*底 밑 저	政 정사 정	*縱 세로 종	*池 못 지
字 글자 자	*抵 막을 저	整 가지런할 정	鐘 쇠북 종	知 알 지
*恣 방자할 자	著 나타날 저	正 바를 정	*佐 도울 좌	紙 종이 지
慈 자비로울 자	貯 쌓을 저	淨 깨끗할 정	坐 앉을 좌	至 이를 지
玆 이 자	寂 고요할 적	程 법, 한도 정	左 왼 좌	*誌 기록할 지
*紫 자줏빛 자	摘 딸 적	精 정미할 정	座 자리 좌	遲 더딜 지
者 놈 자	敵 대적할 적	*訂 고칠 정	罪 죄 죄	直 곧을 직

*織 짤 직
*職 맡을 직
*振 떨칠 진
*珍 보배 진
盡 다할 진
眞 참 진
辰 별 진(신)
進 나아갈 진
*鎭 진압할 진
*陣 진칠 진
*陳 늘어놓을 진
*震 진동할 진
*姪 조카 질
*疾 병 질
*秩 차례 질
質 바탕 질
質 폐백 지
執 잡을 집
集 모을 집
*徵 징험할 징
*懲 징계할 징

ㅊ

且 또 차
借 빌릴 차
*差 어긋날 차
*差 층질 치
次 버금 차
此 이 차
*錯 섞일 착
*捉 잡을 착
着 붙을 착
讚 기릴, 칭찬할 찬
*贊 찬성할 찬
察 살필 찰
*慘 참혹할 참
*慙 부끄러워할 참
*倉 곳집 창
*創 비롯할 창
唱 부를 창
昌 창성할 창
*暢 화창할 창
窓 창 창
*蒼 푸를 창
*債 빚 채
*彩 채색 채
採 캘 채
菜 나물 채
*策 꾀 책
責 꾸짖을 책

冊(册) 책 책
妻 아내 처
處 곳 처
尺 자 척
*戚 겨레 척
*拓 넓힐 척
*拓 박을 탁
斥 쫓을 척
千 일천 천
天 하늘 천
川 내 천
泉 샘 천
淺 얕을 천
*薦 천거할 천
*賤 천할 천
*踐 밟을 천
*哲 밝을 철
*徹 통할 철
*鐵 쇠 철
*尖 뾰족할 첨
*添 더할 첨
*妾 첩 첩
*廳 관청 청
晴 갤 청
淸 맑을 청
聽 들을 청
請 청할 청
靑 푸를 청
*替 바꿀 체
*滯 막힐 체
*逮 잡을 체
*遞 역말 체
體 몸 체
初 처음 초
*抄 베낄 초
招 부를 초
*礎 주춧돌 초
秒 초 초(묘)
肖 닮을 초
草 풀 초
*超 뛰어넘을 초
*促 재촉할 촉
*燭 촛불 촉
*觸 닿을 촉
寸 마디 촌
村 마을 촌
*總 다 총
*聰 귀 밝을 총
*銃 총 총

*催 재촉할 최
最 가장 최
*抽 뺄, 뽑을 추
推 옮을 추
推 밀 퇴
秋 가을 추
追 쫓을 추
*醜 추할 추
丑 소 축
畜 가축 축
祝 빌 축
築 쌓을 축
*縮 오그라질 축
*蓄 쌓을 축
*逐 쫓을 축
春 봄 춘
出 날 출
充 찰 충
忠 충성 충
蟲 벌레 충
衝 찌를 충
取 취할 취
吹 불 취
就 나아갈 취
*臭 냄새 취
*趣 취미 취
*醉 취할 취
*側 곁 측
*測 측량할 측
*層 층 층
*値 값 치
*恥 부끄러울 치
治 다스릴 치
*置 둘 치
致 이를 치
齒 이 치
則 법칙 칙
則 곧 즉
親 친할 친
七 일곱 칠
*漆 옻 칠
*侵 침노할 침
寢 잠잘 침
枕 베개 침
*沈 잠길 침
*沈 성 심
*浸 잠길 침
針 바늘 침
稱 일컬을 칭

ㅋ

快 시원할 쾌

ㅌ

他 남 타
*墮 떨어질 타
*妥 온당할 타
打 칠 타
卓 높을 탁
*托 받칠 탁
*濁 흐릴 탁
*濯 빨래할 탁
*彈 탄환 탄
*歎 탄식할 탄
*炭 숯 탄
誕 태어날 탄
*奪 빼앗을 탈
脫 벗을 탈
探 찾을 탐
貪 탐할 탐
*塔 탑 탑
*湯 끓일 탕
太 클, 콩 태
*怠 게으를 태
*態 태도 태
*殆 위태로울 태
泰 클, 편안할 태
宅 집 택
宅 댁 댁
*擇 가릴 택
*澤 못 택
*吐 토할 토
土 흙 토
*討 칠 토
*痛 아플 통
統 거느릴 통
通 통할 통
退 물러갈 퇴
投 던질 투
*透 통할 투
*鬪 싸울 투
特 특별할 특

ㅍ

*把 쥘 파
*播 씨뿌릴 파
波 물결 파
*派 물갈래 파
破 깨뜨릴 파
*罷 파할 파

*頗 자못, 치우칠 파
判 판단할 판
*板 널조각 판
*版 판목, 조각 판
*販 팔 판
八 여덟 팔
敗 패할 패
貝 조개 패
便 편할 편
便 똥오줌 변
*偏 치우칠 편
片 조각 편
篇 책 편
*編 엮을 편
*遍 두루 편
平 평평할 평
*評 평할 평
*幣 폐백 폐
*廢 폐할 폐
*弊 폐단 폐
肺 허파 폐
*蔽 가릴 폐
閉 닫을 폐
*包 쌀 포
布 베, 펼 포
抱 안을 포
*捕 잡을 포
*浦 갯가 포
*胞 태보 포
*飽 배부를 포
*幅 폭 폭
暴 사나울 폭(포)
*爆 폭발할 폭
*標 표 표
*漂 뜰 표
*票 표 표
表 겉 표
品 품수 품
風 바람 풍
豐(豊) 풍성할 풍
彼 저 피
*疲 피곤할 피
皮 가죽 피
*被 입을 피
*避 피할 피
匹 짝 필
必 반드시 필
*畢 마칠 필
筆 붓 필

ㅎ

下 아래 하
何 어찌 하
夏 여름 하
河 물 하
*荷 멜·연꽃 하
賀 하례할 하
學 배울 학
*鶴 두루미 학
寒 찰 한
恨 원한 한
*旱 가물 한
*汗 땀 한
漢 한수 한
閑 한가할 한
限 한할 한
韓 나라 한
*割 나눌 할
*含 머금을 함
*咸 다 함
*陷 빠질 함
合 합할 합
*巷 거리 항
恒 항상 항
*抗 대항할 항
*港 항구 항
*航 배 항
*項 목 항
亥 돼지 해
*奚 어찌 해
害 해할 해
海 바다 해
解 풀 해
*該 갖출 해
*核 씨 핵
幸 다행 행
行 갈 행
行 행위 행
行 줄 항
*享 누릴 향
向 향할 향
鄕 시골 향
*響 울릴 향
香 향기 향
虛 빌 허
許 허락할 허
*憲 법 헌
*獻 드릴 헌
*軒 초헌 헌
*險 험할 험
*驗 시험할 험

革 가죽 혁
*懸 매달 현
*玄 검을 현
現 나타날 현
*絃 줄 현
*縣 고을 현
賢 어질 현
*顯 나타날 현
*穴 구멍 혈
血 피 혈
*嫌 싫어할 혐
協 화할 협
*脅 위협할 협
*亨 형통할 형
兄 형 형
刑 형벌 형
形 얼굴 형
*螢 반딧불 형
*衡 저울대 형
*兮 어조사 혜
惠 은혜 혜
*慧 지혜 혜
乎 어조사 호
*互 서로 호
呼 부를 호
好 좋을 호
*毫 털 호
*浩 넓을 호
湖 호수 호
*胡 오랑캐 호
虎 범 호
號 부르짖을 호
*護 보호할 호
*豪 호걸 호
戶 지게 호
*惑 미혹할 혹
或 혹 혹
婚 혼인할 혼
*昏 어두울 혼
混 섞일 혼
*魂 넋 혼
*忽 문득 홀
弘 클 홍
*洪 넓을 홍
紅 붉을 홍
*鴻 기러기 홍
化 될 화
和 화목할 화
火 불 화
*禍 재앙 화
*禾 벼 화

花 꽃 화
華 빛날 화
話 말씀 화
貨 재화 화
畫 그림 화
畫 그을 획
*擴 넓힐 확
*確 확실할 확
*穫 거둘 확
*丸 둥글 환
患 근심할 환
*換 바꿀 환
歡 기쁠 환
*環 고리 환
*還 돌아올 환
活 살 활
*況 하물며 황
皇 임금 황
*荒 거칠 황
黃 누를 황
回 돌 회
*悔 뉘우칠 회
*懷 품을 회
會 모을, 모임 회
*獲 얻을 획
*劃(畫) 그을 획
*橫 가로 횡
孝 효도 효
*曉 새벽 효
效(効) 본받을 효
*侯 제후 후
*候 기후 후
厚 두터울 후
後 뒤 후
訓 가르칠 훈
*毁 헐 훼
*揮 휘두를 휘
*輝 빛날 휘
休 쉴 휴
*携 가질 휴
凶 흉할 흉
胸 가슴 흉
黑 검을 흑
*吸 빨아들일 흡
興 흥할 흥
喜 기쁠 희
希 바랄 희
*稀 드물 희
*戲(戱) 희롱할 희

Index
찾아보기

可(옳을 가) 60	卿(벼슬 경) 139	巧(공교할 교) 249	機(틀 기) 198
佳(아름다울 가) 251	傾(기울 경) 153	交(사귈 교) 106	譏(나무랄 기) 194
家(집 가) 141	敬(공경할 경) 75	矯(바로잡을 교) 232	吉(길할 길) 259
假(거짓 가) 160	經(날 경) 137	九(아홉 구) 168	難(어려울 난) 61
軻(수레 가) 186	輕(가벼울 경) 145	口(입 구) 219	男(사내 남) 55
歌(노래 가) 230	驚(놀랄 경) 123	求(구할 구) 202	南(남녘 남) 180
嘉(아름다울 가) 192	競(다툴 경) 73	具(갖출 구) 218	納(바칠 납) 130
稼(심을 가) 179	啓(열 계) 126	垢(때 구) 240	囊(주머니 낭) 215
駕(멍에 가) 145	階(섬돌 계) 130	矩(법 구) 260	乃(이에 내) 35
刻(새길 각) 147	溪(시내 계) 148	駒(망아지 구) 47	內(안 내) 132
簡(편지 간) 238	誡(경계할 계) 194	舊(옛 구) 222	柰(능금나무 내) 28
竭(다할 갈) 76	稽(조아릴 계) 236	驅(몰 구) 143	女(계집 녀) 54
碣(선돌 갈) 174	鷄(닭 계) 173	懼(두려워할 구) 237	年(해 년) 254
甘(달 감) 92	古(옛 고) 202	國(나라 국) 36	念(생각 념) 65
敢(감히 감) 53	孤(외로울 고) 264	鞠(기를 국) 52	恬(편안할 념) 248
感(느낄 감) 155	姑(시어미 고) 102	君(임금 군) 74	寧(편안 녕) 157
鑑(거울 감) 191	故(연고 고) 222	軍(군사 군) 165	農(농사 농) 178
甲(갑옷 갑) 127	高(높을 고) 142	郡(고을 군) 169	能(능할 능) 57
羌(오랑캐 강) 43	羔(새끼양 고) 63	群(무리 군) 135	多(많을 다) 157
岡(뫼 언덕 강) 25	皐(언덕 고) 197	宮(집 궁) 122	丹(붉을 단) 167
康(편안할 강) 233	鼓(북 고) 129	躬(몸 궁) 194	旦(아침 단) 151
絳(붉을 강) 213	藁(볏짚 고) 136	勸(권할 권) 183	短(짧을 단) 58
糠(겨 강) 221	顧(돌아볼 고) 239	厥(그 궐) 192	端(바를 단) 67
薑(생강 강) 29	曲(굽을 곡) 150	闕(대궐 궐) 26	達(통달할 달) 133
改(고칠 개) 56	谷(골 곡) 68	貴(귀할 귀) 96	淡(묽을 담) 30
芥(겨자 개) 29	轂(바퀴통 곡) 143	歸(돌아갈 귀) 45	談(말씀 담) 58
皆(다 개) 251	困(곤할 곤) 159	規(법 규) 107	答(대답 답) 239
蓋(덮을 개) 50	昆(맏 곤) 174	鈞(고를 균) 249	唐(당나라 당) 37
更(다시 갱) 158	崑(뫼 산이름 곤) 25	克(이길 극) 65	堂(집 당) 69
巨(클 거) 26	鵾(곤계 곤) 212	極(다할 극) 195	棠(아가위나무 당) 92
去(갈 거) 93	工(장인 공) 253	近(가까울 근) 196	當(마땅할 당) 76
車(수레 거) 145	公(공변될 공) 152	根(뿌리 근) 210	大(큰 대) 51
居(살 거) 200	孔(구멍 공) 104	謹(삼갈 근) 189	岱(뫼 대) 170
渠(도랑 거) 206	功(공 공) 146	金(쇠 금) 24	帶(띠 대) 262
鉅(클 거) 175	空(빌 공) 68	琴(거문고 금) 247	對(대답할 대) 127
據(의거할 거) 121	拱(팔짱낄 공) 41	禽(날짐승 금) 124	德(덕 덕) 66
擧(들 거) 231	恭(공손할 공) 52	及(미칠 급) 49	途(길 도) 160
巾(수건 건) 225	貢(바칠 공) 182	給(줄 급) 141	陶(질그릇 도) 37
建(세울 건) 66	恐(두려워할 공) 237	矜(자랑할 긍) 262	都(도읍 도) 118
劍(칼 검) 26	果(과실 과) 28	己(몸 기) 59	盜(도적 도) 244
見(볼 견) 198	過(지날 과) 56	璣(구슬 기) 256	道(길 도) 40
堅(굳을 견) 116	寡(적을 과) 264	其(그 기) 193	圖(그림 도) 124
遣(보낼 견) 204	官(벼슬 관) 33	豈(어찌 기) 53	篤(도타울 독) 86
結(맺을 결) 23	冠(갓 관) 142	氣(기운 기) 105	獨(홀로 독) 212
潔(깨끗할 결) 226	觀(볼 관) 123	起(일어날 기) 164	犢(송아지 독) 242
謙(겸손할 겸) 189	光(빛 광) 27	饑(주릴 기) 221	讀(읽을 독) 214
慶(경사 경) 71	匡(바를 광) 152	旣(이미 기) 134	敦(도타울 돈) 186
京(서울 경) 119	廣(넓을 광) 132	基(터 기) 88	頓(두드릴 돈) 232
涇(경수 경) 121	曠(빌 광) 176	幾(몇 기) 188	冬(겨울 동) 19
竟(마침내 경) 89	槐(회나무 괴) 139	綺(비단 기) 154	同(한가지 동) 105
景(경치 경) 64	虢(나라 괵) 160	器(그릇 기) 61	東(동녘 동) 119

洞(고을 동) 175
桐(오동나무 동) 209
動(움직일 동) 113
杜(막을 두) 136
得(얻을 득) 57
登(오를 등) 90
等(무리 등) 265
騰(오를 등) 22
羅(벌릴 라) 138
騾(노새 라) 242
洛(강이름 락) 120
落(떨어질 락) 211
蘭(난초 란) 80
藍(쪽 람) 229
朗(밝을 랑) 255
廊(행랑 랑) 261
來(올 래) 18
良(어질 량) 55
兩(두 량) 198
凉(서늘할 량) 241
量(헤아릴 량) 61
糧(양식 량) 223
呂(음률 려) 21
黎(검을 려) 42
慮(생각 려) 203
麗(고울 려) 24
驢(나귀 려) 242
力(힘 력) 76
歷(지낼 력) 206
輦(손수레 련) 142
烈(매울 렬) 54
廉(청렴 렴) 110
令(명령할 령) 87
聆(들을 령) 190
領(거느릴 령) 260
靈(신령 령) 125
隸(글씨 례) 136
禮(예도 례) 97
老(늙을 로) 223
勞(수고할 로) 189
路(길 로) 139
露(이슬 로) 23
祿(녹 록) 144
論(논할 론) 202
賴(힘입을 뢰) 49
遼(멀 료) 246
龍(용 룡) 32
陋(더러울 루) 264
累(여러 루) 204
樓(다락 루) 123
流(흐를 류) 82

倫(인륜 륜) 248
律(법칙 률) 21
勒(굴레 륵) 147
凌(업신여길 릉) 213
李(오얏 리) 28
利(이로울 리) 250
理(다스릴 리) 190
履(밟을 리) 78
離(떠날 리) 109
鱗(비늘 린) 31
林(수풀 림) 197
臨(임할 림) 78
立(설 립) 66
摩(만질 마) 213
磨(갈 마) 107
莫(없을 막) 57
漠(사막 막) 166
邈(멀 막) 176
晩(저물 만) 208
萬(일만 만) 49
滿(찰 만) 114
亡(망할 망) 245
邙(산이름 망) 120
忘(잊을 망) 57
罔(없을 망) 58
莽(풀 망) 207
每(매양 매) 254
寐(잠잘 매) 228
孟(맏 맹) 186
盟(맹세 맹) 161
面(낯 면) 120
勉(힘쓸 면) 193
眠(잠잘 면) 228
綿(솜 면) 176
滅(멸할 멸) 160
名(이름 명) 66
明(밝을 명) 133
命(목숨 명) 77
冥(어두울 명) 177
銘(새길 명) 147
鳴(울 명) 46
毛(털 모) 252
母(어미 모) 101
貌(모양 모) 191
慕(사모할 모) 54
木(나무 목) 48
目(눈 목) 215
牧(칠 목) 164
睦(화목할 목) 98
蒙(어릴 몽) 265
妙(묘할 묘) 251

杳(아득할 묘) 177
畝(이랑 묘) 180
廟(사당 묘) 261
武(호반 무) 155
茂(무성할 무) 146
務(힘쓸 무) 179
無(없을 무) 89
墨(먹 묵) 62
默(잠잠할 묵) 201
文(글월 문) 34
門(문 문) 172
問(물을 문) 40
聞(들을 문) 264
勿(말 물) 156
物(만물 물) 115
美(아름다울 미) 86
微(작을 미) 151
縻(얽어맬 미) 117
靡(아닐 미) 59
民(백성 민) 38
密(빽빽할 밀) 156
薄(얇을 박) 78
叛(배반할 반) 245
飯(밥 반) 218
盤(서릴 반) 122
磻(강이름 반) 148
發(필 발) 39
髮(터럭 발) 50
方(모 방) 49
房(방 방) 225
紡(길쌈 방) 224
傍(곁 방) 126
杯(잔 배) 231
背(등 배) 120
拜(절 배) 236
陪(모실 배) 142
徘(배회 배) 263
白(흰 백) 47
百(일백 백) 169
伯(맏 백) 102
魄(넋 백) 257
煩(번거로울 번) 163
伐(칠 벌) 38
法(법 법) 162
壁(바람벽 벽) 137
璧(구슬 벽) 72
弁(고깔 변) 131
辨(분별 변) 191
別(다를 별) 97
丙(남녘 병) 126
兵(군사 병) 141

幷(아우를 병) 169
秉(잡을 병) 187
竝(아우를 병) 251
步(걸음 보) 260
寶(보배 보) 72
伏(엎드릴 복) 43
服(옷 복) 35
福(복 복) 71
覆(덮을 복) 60
本(근본 본) 178
奉(받들 봉) 101
封(봉할 봉) 140
鳳(봉황새 봉) 46
父(아비 부) 74
夫(지아비 부) 99
扶(도울 부) 153
阜(언덕 부) 150
府(마을 부) 138
俯(굽을 부) 261
浮(뜰 부) 121
婦(며느리 부) 99
富(부자 부) 144
傅(스승 부) 100
分(나눌 분) 106
紛(어지러울 분) 250
墳(무덤 분) 134
不(아니 불) 82
弗(아닐 불) 109
比(견줄 비) 103
非(아닐 비) 72
卑(낮을 비) 97
肥(살찔 비) 145
枇(비파나무 비) 208
飛(날 비) 123
匪(아닐 비) 111
悲(슬플 비) 62
碑(비석 비) 147
賓(손님 빈) 45
嚬(찡그릴 빈) 253
士(선비 사) 157
四(넉 사) 51
仕(벼슬 사) 90
史(역사 사) 187
似(같을 사) 80
沙(모래 사) 166
事(일 사) 74
使(부릴 사) 60
舍(집 사) 126
祀(제사 사) 235
思(생각 사) 84
師(스승 사) 32

Index

射(쏠 사) 246	性(성품 성) 112	瑟(비파 슬) 129	陽(볕 양) 21
斯(이 사) 80	省(살필 성) 194	習(익힐 습) 69	養(기를 양) 52
絲(실 사) 62	星(별 성) 131	承(이을 승) 133	讓(사양할 양) 36
嗣(이을 사) 234	城(성 성) 173	陞(오를 승) 130	驤(달릴 양) 243
肆(베풀 사) 128	盛(성할 성) 81	矢(화살 시) 254	於(늘 어) 178
寫(베낄 사) 124	聖(성인 성) 65	市(저자 시) 214	魚(물고기 어) 187
謝(사례 사) 205	誠(정성 성) 86	侍(모실 시) 225	御(모실 어) 224
辭(말씀 사) 85	聲(소리 성) 68	始(처음 시) 34	飫(포식할 어) 220
散(흩어질 산) 203	世(세상 세) 144	恃(믿을 시) 59	語(말씀 어) 266
上(위 상) 98	稅(세금 세) 182	是(옳을 시) 73	言(말씀 언) 85
床(상 상) 229	歲(해 세) 20	施(베풀 시) 252	焉(어찌 언) 267
相(서로 상) 138	少(젊을 소) 223	時(때 시) 149	奄(문득 엄) 150
常(항상 상) 51	劭(아름다울 소) 259	詩(시 시) 63	嚴(엄할 엄) 75
象(코끼리 상) 229	所(바 소) 88	食(밥 식) 47	業(업 업) 88
翔(높이날 상) 31	素(흴 소) 186	息(숨쉴 식) 82	如(같을 여) 81
傷(다칠 상) 53	笑(웃을 소) 253	寔(이 식) 157	與(더불어 여) 75
想(생각할 상) 240	逍(거닐 소) 203	植(심을 식) 193	餘(남을 여) 20
詳(자세할 상) 239	疏(상소할 소) 198	臣(신하 신) 43	亦(또 역) 135
裳(치마 상) 35	霄(하늘 소) 213	身(몸 신) 50	姸(고울 연) 253
嘗(맛볼 상) 235	嘯(휘파람 소) 247	信(믿을 신) 60	連(이을 연) 105
箱(상자 상) 215	束(묶을 속) 262	神(귀신 신) 113	淵(못 연) 83
賞(상줄 상) 183	俗(풍속 속) 250	愼(삼갈 신) 87	筵(대자리 연) 128
霜(서리 상) 23	屬(붙을 속) 217	新(새 신) 182	緣(인연 연) 71
觴(잔 상) 231	續(이을 속) 234	薪(섶나무 신) 258	讌(잔치 연) 230
顙(이마 상) 236	飱(저녁밥 손) 218	實(열매 실) 146	列(벌릴 열) 17
塞(변방 새) 172	率(거느릴 솔) 45	心(마음 심) 113	悅(기쁠 열) 233
色(빛 색) 191	松(소나무 송) 81	甚(심할 심) 89	熱(더울 열) 241
索(찾을 색) 200	悚(두려워할 송) 237	深(깊을 심) 78	染(물들일 염) 62
穡(거둘 색) 179	水(물 수) 24	尋(찾을 심) 202	厭(싫을 염) 221
生(낳을 생) 24	手(손 수) 232	審(살필 심) 239	葉(잎사귀 엽) 211
笙(생황 생) 129	守(지킬 수) 114	我(나 아) 181	永(길 영) 259
西(서녘 서) 119	收(거둘 수) 19	兒(아이 아) 103	盈(찰 영) 16
書(글 서) 137	受(받을 수) 100	阿(언덕 아) 149	暎(비칠 영) 83
庶(여러 서) 188	岫(뫼뿌리 수) 177	雅(우아할 아) 116	英(꽃부리 영) 135
黍(기장 서) 181	垂(드리울 수) 41	惡(악할 악) 70	詠(읊을 영) 93
暑(더울 서) 18	首(머리 수) 42	樂(풍류 악) 96	楹(기둥 영) 127
夕(저녁 석) 228	殊(다를 수) 96	嶽(산마루 악) 170	榮(영화 영) 88
石(돌 석) 174	修(닦을 수) 258	安(편안 안) 85	營(경영할 영) 151
席(자리 석) 128	綏(편안할 수) 259	雁(기러기 안) 172	纓(갓끈 영) 143
釋(풀 석) 250	誰(누구 수) 199	斡(빙빙돌 알) 256	乂(어질 예) 156
仙(신선 선) 125	隨(따를 수) 99	巖(바위 암) 177	豫(미리 예) 233
璇(구슬 선) 256	樹(나무 수) 46	仰(우러러볼 앙) 261	翳(가릴 예) 210
宣(베풀 선) 166	獸(짐승 수) 124	愛(사랑 애) 42	藝(재주 예) 181
扇(부채 선) 226	夙(일찍 숙) 79	也(어조사 야) 267	譽(명예 예) 167
善(착할 선) 71	叔(아재비 숙) 102	夜(밤 야) 27	五(다섯 오) 51
膳(반찬 선) 218	俶(비로소 숙) 180	野(들 야) 175	梧(벽오동나무 오) 209
禪(고요할 선) 171	宿(잘 숙) 17	若(같을 약) 84	玉(구슬 옥) 25
設(베풀 설) 128	孰(누구 숙) 151	約(맺을 약) 162	溫(따뜻할 온) 79
說(말씀 설) 155	淑(맑을 숙) 252	弱(약할 약) 153	阮(성씨 완) 247
攝(잡을 섭) 91	熟(익을 숙) 182	躍(뛸 약) 243	翫(가지고놀 완) 214
成(이룰 성) 20	筍(죽순 순) 229	羊(양 양) 63	曰(가로되 왈) 75

王(임금 왕) 45	維(이을 유) 64	長(길 장) 59	諸(모두 제) 102
往(갈 왕) 18	輶(가벼울 유) 216	張(베풀 장) 17	濟(건널 제) 153
外(밖 외) 100	育(기를 육) 42	莊(씩씩할 장) 262	弔(조상할 조) 38
畏(두려워할 외) 216	尹(다스릴 윤) 148	章(글 장) 41	早(일찍 조) 209
要(요구할 요) 238	閏(윤달 윤) 20	將(장수 장) 138	助(도울 조) 266
寥(고요할 요) 201	戎(오랑캐 융) 43	帳(휘장 장) 127	凋(시들 조) 209
遙(멀 요) 203	殷(나라이름 은) 39	場(마당 장) 47	造(지을 조) 109
耀(빛날 요) 255	銀(은 은) 227	腸(창자 장) 219	鳥(새 조) 33
飇(나부낄 요) 211	隱(숨을 은) 108	牆(담 장) 217	眺(바라볼 조) 263
辱(욕할 욕) 196	音(소리 음) 190	藏(감출 장) 19	組(짤 조) 199
浴(목욕할 욕) 240	陰(그늘 음) 73	才(재주 재) 55	條(조목 조) 207
欲(하고자할 욕) 61	邑(고을 읍) 118	再(둘 재) 236	釣(낚시 조) 249
用(쓸 용) 165	衣(옷 의) 35	在(있을 재) 46	朝(아침 조) 40
容(얼굴 용) 84	宜(마땅 의) 87	哉(어조사 재) 267	照(비칠 조) 257
庸(떳떳할 용) 188	意(뜻 의) 115	宰(재상 재) 220	趙(나라 조) 159
友(벗 우) 106	義(옳을 의) 110	載(실을 재) 180	調(고를 조) 21
右(오를 우) 132	疑(의심할 의) 131	赤(붉을 적) 173	操(잡을 조) 116
宇(집 우) 15	儀(거동 의) 101	的(과녁 적) 206	糟(재강 조) 221
羽(깃 우) 31	二(두 이) 119	寂(고요할 적) 201	足(발 족) 232
雨(비 우) 22	以(써 이) 92	跡(자취 적) 168	存(있을 존) 92
禹(하우씨 우) 168	耳(귀 이) 217	賊(도적 적) 244	尊(높을 존) 97
祐(복 우) 258	而(말이을 이) 93	嫡(정실 적) 234	宗(마루 종) 170
寓(붙일 우) 215	伊(저 이) 148	適(마침 적) 219	終(마지막 종) 87
虞(헤아릴 우) 37	易(쉬울 이) 216	積(쌓을 적) 70	從(좇을 종) 91
愚(어리석을 우) 265	移(옮길 이) 115	績(길쌈 적) 224	鍾(쇠북 종) 136
優(넉넉할 우) 90	異(다를 이) 223	籍(호적 적) 89	左(왼 좌) 133
云(이를 운) 171	貽(끼칠 이) 192	田(밭 전) 173	坐(앉을 좌) 40
雲(구름 운) 22	邇(가까울 이) 44	典(법 전) 134	佐(도울 좌) 149
運(옮길 운) 212	益(더할 익) 93	牋(편지 전) 238	罪(허물 죄) 38
鬱(답답 울) 122	人(사람 인) 33	傳(전할 전) 68	主(임금 주) 171
垣(담 원) 217	引(끌 인) 260	殿(큰집 전) 122	州(고을 주) 168
圓(둥글 원) 226	仁(어질 인) 108	翦(자를 전) 164	宙(집 주) 15
園(동산 원) 207	因(인할 인) 70	轉(구를 전) 131	周(두루 주) 39
遠(멀 원) 176	日(날 일) 16	顚(넘어질 전) 111	奏(아뢸 주) 204
願(원할 원) 241	壹(한 일) 44	切(끊을 절) 107	珠(구슬 주) 27
月(달 월) 16	逸(편안할 일) 112	節(마디 절) 110	酒(술 주) 230
位(자리 위) 36	任(맡길 임) 249	接(이을 접) 231	晝(낮 주) 228
委(맡길 위) 210	入(들 입) 101	丁(장정 정) 155	誅(벨 주) 244
威(위엄 위) 166	子(아들 자) 103	正(바를 정) 67	俊(준걸 준) 156
爲(할 위) 23	自(스스로 자) 117	政(정사 정) 91	遵(좇을 준) 162
渭(물이름 위) 121	字(글자 자) 34	定(정할 정) 85	中(가운데 중) 188
煒(빛날 위) 227	者(놈 자) 266	亭(정자 정) 171	重(무거울 중) 29
謂(이를 위) 266	姿(모양 자) 252	貞(곧을 정) 54	卽(곧 즉) 197
魏(나라 위) 159	玆(이 자) 179	庭(뜰 정) 175	蒸(찔 증) 235
有(있을 유) 37	紫(붉을 자) 172	情(뜻 정) 112	增(더할 증) 195
攸(바 유) 216	慈(사랑할 자) 108	精(정할 정) 165	之(갈 지) 81
帷(장막 유) 225	資(자료 자) 74	靜(고요할 정) 112	止(그칠 지) 84
惟(오직 유) 52	作(지을 작) 65	弟(아우 제) 104	地(땅 지) 14
猶(오히려 유) 103	爵(벼슬 작) 117	制(지을 제) 34	池(못 지) 174
猷(꾀 유) 192	潛(잠길 잠) 31	帝(임금 제) 32	志(뜻 지) 114
游(놀 유) 212	箴(경계할 잠) 107	祭(제사 제) 235	枝(가지 지) 105

Index

知(알 지) 56	誚(꾸짖을 초) 265	飽(배부를 포) 220	和(화할 화) 98
指(손가락 지) 258	燭(촛불 촉) 227	表(겉 표) 67	華(빛날 화) 118
持(가질 지) 116	寸(마디 촌) 73	飄(나부낄 표) 211	畵(그림 화) 125
祗(공경할 지) 193	寵(고일 총) 195	彼(저 피) 58	禍(재앙 화) 70
紙(종이 지) 248	最(가장 최) 165	被(입을 피) 48	丸(알 환) 246
直(곧을 직) 187	催(재촉할 최) 254	疲(피곤할 피) 113	紈(흰비단 환) 226
稷(피 직) 181	抽(뽑을 추) 207	必(반드시 필) 56	桓(굳셀 환) 152
職(벼슬 직) 91	秋(가을 추) 19	筆(붓 필) 248	環(고리 환) 257
辰(별 진) 17	推(밀 추) 36	逼(핍박할 핍) 199	歡(기뻐할 환) 205
珍(보배 진) 28	逐(쫓을 축) 115	下(아래 하) 98	皇(임금 황) 33
眞(참 진) 114	出(날 출) 25	何(어찌 하) 162	荒(거칠 황) 15
秦(나라 진) 169	黜(물리칠 출) 183	河(물 하) 30	黃(누를 황) 14
振(떨친 진) 143	充(채울 충) 219	夏(여름 하) 118	惶(두려워할 황) 237
晉(나라 진) 158	忠(충성 충) 77	荷(연꽃 하) 206	煌(빛날 황) 227
陳(베풀 진) 210	吹(불 취) 129	遐(멀 하) 44	回(돌아올 회) 154
盡(다할 진) 77	取(취할 취) 83	學(배울 학) 90	徊(배회 회) 263
執(잡을 집) 241	聚(모을 취) 135	寒(찰 한) 18	晦(그믐 회) 257
集(모을 집) 134	翠(비취색 취) 208	閑(한가할 한) 200	會(모일 회) 161
澄(맑을 징) 83	昃(기울 측) 16	漢(한수 한) 154	懷(품을 회) 104
且(또 차) 233	惻(슬퍼할 측) 108	韓(나라 한) 163	獲(얻을 획) 245
此(이 차) 50	治(다스릴 치) 178	鹹(짤 함) 30	橫(가로 횡) 159
次(버금 차) 109	侈(사치할 치) 144	合(합할 합) 152	孝(효도 효) 76
讚(기릴 찬) 63	致(이를 치) 22	抗(저항할 항) 195	效(본받을 효) 55
察(살필 찰) 190	恥(부끄러울 치) 196	恒(항상 항) 170	後(뒤 후) 234
斬(벨 참) 244	馳(달릴 치) 167	海(바다 해) 30	訓(가르칠 훈) 100
唱(노래부를 창) 99	勅(칙서 칙) 189	解(풀 해) 199	毁(헐 훼) 53
采(채색 채) 125	則(법칙 칙) 77	骸(뼈 해) 240	暉(빛날 휘) 255
菜(나물 채) 29	親(친할 친) 222	駭(놀랄 해) 243	虧(이지러질 휴) 111
策(꾀 책) 146	漆(옻칠할 칠) 137	行(다닐 행) 64	欣(기뻐할 흔) 204
處(곳 처) 200	沈(잠길 침) 201	幸(다행 행) 197	興(일어날 흥) 79
尺(자 척) 72	稱(일컬을 칭) 27	虛(빌 허) 69	羲(복희 희) 255
陟(오를 척) 183	耽(즐길 탐) 214	玄(검을 현) 14	
戚(겨레 척) 222	湯(끓일 탕) 39	絃(악기줄 현) 230	
慼(근심할 척) 205	殆(위태로울 태) 196	賢(어질 현) 64	
川(내 천) 82	宅(집 택) 150	縣(고을 현) 140	
千(일천 천) 141	土(흙 토) 161	懸(달 현) 256	
天(하늘 천) 14	通(통할 통) 132	夾(낄 협) 139	
賤(천할 천) 96	退(물러갈 퇴) 110	兄(맏 형) 104	
踐(밟을 천) 161	投(던질 투) 106	刑(형벌 형) 163	
瞻(쳐다볼 첨) 263	特(특별 특) 242	形(모양 형) 67	
妾(첩 첩) 224	杷(비파나무 파) 208	衡(저울대 형) 149	
牒(편지 첩) 238	頗(자못 파) 164	馨(향기 형) 80	
靑(푸를 청) 167	八(여덟 팔) 140	惠(은혜 혜) 154	
淸(서늘할 청) 79	沛(자빠질 패) 111	嵇(산이름 혜) 247	
聽(들을 청) 69	覇(으뜸 패) 158	戶(지게 호) 140	
體(몸 체) 44	烹(삶을 팽) 220	乎(어조사 호) 267	
初(처음 초) 86	平(평평할 평) 41	好(좋을 호) 117	
招(부를 초) 205	陛(섬돌 폐) 130	號(부를 호) 26	
草(풀 초) 48	弊(해질 폐) 163	洪(넓을 홍) 15	
超(넘을 초) 243	布(베 포) 246	火(불 화) 32	
楚(나라 초) 158	捕(잡을 포) 245	化(될 화) 48	

부수명칭(部首名稱)

	1획				
一	한 일	大	큰 대	木	나무 목
丨	뚫을 곤	女	계집 녀	欠	하품 흠
丶	점 주(점)	子	아들 자	止	그칠 지
丿	삐칠 별(삐침)	宀	집 면 (갓머리)	歹(歺)	뼈앙상할 알(죽을사변)
乙(乚)	새 을	寸	마디 촌	殳	칠 수 (갖은등글월문)
亅	갈고리 궐	小	작을 소	毋	말 무
	2획	尢(尣)	절름발이 왕	比	견줄 비
二	두 이	尸	주검 시	毛	터럭 모
亠	머리 두(돼지해머리)	屮(屮)	싹날 철	氏	각시 씨
人(亻)	사람 인(인변)	山	메 산	气	기운 기
儿	어진사람 인	巛(川)	개미허리(내 천)	水(氵)	물 수(삼수변)
入	들 입	工	장인 공	火(灬)	불 화
八	여덟 팔	己	몸 기	爪(爫)	손톱 조
冂	멀 경(멀경몸)	巾	수건 건	父	아비 부
冖	덮을 멱(민갓머리)	干	방패 간	爻	점괘 효
冫	얼음 빙(이수변)	幺	작을 요	爿	조각널 장(장수장변)
几	안석 궤(책상궤)	广	집 엄(엄호)	片	조각 편
凵	입벌릴 감 (위터진입구)	廴	길게걸을 인(민책받침)	牙	어금니 아
刀(刂)	칼 도	廾	손맞잡을 공(밑스물입)	牛(牜)	소 우
力	힘 력	弋	주살 익	犬(犭)	개 견
勹	쌀 포	弓	활 궁		5획
匕	비수 비	彐(彑)	돼지머리 계(터진가로왈)	玄	검을 현
匚	상자 방(터진입구)	彡	터럭 삼(삐친석삼)	玉(王)	구슬 옥
匸	감출 혜(터진에운담)	彳	조금걸을 척(중인변)	瓜	오이 과
十	열 십		4획	瓦	기와 와
卜	점 복	心(忄·㣺)	마음 심(심방변)	甘	달 감
卩(㔾)	병부 절	戈	창 과	生	날 생
厂	굴바위 엄(민엄호)	戶	지게 호	用	쓸 용
厶	사사로울 사(마늘모)	手(扌)	손 수(재방변)	田	밭 전
又	또 우	支	지탱할 지	疋	필 필
	3획	攴(攵)	칠 복 (등글월문)	疒	병들 녁(병질엄)
口	입 구	文	글월 문	癶	걸을 발(필발머리)
囗	에울 위(큰입구)	斗	말 두	白	흰 백
土	흙 토	斤	도끼 근(날근)	皮	가죽 피
士	선비 사	方	모 방	皿	그릇 명
夂	뒤져올 치	无(旡)	없을 무(이미기방)	目(罒)	눈 목
夊	천천히걸을 쇠	日	날 일	矛	창 모
夕	저녁 석	曰	가로 왈	矢	화살 시
		月	달 월	石	돌 석

示(礻)	보일 시	谷	골 곡	\multicolumn{2}{c}{10 획}	
内	짐승발자국 유	豆	콩 두	馬	말 마	
禾	벼 화	豕	돼지 시	骨	뼈 골	
穴	구멍 혈	豸	발없는벌레 치(갖은돼지시변)	高	높을 고	
立	설 립	貝	조개 패	髟	머리털늘어질 표(터럭발)	
\multicolumn{2}{c}{6 획}	赤	붉을 적	鬥	싸울 투	
竹	대 죽	走	달아날 주	鬯	술 창	
米	쌀 미	足(⻊)	발 족	鬲	솥 력	
糸	실 사	身	몸 신	鬼	귀신 귀	
缶	장군 부	車	수레 거	\multicolumn{2}{c}{11 획}	
网(⺌,⺤)	그물 망	辛	매울 신	魚	물고기 어	
羊	양 양	辰	별 진	鳥	새 조	
羽	깃 우	辵(辶)	쉬엄쉬엄갈 착(책받침)	鹵	소금밭 로	
老(耂)	늙을 로	邑(⻏)	고을 읍(우부방)	鹿	사슴 록	
而	말이을 이	酉	닭 유	麥	보리 맥	
耒	쟁기 뢰	釆	분별할 변	麻	삼 마	
耳	귀 이	里	마을 리	\multicolumn{2}{c}{12 획}	
聿	붓 율	\multicolumn{2}{c}{8 획}	黃	누를 황	
肉(月)	고기 육(육달월변)	金	쇠 금	黍	기장 서	
臣	신하 신	長(镸)	길 장	黑	검을 흑	
自	스스로 자	門	문 문	黹	바느질할 치	
至	이를 지	阜(⻖)	언덕 부(좌부방)	\multicolumn{2}{c}{13 획}	
臼	절구 구(확구)	隶	미칠 이	黽	맹꽁이 맹	
舌	혀 설	隹	새 추	鼎	솥 정	
舛(牟)	어그러질 천	雨	비 우	鼓	북 고	
舟	배 주	青	푸를 청	鼠	쥐 서	
艮	그칠 간	非	아닐 비	\multicolumn{2}{c}{14 획}	
色	빛 색	\multicolumn{2}{c}{9 획}	鼻	코 비	
艸(艹)	풀 초(초두)	面	낯 면	齊	가지런할 제	
虍	범의문채 호(범호)	革	가죽 혁	\multicolumn{2}{c}{15 획}	
虫	벌레 충(훼)	韋	다룸가죽 위	齒	이 치	
血	피 혈	韭	부추 구	\multicolumn{2}{c}{16 획}	
行	다닐 행	音	소리 음	龍	용 룡	
衣(衤)	옷 의	頁	머리 혈	龜	거북 귀(구)	
襾	덮을 아	風	바람 풍	\multicolumn{2}{c}{17 획}	
\multicolumn{2}{c}{7 획}	飛	날 비	龠	피리 약변	
見	볼 견	食(飠)	밥 식(변)	*는	*忄 심방(변) *扌 재방(변)
角	뿔 각	首	머리 수	부수의	*氵삼수(변) *犭개사슴록(변)
言	말씀 언	香	향기 향	변형글자	*阝(邑) 우부(방) *阝(阜) 좌부(변)